U0882219

高速铁路干部培训教材

高速铁路客运

郑州铁路局　编

中国铁道出版社

2012年·北京

内 容 简 介

为了做好高速铁路管理干部及技术人员业务培训工作，郑州铁路局客运处组织专业技术人员编写了本教材。全书共分七章，内容包括：国内外高速铁路发展及现状，高速铁路基础设施与技术设备，高速铁路车站客运服务系统，高速铁路客运组织，高速铁路车站安全管理，非正常情况下的应急处置办法，高速铁路列车服务礼仪与服务技巧等。

图书在版编目(CIP)数据

高速铁路客运/郑州铁路局编. —北京：中国铁道出版社，2012.3
高速铁路干部培训教材
ISBN 978-7-113-14229-2

Ⅰ. ①高…　Ⅱ. ①郑…　Ⅲ. ①高速铁路-客运组织-干部培训-教材
Ⅳ. ①U293.3

中国版本图书馆 CIP 数据核字(2012)第 021264 号

书　　名：**高速铁路客运**
作　　者：郑州铁路局　编

责任编辑：程东海　　**编辑部电话**：(010)51873135
封面设计：崔　欣
责任校对：胡明锋
责任印制：陆　宁

出版发行：中国铁道出版社(100054，北京市西城区右安门西街 8 号)
网　　址：http://www.tdpress.com
印　　刷：北京大兴县新魏印刷厂
版　　次：2012 年 4 月第 1 版　2012 年 4 月第 1 次印刷
开　　本：787 mm×1 092 mm　1/16　**印张**：10.25　**字数**：253 千
书　　号：ISBN 978-7-113-14229-2
定　　价：35.00 元

版权所有　侵权必究

凡购买铁道版图书，如有印制质量问题，请与本社读者服务部联系调换。电话：(010)51873170(发行部)

打击盗版举报电话：市电(010)63549504，路电(021)73187

编委会名单

主　编：杨修昌　戴　弘

副主编：王留强　柴玉忠

编　委：白　斐　李　岚　武成文　冯　伟

李　慧　谭　磊　徐红艳　赵　丹

黄艳君　王贞贞　陈　亮　王畅霈

李传玉　王海洋　路　阳

编　审：王贻有　李传玉　温强伟

前　　言

为更好地落实"十二五"铁路人才发展规划，强化人才培养和实践锻炼，加快建设一支数量充足、结构合理、素质过硬的高铁专业技术人才队伍，尽快满足确保高铁安全运营对专业技术人才的需要，郑州铁路局结合管内郑西、石武高铁运营和建设实际，本着立足当前、着眼长远、瞄准前沿、务求实用的原则，编写了本套教材。

本套教材针对高铁专业技术干部岗位需要，以应知应会、实作技能为重点，涵盖了高铁行车组织、调度指挥、客运、机务运用、供电、工务、通信、信号、动车组等专业系统知识。教材内容通俗易懂、信息量大、专业性强，侧重高铁运营管理中的新技术、新设备，既立足应用实际，又有适度超前，部分章节在全局各类教材中属于首次涉及，可用于高铁在岗专业技术人员和即将上岗人员的强化培训教材，也可作为各级领导干部和综合管理干部日常学习业务知识的参考资料。

本套教材由郑州铁路局人事处（党委组织部）组织筹划，集中了运输处、客运处、机务处、供电处、工务处、电务处、车辆处、调度所、高铁办等专业处室的骨干技术力量共同编写，总工程师室对教材内容进行了审核。对他们的辛苦努力和大力支持，在此表示衷心感谢！

由于时间仓促，加之编者水平有限，书中难免存在疏漏和不足之处，恳请广大读者批评指正。

编　者

二〇一二年三月

目　录

第一章　国内外高速铁路发展及现状

高速铁路技术是当代世界铁路的一项重大技术成就，它不仅反映了铁路在线路、桥梁、隧道、机车、车辆、通信、信号、供电、运输等领域的一系列技术进步，而且导致了设计、施工、运营和维修等方面根本性的技术和管理变革。高速铁路包含了新型的牵引动力技术，制动技术，轮轨技术，弓网受流技术，车辆结构和列车空气动力学，列车运行自动控制技术，系统安全性和可靠性技术，信息和通信技术，灾害的预测监控技术，运输计划和智能调度技术，先进旅客服务设施（客票预售和站车服务等），设备运用、整备和维修一体化管理，环境保护等硬（软）技术的最新成果，是铁路运输现代化的集中体现，也就是说高速铁路反映了一个国家铁路牵引动力、线路结构、运行控制、运输组织和运营管理等方面的技术水平，也体现了一个国家的科技和工业水平。

第一节　国外高速铁路发展概况

1825 年，英国修建了世界上第一条铁路，相对于当时的主要运输方式如轮船、马车，铁路运输无论是在速度还是在运量方面都凸显出明显的优势，迅速被各国交通运输所采用，对国民经济的发展做出了重要贡献。

1903 年 10 月 27 日，德国用电动机车首创了试验速度 210 km/h 的历史纪录。

1955 年 3 月，法国用 2 台电力机车牵引 3 辆客车实验，速度达到了 331 km/h，刷新了高速铁路的纪录。

1964 年日本新干线的成功商业运营，为世界铁路发展树立了典范，标志着世界铁路的客运发展进入了高速时代。

1981 年，法国建成了最高时速为 270 km 的 TGV 东南新干线，它的修建开辟了一条以低造价建造高速铁路的新途径，把高速铁路的发展推向了一个新台阶。

2007 年 4 月 3 日，法国创造了轮轨高速铁路试验速度 574.8 km/h 的世界最高纪录。

高速铁路克服了普通铁路速度较低的弱点，与高速公路的汽车运输和中长途航空运输相比，在旅客送达时间、安全性、舒适度、准确性、能源消耗、占用土地、环境保护、综合造价、运输能力、运输价格、运输效益等方面显示了明显的竞争优势，被公认为是安全、高速、高效、经济、舒适、可持续发展的运输方式。

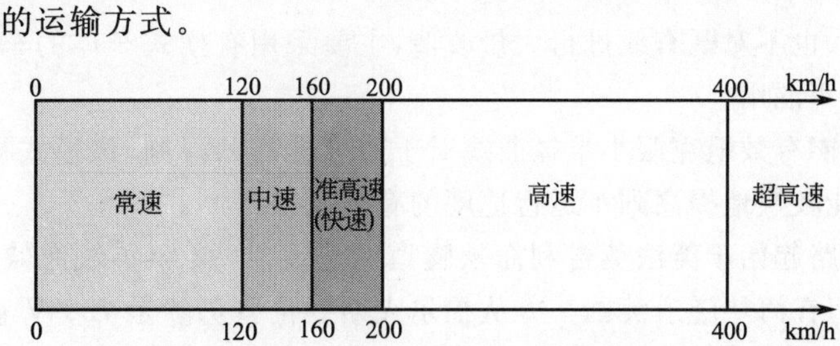

图 1-1　世界铁路速度等级划分

目前,高速铁路公认的定义为国际铁路联盟(UIC)规定:"新线 250 km/h 以上,既有线改造 200 km/h 以上的铁路称为高速铁路。"

一般来说,世界上对铁路速度等级划分如图 1-1 所示。

第二节　国外高速铁路运营模式

归纳起来,当今世界高速铁路大概有以下几种修建和运营模式。

一、法国 TGV 模式

部分新建铁路,部分旧线改造,旅客列车专用。

TGV 可能是目前唯一没有任何盈利色彩而享誉世界的法国产品。所谓 TGV 是 Train à Grande Vitesse(法语"高速铁路")的简称。第一条 TGV 是 1981 年开通的巴黎至里昂线。此后不过几个月,TGV 就打败法国航空拥有了这条线路的最大客源。从此 TGV 一直牢牢占据高速轮轨的速度桂冠,目前的纪录是 2007 年创下的 574.8 km/h。另外法国境内的加来至马赛 TGV 的平均时速超过 300 km,表现也非常稳定。

法国 TGV 的最大优势在于传统轮轨领域的技术领先。1996 年,欧盟各国的国有铁路公司经联合协商后确定采用法国技术作为全欧洲高速火车的技术标准。因此 TGV 技术被出口至韩国、西班牙和澳大利亚等国,是被运用最广泛的高速轮轨技术。

二、德国 ICE 模式

以既有线改造为主,建设部分新线,旅客列车及货物列车混用。

德国的 ICE(Inter City-Express 的简称)的研究开始于 1979 年,其内部制造原理和制式与法国 TGV 有很大相似之处,目前的最高时速是 1988 年创下的 409 km。因此现在德国与法国政府正在设计进行铁路对接,用各自的技术完成欧洲大陆上最大的两个国家铁路网的贯通。

ICE 起步较晚和进展比较落后的一个重要原因是德国人在高速轮轨和磁悬浮的两线作战。由于磁悬浮在设计理念上的先天优势(没有固态摩擦),德国的常导高速磁悬浮一直是其铁路方面科研的重点。磁悬浮的设计理念与传统意义上的轮轨完全不同,因此当法国的 TGV 顺利投入运行,而且速度不亚于当时的磁悬浮时,德国人才开始在高速轮轨方面奋起直追,但是至今仍与法国 TGV 技术有不小的差距。

三、英国 APT 模式

既不修建新线,也不对既有线进行大量改造,主要采用有摆式车体的车辆组成的动车组,旅客列车及货物列车混用。

由于摆式车体能有效地克服小半径曲线对于速度提高的限制,该模式被认为是在既有线上既节省投资、又能较快地提高列车运行速度的有效途径。

英国的高速铁路起始于英法英吉利海峡隧道的建设,1994 年英法海峡隧道开通,英法之间列车可以直通,但在海峡隧道英国一方从福尔克斯到伦敦仍然是 750 V 直流供电的既有线路,列车速度只能限制在 140 km/h 以下。自 2002 年 7 月开始,东海岸线上开始运行 Virgin390 级摆式电动车组,使在既有线上列车最高速度可以达到 250 km/h。

四、日本新干线模式

全部修建新线，供旅客列车专用。

世界上首条出现的高速铁路是日本的新干线，于 1964 年正式营运。日本新干线列车由川崎重工建造，行驶在东京—名古屋—京都—大阪的东海道新干线，运营速度 271 km/h，运营最高时速 300 km。

1959 年 4 月 5 日，世界上第一条真正意义上的高速铁路东海道新干线在日本破土动工，经过 5 年建设，于 1964 年 3 月全线完成铺轨，同年 7 月竣工，1964 年 10 月 1 日正式通车。东海道新干线从东京起始，途经名古屋，京都等地终至（新）大阪，全长 515.4 km，运营速度高达 210 km/h，它的建成通车标志着世界高速铁路新纪元的到来。随后法国、意大利、德国纷纷修建高速铁路。1972 年继东海道新干线之后，日本又修建了山阳、东北和上越新干线。第一代高速铁路的建成，大力推动了沿线地区经济的均衡发展，促进了房地产、工业机械、钢铁等行业。值得一提的是，自 1964 年 10 月 1 日开通运行 47 年以来，日本新干线未发生一起人员伤亡事故，被誉为全球最安全的高速铁路。

第三节　中国高速铁路发展

一、中国高速铁路概述

中国高速客运铁路，常被简称为“中国高铁”。中国的高速铁路的建设始于 1999 年所兴建的秦沈客运专线。经过 10 多年的高速铁路建设和对既有铁路的高速化改造，中国目前已经拥有全世界最大规模以及最高运营速度的高速铁路网。截至 2010 年底，我国国内高速铁路运营里程已经达到 8 358 km。

中国是世界上高速铁路发展最快、系统技术最全、集成能力最强、运营里程最长、运营速度最高、在建规模最大的国家。在运行速度上，目前最高设计时速可达 350 km，已于 2011 年 6 月 30 日正式开通运营的京沪高速铁路最高时速达到 300 km；在运输能力上，一个长编组的列车可以运送 1 000 多人，每隔 3 min 就可以开出一趟列车，运力强大；在适应自然环境上，高速列车可以全天候运行，基本不受雨雪雾的影响；在列车开行上，采取“公交化”的模式，旅客可以随到随走；在节能环保上，高速铁路是绿色交通工具，非常适应节能减排的要求。

2007 年 10 月，国务院常务会议批准了《综合交通网中长期发展规划》，确定到 2020 年我国铁路营业里程达到 12 万 km，其中时速 200 km 及以上的客运专线达到 1.6 万 km 以上，时速 300 km 以上的高速铁路达到 7 000 km。

二、高速铁路线简介

1. 京沪高速铁路简介

京沪高速铁路于 2008 年 4 月 18 日开工，从北京南站出发终止于上海虹桥站，总长度 1 318 km，总投资约 2 209 亿元。它的建成使北京和上海之间的往来时间缩短到 5 h 左右。

京沪高速铁路全线纵贯北京、天津、上海三大直辖市和河北、山东、安徽、江苏四省。途经的客运车站有：北京南站、廊坊站、天津南站、沧州西站、德州东站、济南西站、泰安站、曲阜东站、滕州东站、枣庄站、徐州东站、宿州东站、蚌埠南站、定远站、滁州站、南京南站、镇江南站、丹阳北站、常州北站、无锡东站、苏州北站、昆山南站、上海虹桥站。

京沪高速铁路是新中国成立以来一次建设里程最长、投资最大、标准最高的高速铁路。京沪高速铁路位于中国东部地区的华北和华东地区，两端连接环渤海和长三角两个经济区域。所经区域面积占国土面积的 6.5%，人口占全国的 26.7%，人口 100 万以上城市 11 个，是中国社会经济发展活跃的地区之一，也是中国客货运输较繁忙、增长潜力较大的区域。沿线以平原为主，局部为低山丘陵区，经过海河、黄河、淮河、长江四大水系。设计时速 350/380 km，局部最高时速可达 480 km，初运营时速 250/300 km，列车最小追踪间隔按 3.5 min 设计。京沪高速铁路建成后，列车以时速 250/300 km 运行，北京南—上海虹桥站全程运行时间约 5 h。年客运输送能力双向达到 1.6 亿人次。

图 1-2　北京南站

北京南站(图 1-2)位于北京市南二环、南三环之间，是集高铁、城际、普速铁路、市郊铁路、地铁、公交车和社会车辆为一体的大型立体交通枢纽(5 层)，车站总建筑面积约 24.5 万 m^2，雨棚面积约 6 万 m^2。

上海虹桥站(图 1-3)位于虹桥机场西侧，将建成高速、城际、普速铁路和城市轨道交通(4

图 1-3　虹桥枢纽

条地铁线)、道路交通以及航空港紧密衔接的现代化客运中心(立体5层)。车站总建筑面积约23万 m^2,其中铁路站房约10万 m^2,雨棚面积约11万 m^2。

2. 武广高速铁路

武广高速铁路于2005年6月23日在长沙首先开始动工,2009年12月20日试运行,在2009年12月26日正式运营。武广高速铁路的票价为:从武汉到广州一等座740元,二等座465元。2011年7月运行图调整后,武汉到广州运行最短时间缩短至3 h 33 min;广州至长沙,最短耗时2 h 13 min;长沙至武汉,最短耗时1 h 18 min。

武广高铁途经鄂、湘、粤三省15个车站:武汉站、咸宁北站、赤壁北站、岳阳东站、汨罗东站、长沙南站、株洲西站、衡山西站、衡阳东站、耒阳西站、郴州西站、韶关站、清远站、广州北站,最后到达广州的广州南站,全长约1 068.6 km。设计速度350 km/h,试车最高速度394.2 km/h,投资总额1 166亿元。

武广高铁(图1-4)为中国新建的高速铁路工程之一,是京广高速铁路的南段组成部分。建设武广高铁的目的是为了缓解京广线的巨大客运压力。现有京广铁路的运能饱和、客货争流两大问题十分突出,这是加快武广高速铁路建设的两大主要原因。

图1-4　武广高铁列车(CRH_3)

为了保证列车的安全性和旅客乘车的舒适性,武广高铁采用的是无砟轨道这种当今世界先进的轨道技术。同时在钢轨选材上使用超长无缝钢轨,而非普通的25 m钢轨。车辆方面采用的是中国北车集团唐山车辆制造厂以德国西门子核心技术衍化生产的CRH_{3C}与中国南车集团青岛四方车辆制造厂以日本川崎重工核心技术衍化生产的CRH_{2C}型高速动车组。

三、城际高铁简介

由于高速铁路在经济发达、人口密集的地区经济效益和社会效益尤为突出,因此,城际铁路应运而生。所谓城际铁路是高速铁路的一种,是指在人口稠密的都市圈或着城市带规划和修建的高速铁路系统,特点是相对短距离、公交化。

1. 京津城际铁路

京津城际工程于2005年7月4日开工建设,2008年8月1日投入运营。它全长120 km,京津城际北京段全长49.3 km,其中高架线42 km。列车最高运营速度达到350 km/h,京津直达运行时间约30 min,列车最小行车间隔为3 min,并以其"安全、快捷、舒适"的特点,正在成为往来京津旅客的首选交通工具。

京津城际是中国第一条具有自主知识产权、运营速度世界最快的高速铁路,不仅使北京和天津这两个人口超过千万的特大城市间形成"半小时交通圈",实现了同城化,同时也打开了中国铁路迈向"高速时代"的大门。作为中国第一条真正意义上的高速铁路,京津城际从一问世就站在世界前沿,创造了运营速度、运量、节能环保、舒适度四个世界第一。

2. 沪宁城际铁路

沪宁城际铁路是在中国上海市与江苏省南京市之间建设联系区域内部交通的高速铁路规

划,2008 年 7 月开始兴建。2010 年 7 月 1 日上午 8 时,上海虹桥站和南京站同时相向发出首列动车,世界上标准最高、里程最长、运营速度最快的城际高速铁路——沪宁城际高铁正式开通运营。

第四节　郑州局管内高速铁路介绍

一、郑西高速铁路介绍

1. 郑西高速铁路概述

郑西高速铁路即郑州至西安高速铁路。郑西高速铁路于 2005 年 9 月 25 日正式开工,2010 年 2 月 6 日正式投入运营。东起郑州国家综合交通枢纽的郑州东站,向西经过洛阳市、三门峡市、渭南市,最终到达西安枢纽的西安北站,时速 350 km。郑州至西安高速铁路正式通车运营,使郑州和西安间的旅行时间由过去的 6～8 h 缩短至 2 h 左右。郑西高铁集世界、中国高速铁路技术之大成,具有完全自主知识产权,标志着中国高速铁路自主创新取得新的重大突破。

郑西高速铁路为双线,线路穿越豫西山地和渭河冲积平原,南倚秦岭,北临黄河,沿线 80％区段为黄土覆盖,湿陷性黄土区施工技术是最大的技术难题。

新建郑州至西安高速铁路全长 484.518 km(其中正线长 456.639 km),桥梁和隧道长度占全长的 59.75％;最大年输送能力 8 340 万人,其中近期约 3 700 万人;设计行车速度:线下为 350 km/h、线上为 200 km/h;按双线建设,全线占地 28 903 亩;沿线共设车站 11 个,其中郑州局管内有郑州(目前引入既有站)、新建荥阳南(建设中)、巩义南、洛阳龙门、渑池南、三门峡南、灵宝西七站;西安局管内有新建华山北、渭南北、临潼东、西安北四站;2009 年 11 月 28 日开始试车,第一天时速为 200 km,以后每天逐次递增,到 12 月 3 日试车已达到 350 km,试车运行情况正常。

2011 年 7 月 1 日后,郑西高铁采取 300 km/h 和 250 km/h 两种速度等级混跑模式,在初期开行的 15 对动车组列车中,时速 300 km 动车组列车 7 对,时速 250 km 动车组列车 8 对。相比于原来的西安北至郑州一等座票价 390 元、二等座票价 240 元,此次调整后,一等座最高票价为 370 元,二等座最低票价为 155 元。

2. 郑西高铁建设过程

2004 年 郑西高速铁路经国务院批准建设。

2005 年 9 月 25 日,郑西高速铁路开工建设。

2008 年 12 月 15 日,郑西高速铁路项目全线隧道工程贯通。

2009 年 1 月 18 日,郑西高速铁路全线桥梁工程完工。

2009 年 5 月 20 日,郑西高速铁路全线无砟轨道施工完成。

2009 年 6 月 29 日,郑西高速铁路全线铺轨完成。

2009 年 7 月 30 日,郑西高速铁路供电、电力、通信、信号“四电”工程完成。

2009 年 12 月 11 日,郑西高速铁路上和谐号高速动车组单组试验最高时速达到 394.2 km。

2009 年 12 月 28 日,郑西高速铁路全线试运行。

2010 年 1 月 28 日,郑西高速铁路和谐号高速动车组从西安站至郑州站载客用时 1 h 48 min,中途最高时速达 352 km。

2010年2月6日，郑西高速铁路正式投入运营。

3. 郑西高铁郑州局管内各站简介

(1)巩义南站(图1-5)

图1-5　巩义南站

巩义南站距巩义市中心约18.7 km，隶属于郑州铁路局洛阳车务段，2010年2月6日正式开站，是郑西高铁上一个段管三等客运站。车站中心里程为K642＋487，往东距荥阳南车站50.6 km，往西距洛阳龙门站50 km，主要承担着巩义市、偃师市、温县、登封市来往旅客运输任务。

站房建筑面积约5 000 m^2，能同时容纳600人候车，候车大厅分普通候车区和软席候车区两部分，共有旅客座椅500个。厅内壁挂PDP屏5个，主要用于业务宣传、安全宣传，也可以播放电视节目供旅客欣赏。2组“3＋1”进站检票闸机。售票大厅共有售票窗口4个，室内售票机4台、窗口显示屏4台，室内设管理计划机一台用于后台结账和客运计划管理。窗口的正上方有一块票额票价屏，大屏下方设三块窗口屏，分别显示窗口售票情况。自动售票机两台，集制票、支付、取票于一体。综控室有9台显示器，分别为一屏机、二屏机、四屏机，实现车站客运信息广播、导向、揭示、监控、时钟等功能的自动化管理。

车站设正线两条、到发线两条，安全线1条、维修线3条，一、二站台长450 m、宽9 m、高1.25 m。车站停点客车9趟，上行4趟、下行5趟，日均发送旅客230人左右。

(2)洛阳龙门站(图1-6)

洛阳龙门站坐落在洛阳市中轴线的正南方，北距洛阳市政府2.5 km，东距巩义南站50 km，西距渑池南站65 km，中心里程K692＋425。隶属于郑州铁路局洛阳车站。

洛阳龙门站站房主体设计为三层，局部四层。采用钢筋混凝土框架配合钢网架结构，由铁道部第四勘察设计院设计，中铁二十五局承建。工程突出了以人为本、现代超前的特点，在建筑设计和服务理念上向“航空港、机场化”方向发展，具有通透、节能、环保、大空间、大跨度、信息化、自动化的特征。规划设计面积为31 870 m^2，站房建筑主体高度达到29.3 m，总长206 m，总宽48 m。站台4座(预留4站台及1.23万 m^2 的站房)，站内正线2条，到发线5条，牵出线(动车走行线)1条，安全线3条，是郑西高铁全线最大中间站；按照站棚一体化的要求，建造站台无立柱风雨棚39 430 m^2，一站台长450 m，宽20 m，面积为9 000 m^2。二、三站台长450 m，宽12 m，面积为5 400 m^2。设计高峰期旅客发送量4 000人/h，可办理所有专线及跨

图 1-6　洛阳龙门站

线高速列车的客运业务。

洛阳龙门站设一层候车厅和二层候车厅。其中，一层为向西旅客候车区，设有贵宾候车接待厅三个，VIP 候车区 1 个，团体候车区 1 个，普通候车区 1 个；二层为向东旅客候车区，设普通旅客候车区，全部座椅近 3 000 个，方便旅客候车。旅客流线采用上进下出的设计（基本站台采用平进下出），按照“零换乘、全互通、不对流、无障碍”的规划原则，设进站天桥（长 72 m，宽 18 m，高 5.2 m）和出站地道各一座（主体站房架空层正中另设贯通南北的大通道一个），在候车室和出站口设有 38 台自动检票机，方便旅客进站检票和出站验票。自动扶梯和垂直升降电梯合计 14 部（5 台直梯，9 个扶梯）。实现了与市政交通设施的无缝对接，公交车站位于站房东北侧，出租车停靠站紧邻站房出站口东侧，便利旅客出行。

洛阳龙门站共有 2 个售票大厅，分别位于架空层和平面层（一层），采用人工窗口售票（BOM）和自动售票（TVM）结合的方式，设自动售票机 8 台（架空层 3 台，一层 5 台），人工售票窗口 30 个（架空层 15 个，一层 15 个）。

（3）渑池南站（图 1-7）

图 1-7　渑池南站

渑池南车站位于渑池县果园乡境内，距渑池县城区 15 km 左右，主要承担义马市和渑池县旅客运输。车站中心里程 K757＋618 处，隶属于郑州铁路局洛阳车务段。车站设有正线 2 条，旅客列车到发线 2 条，安全线 1 条，规划综合维修线路 3 条。设有站台两座，一站台长度均为 450 m，宽度为 9 m。二站台长度均为 450 m，基本站台宽度 12 m，中部宽度 22 m（含地道）。

站房构造为钢架结构，面积 380 m^2，温控系统采用的是中央空调。整个候车区分为普通候车区和软席候车区，可容纳 500 人左右在站候车，设计日均发送 2 000 余人。卫生间和茶水间分布在候车大厅的西侧。客运室、小件寄存处分布在大厅的东侧。东西各有配楼二层，主要有生产岗位、空调机房、通信机械室、消防控制室、办公室、会议室、职工宿舍等。候车大厅共设有 3 块动态信息显示终端。在候车厅墙壁上共有 4 块 PDP 屏，显示列车时刻、旅客须知、安全须知等不同的内容。进站自动检票机 1 组 5 台，出站自动检票机有 1 组 3 台。候车厅内还有 2 台自动查询机供旅客查询使用。

售票厅在候车大厅的西侧，设有 4 个人工售票窗口（含一个无障碍售票窗口），2 台自动售票机。每一个人工售票窗口的上方均有一块售票窗口屏，滚动显示办理业务的范围及车票的预售期。在售票厅的南侧是票额信息屏，滚动显示每趟列车的剩余票额信息及车站公告，方便旅客了解票额及售票组织情况。

（4）三门峡南站（图 1-8）

图 1-8　三门峡南站

三门峡南车站位于陕县张湾乡境内，距离三门峡市区 3 km。隶属于郑州铁路局洛阳车务段，为段管二等客运站。站房面积 14 000 m^2，由候车厅和东、西两个配楼组成。

候车大厅面积 4 500 m^2，是旅客聚集的场所，为旅客提供开水、食品供应、行李寄存、购物等服务内容，可容纳 1 200 人同时在站候车。西配楼一层主要为客运值班室和售票厅，面积 780 m^2，为旅客提供人工及自动售票业务。售票厅内共设有 27 个人工售票窗口（其中第一个为无障碍窗口）。可以根据客流情况及车站人员多少，适当调整开启人工窗口。在售票厅的东北角设有两台自动售票机。东配楼的一层主要有：小件寄存室、软席候车室、公安值班室。二层及三层为车站办公区，车站的行车监控室及综控室均设在二楼。车站其他客运服务设施设备还有三品检查仪 2 台、自动检票闸机 10 组、自动扶梯 4 部、垂直电梯 1 部等，为旅客出行提供便利。

车站有站台 2 座，正线 2 条、到发线 2 条。站台上均设有风雨棚，长 456 m，宽 9 m，设进出站地道两个。2011 年 7 月份调整运行图后车站站停列车 28 趟，其中上行 14 趟、下行 14 趟。日均发送旅客 1 700 人。

(5)灵宝西站(图 1-9)

图 1-9　灵宝西站

灵宝西站地处豫、陕、晋黄河“金三角”地区，在灵宝市区西南方，位于灵宝市西阎乡境内，距灵宝市区 37 km，隶属郑州铁路局洛阳车务段，2010 年 2 月 6 日正式开通运营。中心里程为 K863＋710，主要承担灵宝市和车站周边乡镇旅客运输。车站规划设计面积 4 793 m^2，设有两个站台，长 450 m，宽 9 m。日均发送旅客 296 人左右。

候车厅面积 380 m^2，温控系统采用的是中央空调。整个候车区分为普通候车区和软席候车区，可同时容纳 500 人在站候车(普通候车区 300 人，软席候车室 200 人)。卫生间和茶水间分布在候车大厅的西侧。客运室、小件寄存处和软席候车室在大厅的东侧。候车厅共有 8 块 PDP 屏，分别显示列车时刻、旅客须知、安全须知等内容。候车厅的东西两侧有 2 台自动查询机，可以为旅客提供城市公交、住宿、餐饮及列车时刻、票额等信息，方便了旅客的出行规划。进站检票口共有 1 组 5 台自动检票闸机，其右侧为无障碍通道，方便携带大件行李及残障人士检票进站。候车大厅的西侧是售票厅，共设有 2 台自动售票机，4 个人工售票窗口，其中第一个窗口为无障碍售票窗口，为有特殊需求旅客提供方便。每一个人工售票窗口的上方均有一块售票窗口屏，滚动显示办理业务的范围及车票的预售期等信息。在售票窗口屏上方的是票额信息屏，滚动显示每趟列车的剩余票额信息及车站公告，方便旅客了解票额及售票组织情况。

4. 郑西高铁建设意义

郑西高铁集我国高速铁路技术之大成，采用世界最先进的 CTCS-3 列车运行控制系统，确保了时速 350 km 高速动车组列车的快速、安全、平稳运行。2009 年 12 月 11 日，国产“和谐号”高速动车组列车在郑西高铁试运行时创造了 394.2 km 的最高试验时速。试运行期间的检测表明，郑西高铁轨道结构、通信信号、弓网关系和安全平稳性等主要测试指标均达到世界领先水平。同时，郑西高铁接触网关键设备的设计、制造、安装、调试均实现了 100％国产化，对进一步完善我国高速铁路自主创新体系具有重大意义。

二、石武高速铁路(建设中)介绍

1. 石武高速铁路概述

石武高铁即石家庄至武汉高速铁路。线路北起石家庄南站，经邢台东、邯郸东、安阳东、鹤壁东、新乡东，跨黄河后至郑州东，再经许昌东、漯河西、驻马店西、明港东、信阳东，南至武汉天兴洲大桥北岸，正线全长 840.7 km。另新建郑西高铁直通线 39 km。

石武高速铁路建设总的目标是达到世界一流水平，列车最低运行速度不低于 200 km/h，最高速度将达到 350 km/h。竣工通车后，石家庄到郑州的行车时间，将由目前的 3～5 h，缩短到 1 个多小时；石家庄到武汉的行车时间，将由目前的 6～9 h，缩短到 3 个多小时。计划单向输送能力 8 000 万人/年。全线估算总投资 1 167.6 亿元，目前工程正在建设中，计划 2012 年 3 月全线建成。

石武高铁线路基础轨道工程除少部分路段采用有砟轨道外，其他均采用有自主知识产权的无砟轨道；牵引供电、通信信号、调度集中和安全检测等系统均采用国产化设备，能满足高速列车的高平顺性要求，保证列车安全正点运行。全线以高架线路为主，桥隧比达 81%，与既有铁路线相比，大幅减少了土地使用量。在沿线敏感地段大量采取吸、隔声屏障降噪或减振措施，减少了列车运行对环境的影响。

2. 石武高铁郑州局管内各站简介

(1)安阳东站(图 1-10)

图 1-10　安阳东站效果图

安阳东站位于文明大道、文昌大道及规划城市道路所围合的区域，总用地面积约 3 000 亩。中心里程为 DK501＋370，隶属于郑州铁路局新乡车务段。站房位于线路的西侧。车场总规模为 5 站台面 7 线，其中，2 条正线，5 条到发线，采用横列式布置。设 1 座基本站台及 2 座岛式中间站台，站台长度 450 m，宽 12 m，设 8 m 宽旅客地道 2 处，站台上设双向出入口，设无站台柱雨棚。安阳东站建筑面积 15 930 m^2；建筑长度 181 m，宽度为 62.5 m；地上两层，层高均为 8 m；建筑高度中间广厅部分 28 m，两侧附属用房部分 18 m。站前广场左右侧分别设置公交站、出租车站点与长途客运站、社会停车场，方便旅客出行。

安阳东站站型采用线侧下式，平进平出。中间斗型空间的内部为通高的进站广厅及候车厅，由于设有基本站台，候车厅部分设二层。左右两侧台基型空间内部分分别为出站通道、售票厅及办公、设备机房等附属空间。首层中部设进站广厅、中间站台候车厅；北侧设出站通道、相关服务用房及设备机房；南侧设售票厅、相关办公用房及贵宾室。二层标高 8 m，中部设基本站台候车厅；北侧设派出所、刑警队及设备用房；南侧设信息、信号等机房。

安阳东站的立面造型设计在形体上力求新颖、以简驭繁。以现代的设计手法表现出安阳不同于其他城市的特有神韵，使现代交通建筑散发出深厚粗犷的原始张力。整个建筑狭义的表达出世界青铜器之冠—司母戊鼎破土而出的瞬间，同时广义的道出安阳是中国现代考古的摇篮。建筑立面中的梯形和斗形在表现殷商夸张而神秘风格的同时，力求加深安阳城市建筑的母题印象，与博物馆、图书馆等一批新建筑形成默契，塑造强有力的城市符号。

(2)鹤壁东站(图 1-11)

图 1-11　鹤壁东站效果图

鹤壁东站位于鹤壁市东南的新开发区，京珠高速西侧约 200 m，鹤壁东站站中心里程为 DK546＋560，隶属于郑州铁路局新乡车务段。站房位于下行线右侧。站场总规模为 4 台面 6 线，其中 2 条正线，4 条到发线，车站采用横列式布置。设 2 座岛式站台，站台长度 450 m，宽 12 m。车站设旅客地道 2 处，地道宽 8 m，站台上设双向出入口，宽 5 m，旅客地道与站房接通。站台上设置宽于站台的无站台柱雨棚。车站性质为中间站。站房建筑长度 172.2 m，宽 45.9 m，建筑高度 23.8 m，候车大厅面积 3 885 m^2，售票厅 441 m^2。

铁路线路西侧设站房，站房前方为站前广场，广场中间为步行广场，北侧靠出站口设公交车停车场、出租车停车场，南侧设社会车停车场，在公交车停车场附近设长途汽车停车场。站房两侧设内部停车场，北侧为办公停车，南侧为贵宾停车。站前广场向前延伸为城市广场。

站房分为三层，局部有地下室及夹层。中间为通高的集散厅与候车大厅，两侧为三层布置。一层为进出站层。中间为进站集散厅。在集散厅里设有公共电话、ATM、商业、自助存包等多种旅客服务功能。集散厅后为候车大厅，候车大厅左侧为无障碍候车区，右侧为软席候车区。公共区卫生间、饮水处、吸烟室、管理用房等设在候车大厅两侧。一层南端为售票大厅，售票办公用房及设备用房布置在售票厅后面，从南立面入口进入。一层北端为出站通道及出站大厅，乘客从站台下地道，通过出站地道到达出站大厅，围绕出站大厅设置补票处等客运管理用房，以及旅客服务及电力用房。贵宾候车室设在候车大厅南侧靠近站台一侧，有独立出入口，从站房南侧的内部道路进入。二层北端为旅客服务、间休室、公安用房；南侧为旅客服务、通信、信号、信息用房。三层北端为车站办公及空调机房；南端为车站办公及空调机房。一层北端局部地下室及一层局部夹层均为水泵房、空调机房等设备用房。

淇河之滨的鹤壁，因相传“仙鹤栖于南山峭壁”而得名。鹤壁东站以羽翼立意，重叠的羽翼和流畅的线条相结合，营造出鹤舞淇河的优美的意境。建筑立面材质通过浅色石材和玻璃形成自然、均匀的穿插，在完整简洁的形态中，又有跳跃的韵律感，在静动之间取得了和谐的统一，是对悠久而隽秀鹤壁的完美展现。

(3)新乡东站(图 1-12)

图 1-12 新乡东站效果图

新建新乡东站位于河南省新乡市市区东北方向，京珠高速公路西侧约 200 m，距离既有车站 10 km。新乡东站中心里程为 DK599＋673，隶属郑州铁路局新乡车务段，新建车站站房位于线路西侧。车站总规模为 5 台面 7 线，其中正线 2 条，到发线 5 条，车站采用横列式布置。设 2 座岛式中间站台、1 座侧式基本站台，站台长度 450 m，宽度 12 m，高 1.25 m。设 8 m 宽旅客地下通道 2 处，站台上设双向出入口，设置无站台柱雨棚。站房建筑面积 15 995.4 m^2，站房长 186.05 m，宽 45.15 m，最高处为 25 m，候车厅面积 4 608 m^2，售票厅面积 880 m^2。

新建新乡站以站房为中心区，城市规划道路呈放射状通向站前广场，以站房主入口处为中心，与城市道路及轻轨站、长途客运站区域围合设计中心广场。由站前集散广场、城市广场、交通换乘区、生态公园等与规划的景观塔组成了一个“三站一塔”的城市新地标。站前城市广场通过主题景观的设计形成文化公园，让旅客在这里感受城市文化，使火车站作为城市的“入口”纳入中原文化旅游规划体系之中。

站房分为两层，局部设地下一层。站型采用线侧下式站型设计，下进下出。首层为中间站台候车区，二层为基本站台候车区。主站房正中为进站集散大厅和旅客候车室，左侧为出站厅，右侧为售票厅。站房右侧靠近基本站台处为贵宾候车。候车区设置普通候车室、无障碍候车室、软席候车室和 VIP 候车室。首层及二层候车大厅两侧设旅客服务用房。建筑两端为各种设备用房及附属生产生活用房。

本建筑立面坚实有力的实体转折体现出太行山石般的气势，同时利用倾斜的体块体现太行山雄伟的气势，浑厚的建筑形体给人以震撼的视觉冲击力。由青铜器演化而来的立面形象象征着新乡悠久的历史。中央候车部分高出于两翼不仅打破了整体立面的单调感，同时提取自“鼎”这一事物的风范和核心之意，象征着新乡崛起于中原。

(4)郑州东站(图 1-13)

郑州东站工程是国家铁路网中的重要枢纽，是铁道部、河南省和郑州铁路局各级领导极为关注的重点工程、地标工程和民心工程。该工程包括站房和站场两部分，总投资约 74.6 亿元。

图 1-13 郑州东站鸟瞰图

郑州东站位于郑州市郑东新区，总规划用地面积约 240 公顷，其中车站枢纽用地规模约 100 公顷，是国家规划的“四纵四横”铁路快速客运网主骨架中新建石武高铁和徐兰客运专线的十字交汇枢纽，汇集了铁路客运、公路客运、城际铁路、地铁及城市公交等多种交通方式，实现了多种交通方式的有机衔接。

石武高速铁路郑州东站属全国最大铁路客运站房之一，总建筑面积为 411 841 m^2(其中站房建筑面积 149 981 m^2，风雨棚 80 238 m^2)，隶属于郑州铁路局圃田西站(原郑州东站)，在国家铁路网中处于重要枢纽地位。

郑州东站共设旅客列车到发线 32 条，站台 16 座，其中京广客运专线在西侧贯通设京广场，徐兰客运专线在东侧贯通设徐兰场，两场呈横列布置。

郑州东站作为重要标志性建筑，“城市之门”的建筑形式主题，体现出中原文化“沉稳、厚重、大气磅礴”的精神，隐含着青铜器商鼎的稳重形象，具有“莲鹤方壶”、“双连壶”一样和谐的构图。整体形象简练干净、厚重朴实、浑然一体，犹如宏伟的城市雕像。

郑州东站采用跨线高架站房布局，提供最便捷的“上进下出”旅客流线。站房综合建筑共四层，分别为地下层、地面层、站台层和高架层。站房最高点距广场地面 52.3 m。

地下层为地铁 1 号线，沿站房中部出站通道东西向穿过。

地面层：主要包括出站通道、出站厅以及出站厅两侧的功能用房以及公交、出租、社会停车场。中间为出站通道，两侧为出站厅，东西两端为换乘大厅、售票房、行包房、办公室、商业用房、变电所、水泵房、冷冻房等。

站台层：共设 16 座站台，站台长均为 450 m，京广线基本站台宽 20 m，中间站台宽 12 m，徐兰线基本站台宽 15 m，中间站台有宽 12 m、12.47 m 两种，高度均为 1.25 m。其中 1～6 站台为徐兰线站台，7～16 站台为京广线站台。京广线基本站台、徐兰线基本站台的西、东侧中央均设基本站台候车厅、室外平台，南北两端为交通厅、贵宾候车厅、商业服务等，外接贵宾停车场、绿地、上基本站台匝道等。

高架层：高架层中央为候车大厅，进站大厅围绕在候车大厅四周，进站大厅的东西两侧为服务区。紧贴高架层南北两侧的是高架平台，外接高架桥，旅客可以直接由此进入候车厅(图 1-14)。

郑州东站的设计有以下的特点：

图 1-14　候车大厅

①该站建成后集高速铁路、公路交通、轨道交通、城市公交于一体；

②车站设计为高架形式，铁路旅客采用上进下出的流线形式；

③立面设计充分体现中原文化底蕴的形式，又包含了“莲鹤方壶”和“双连壶”的和谐构图，充分反映出中原庄重、沉稳、宏大的气质；

④结构复杂：桥建合一，“钢骨混凝土柱加双向预应力箱形框架梁加现浇混凝土站台板”的结构形式，在国内轨道层首次使用，该结构增大了出站层的结构空间，增加了高架站场的整体刚度，为各种管线安装创造了宽松的条件；

⑤新技术应用多：再生水源热泵、热压通风、阻尼消能减震、吸音、吸光等生态环保技术，智能化照明控制系统、性能化消防设计、数字化客服技术、候车层白天自采光屋面等。

(5)许昌东站(图 1-15)

图 1-15　许昌东站效果图

新建许昌东站位于许昌市东区烟墩郭村，距市中心约 4 km。G107 新线、京珠高速公路平行于车站东西两侧通过，车站中心里程为 DK793＋850，隶属于郑州铁路局郑州车站。车站规模为 6 台面 10 线，其中正线 4 条，到发线 6 条，设 450 m×12 m×1.25 m 岛式站台 6 座。站中心轨顶参考设计标高 74.651 m。石武客专车场规模为 3 台面 5 线，其中正线 2 条，到发线 3 条；郑渝线车场规模为 3 台面 5 线，其中正线 2 条，到发线 3 条。站房建筑面积 20 000 m^2，站房长 220 m，宽 47 m，站台雨棚面积 44 250 m^2。

站房西侧布置站前广场。广场北设出租车、社会车辆停车场；广场南设公交车站点及长途汽车站，基本实现进出站旅客各换乘间的无缝连接。许昌东站站房一层，中间部分设进站集散厅及候车厅，两侧局部设有二层夹层和局部地下室，作为设备用房、客站管理用房等。平面尺寸 220 m×47 m。

“时代触媒，鼎立中原”来源于许昌这个群雄逐鹿之地的独特个性。立足于新区的规划，许昌东站正立面形象设计得“简洁现代，端庄大气”，充满时尚感和力量感，充分体现许昌现代开放的气氛，为城市创造出具有积极地标形象的现代车站，两翼金属铝板墙面与中间玻璃面的虚实对比、直曲结合使许昌东站刚毅而不乏柔美，严谨而不缺浪漫，建成后势必以一种开放包容、飘逸潇洒的姿态展现许昌的自信和积极，同时也必将成为许昌标志性的城市地标和时代象征。

3. 石武高铁建设意义

石武高速铁路建成后，可与郑西、武广高速铁路和拟建的京石客运专线衔接，形成高效便捷、快速安全的客运通道，有效释放既有线的运输能力，对完善区域客货运输结构，加快我国快速客运网建设，扩大运输能力，提高服务质量有十分重要的意义，同时，将对社会产生重大、积极的影响，受益群众多，受益面广，可满足各阶层旅客旅行的需要，节省旅客在途中时间，且可增加就业机会，促进旅游业的发展。

三、郑开城际（建设中）

1. 郑开城际概述

郑州—开封城际铁路位于河南省中原城市群的东部，西起郑州市，东至开封市。该线路从郑州东站引出，与石武、徐兰客运专线、机场城际铁路衔接，原设计东止开封宋城路站，正线长 50.5 km。共有特大桥 2 座，大桥 1 座，中桥 1 座，桥长总计 47.5 km，占线路长度的 94.1%。设计时速 200 km，正线数目采用双线，有砟轨道，全线用地 1 682.99 亩（折合 112.20 公顷）。

2010 年 12 月，铁道部和河南省政府联合批复了郑开城际铁路延伸段宋城站至开封站项目建议书。在开封市的努力争取下，并经铁道部组织的专家评审，郑开城际铁路向东延长至开封火车站，将大大方便郑汴两市群众往来。延长后的郑开城际铁路全长 57.4 km，设计等级为客运专线标准，正线数目采用双线，轨道类型为有砟轨道，设计时速 200 km。从郑州东站到开封城际站，全程设置 13 个站点。其中，近期建设 5 个站（其中开封在境内 2 个），远期再增设 8 个。按照河南省委、省政府要求，郑开城际铁路将于 2013 年建成。

2. 郑开城际铁路大记事

（1）2007 年 9 月 27 日，省十届人大常委会第三十三次会议表决通过了《关于〈郑汴产业带总体规划〉的审查意见》，原则同意该《规划》。《规划》提出进行郑开城际轻轨建设前期准备工作，适时开工建设。

（2）2009 年，铁道部安排郑州至开封轨道交通由原来按轻轨制式改为按城际铁路制式修改预可研。

（3）2009 年 11 月 26 日，《中原城市群城际轨道交通网规划（2009～2020 年）》正式获得国家发改委批复。其中郑州至开封城际铁路被列为首批项目，正式进入实质性运作程序。

（4）2009 年 12 月 20 日至 21 日，铁道部在郑州组织召开郑开城际铁路项目可行性研究报告论证会。经论证评审，郑州至开封城际铁路项目前期工作已具备当年年底召开开工动员大会条件。

(5)2009 年 12 月 29 日上午，郑州至焦作、郑州至开封、郑州至新郑机场三条城际铁路，同时在郑州铁路东站开工建设，标志着中原城市群轨道交通建设正式拉开帷幕。

(6)2010 年 9 月 1 日，郑州至开封城际铁路宋城站至开封站项目预可研，顺利通过铁道部审查。

(7)2010 年 9 月 23 日正式启动了钻探作业，标志着郑开城际铁路正式施工建设。

3. 郑开城际铁路建设意义

郑开城际铁路是郑州国家综合交通枢纽、中原经济区、中原城市群高速轨道交通网络的重要组成部分，主要承担七朝古都开封与郑州大都市之间、及郑汴产业带内部客流等。郑开城际铁路客流可以在郑州东站通过换乘郑州市轨道交通 1 号线、5 号线，便捷出入郑州市中心城区，通过郑开城际铁路有效串连起郑州市中心城区、郑汴产业带和开封市城区。因此，郑开城际铁路是城市轨道交通的补充和延伸，具有以市域轨道交通功能为主、兼顾城际轨道交通功能的特点。

郑开城际铁路是我省第一批城际铁路，也是中原城市群城市轨道交通网的重要组成部分，对加快实现中原崛起具有重大意义。

第二章　高速铁路基础设施与技术设备

高速铁路是信息技术、自动控制技术和新材料新工艺等多种技术门类、多专业综合的高新技术集成。高速铁路系统主要由六大核心子系统构成：基础设施、牵引供电系统、通信信号系统、动车组、运营调度系统及旅客服务系统。除上述子系统外，高速铁路系统还必须有其他辅助系统的支持，如综合维修系统等。各系统既自成体系，又相互关联、相互影响，保证了高速铁路的安全高效良好运营。

第一节　基　础　设　施

高速铁路基础设施即工务工程，是个系统工程，包括轨道、路基、桥梁、隧道、房建工程等子系统。高速铁路基础设施有两个主要作用：一是达到高速铁路线路的运营要求，为高速度运行的机车车辆提供高平顺性与高稳定性的轨面条件；二是保证线路各组成部分(路基、桥梁、隧道、轨道结构等)具有一定的坚固性与耐久性，使其在运营条件下保持良好状态。

一、高速铁路轨道

轨道是行车的基础，它的作用是引导机车车辆的运行，并直接承受来自列车的荷载，把它传至路基或者桥隧结构物上。和普通轨道结构一样，高速铁路轨道结构也是由钢轨、轨枕、扣件、道床、道岔等部分组成。高速铁路的轨道结构应满足两点要求：一是应具有足够的强度、稳定性和耐久性，并具有良好的几何形位；二是比一般线路的修建与养护标准高，且要保持更严格的容许误差。

目前应用在高速铁路上的轨道结构大体可分为有砟轨道和无砟轨道两种类型。

1. 高速铁路有砟轨道

有砟轨道是铁路一种传统的轨道形式，具有建设费用低、噪声传播范围小、建设周期短、破坏时修复时间短、自动化及机械化维修效率高、轨道超高和集合状态调整简单等优点。它的缺点是轨道的横向抗力较小、道床稳定性差，在长期荷载作用下，易产生不均匀下沉，行车时空气动力作用会使道砟飞散等。高速铁路有砟轨道在结构上与普通的有砟轨道没有本质的区别，但是为了满足高速列车运行平稳与安全的需要，高速铁路有砟轨道对钢轨、混凝土轨枕、扣件、道砟的材料和道床断面尺寸等均比普通的有砟轨道要求要严格。如为减小枕下作用荷载和增加轨道横向阻力，而增大轨枕底部与道床表面接触面积，出现了重型轨枕和宽轨枕结构形式；为增加轨枕纵向支撑的连续性，采用宽轨枕、框架轨枕和纵向轨枕；为提高轨道的弹性，在轨下、枕下和道枕下应用弹性垫层；为使线路安全稳定，必须将道砟夯实，厚度达到 30～35 cm 等。

2. 高速铁路无砟轨道

无砟轨道结构(图 2-1)与有砟轨道结构的根本区别在于用塑性变形小、耐久性好的混凝土或沥青材料代替了有砟轨道结构中容易磨耗、粉化和破碎的道砟材料。高速铁路运行 40 多年来，世界出现了100多种无砟轨道形式(其中德国99种)，但只有近30种得以运用。相对有砟轨道，无砟轨道结构具有以下的优点：

(1)良好的稳定性、平顺性、耐久性；

(2)结构高度低、自重轻，可降低隧道开挖面积，减少桥梁二期恒载；

(3)道床整洁美观，可消除列车运行时的道砟飞溅；

(4)轨道变形缓慢，可减少养护维修工作量。

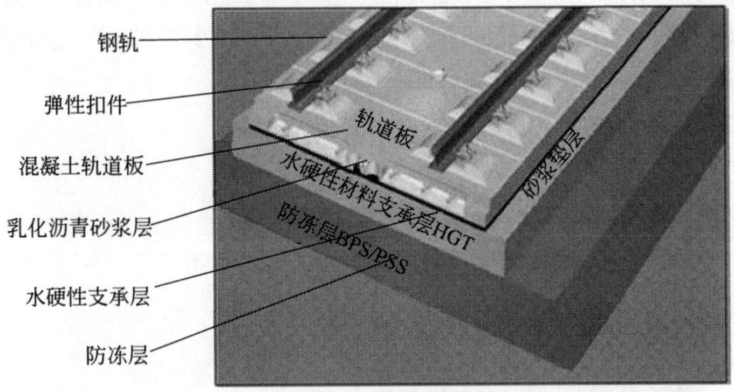

图2-1　无砟轨道CRTS-Ⅱ型板

其缺点也是较明显的，如初期投资和维修费用高；轨道刚度较大、弹性较差，不允许地基沉降；振动噪声大，需要更高降噪标准等。

二、高速铁路路基

路基是轨道结构的基础，是铁路线路的重要组成部分。路基的稳定性与坚固性直接关系到线路的质量、列车的正常运行及安全，高速线路要保证线路的快速、安全、平稳运行，就必须具备良好的路基基础。与普通路基相比，高速铁路路基工程具体表现在具有强度高、刚度大的基床，控制路基的容许沉降或没有沉降以及保证路基刚度沿线路方向变化缓慢等方面。综合来说，高速铁路路基工程和设计主要有以下特点：

1. 高速铁路路基的多层结构系统。随着高速铁路的出现，铁路路基的结构也有了新的发展。高速铁路路基已经突破了传统的轨道—道床—土路基这种结构形式，一般是由基床表层、基床底层、路堤下部和地基几部分组成。从世界角度来看，日本路基结构采用了基床表层—上部填土—下部填土形式；德国路基结构采用了路基保护层—防冻层—填筑路堤层—地基过渡层形式；法国路基结构采用了道砟层—垫层—路基形式。

2. 控制路基变形。路基时铁路基础工程的重要组成部分，承受着轨道结构重量和列车荷载。路基变形会引起轨道的几何不平顺。因此在路基设计中，一般的铁路路基是强度控制设计的，对于高速铁路路基，变形控制是路基工程设计的主要控制因素。

3. 保证路基刚度的均匀性。列车速度越高，要求路基的刚度越大，弹性变形越小。因为弹性变形过大会导致高速列车无法运行，刚度过大会导致列车的震动和噪声，不利于车辆平稳运行，因此高速铁路要求路基在线路上做到刚度均匀、变化缓慢，不允许出现刚度突变。

4. 在列车运行及自然条件下的稳定性。在列车运营时，路基不仅要承受轨道结构和附属建筑物的静荷载，还要承受列车的多次反复作用，同时还要抵抗气温变化、雨雪作用、地震破坏等自然因素的侵蚀。因此，为保证高速行车安全，路基工程必须要具有抵抗这些不良因素的能力。

三、高速铁路桥梁(图 2-2)

高速铁路由于行车速度高、运营密度高、采用全封闭的运营模式、线路的平纵断面参数限制严格、要求轨道结构的高平顺性等特点，导致桥梁的比例明显增大。与普通铁路桥梁相比，高速铁路桥梁设计的最大不同点是在于桥梁结构不仅要满足强度的要求，更重要的是要满足刚度的要求。高速铁路桥梁作为轨道的下部结构，为确保高速运行条件下的安全性、平稳性和乘车舒适性要求，必须具有高平顺性、高稳定性和高可靠性等特点，要重视改善结构耐久性，外形构造简洁合理，力求标准化，便于施工和控制建造质量，减少维修量。同时，应强调结构与环境的协调，减小运营噪声，重视生态环境保护。

图 2-2　高铁桥梁

我国高速铁路桥梁的设计有以下特点：

1. 地质条件复杂多样

我国幅员辽阔，东西南北地质地形条件差异很大。比如，东部沿海地带、大江大河两岸的冲洪积平原和海陆相沉积层以及内陆湿地主要以软土、松软土为主；中西部黄土高原、黄河流域冲积平原主要为湿陷性黄土地区；一些线路还会遇到广泛分布的不良地质石灰岩岩溶地区等。极为复杂的地质条件为高速铁路桥梁的修建带来很多难题，应根据沿线地质条件特性确定合理的基础类型和桥梁结构。

2. 高架桥多、桥梁比例大

在高速铁路建设中，必须要综合考虑建筑物与地基变形、控制工后沉降、少占良田、环境保护以及维修养护等多种因素，因此高速铁路中高架桥较多、桥梁比例较大。例如德国高速铁路桥梁总延长线占线路总长 8%左右，日本高速铁路桥梁所占比例平均达到 48%，我国京沪高铁桥梁比例占到了 80.5%，武广高铁桥梁比例占到了 48.5%。

3. 大量采用简支箱梁结构形式

根据我国高速铁路建设规模、工期要求和技术特点，通过深入的技术比较，确定以 32 m 简支箱梁作为标准跨度，整孔预制架设施工。其中，预制结构分为有砟轨道整孔箱梁和无砟轨道整孔箱梁。

4. 特殊结构桥多

为适应不同地区的自然环境差异，在高速铁路建设中广泛采用特殊结构桥梁，数量之多在我国铁路建设史上前所未有，在世界其他国家高速铁路建设中也是少有的。特殊桥梁的结构主要有：拱桥、连续钢构、V形钢构、斜拉桥、组合结构桥（如连续梁与拱组合桥、斜拉钢构组合桥、连续钢桁梁柔性拱组合桥等）。

5. 大跨度桥多

受国情路况的制约，我国高速铁路中，跨度达100 m及以上的大跨度桥梁很多。据统计，在建与拟建高速铁路中，100 m以上跨度的桥梁至少在200座以上。其中，预应力混凝土连续桥梁的最大跨度为128 m，预应力混凝土刚构桥的最大跨度为180 m，钢桥的最大跨度为504 m。

6. 减振降噪措施

减振降噪在高速铁路桥梁的最初设计与建设中是非常重要的，世界各高速铁路国家也逐渐加以重视。一般从两方面考虑：一是从噪声源上进行治理，对桥梁来说就是尽量减小结构振动，降低噪声发生源的振动和噪声声强；另外就是从传播途径上加以控制，设置声屏障、隔音板等。

四、高速铁路隧道

隧道是高速铁路基础设施的又一重要组成部分。随着高速铁路行车速度的不断提高，为了保证运行的平稳与安全，线路最小曲线半径就随之不断变大，使得高速铁路在选线设计中，出现大量的隧道工程。

高速铁路隧道与普通铁路隧道最大的区别是与列车空气动力学相关。当列车以高速通过隧道时，原来占据空间的空气被排开，空气的黏性以及隧道壁面和列车表面的摩擦作用使被排开的空气不能像在隧道外那样及时、顺畅地沿列车两侧和上部形成绕流，而是列车前方的空气受到压缩，列车后方形成一定的负压，从而产生一个压力波动的过程。这种压力波动又以声速传播至隧道口，形成反射波，再发生回传、叠加，进而产生一系列复杂的空气动力学效应，主要表现在三个方面：瞬间压力、洞口微气压和行车阻力，对行车安全性、旅客舒适度及洞口环境等均产生不利影响。

这些问题的出现与列车速度、列车的横断面面积、列车长度、列车的头部形状、隧道长度、隧道内的轨道结构等许多因素有关。因此，减小空气动力效应的主要工程措施有以下几点：一是扩大隧道断面；二是改变隧道入口形式；三是设置通风竖井；四是修建平行辅助隧道。另外，保持隧道内表面的平整光滑，改善轨道结构，采用具有良好的空气动力学形状的车辆等措施都是解决高速铁路隧道内空气动力效应的有效措施。

总之，高速铁路基础设施是个系统工程，只有其任何一个组成部分都保证了良好的状态，才能保证高速列车安全、平稳、舒适地运行。

第二节　牵引供电系统

由于电力牵引具有功率大、效率高、清洁无污染、能够综合利用各种一次能源的优点，被高速铁路普遍采用。由于电能具有不能大量存储的特点，因而高速铁路上运行的动车组必须依靠专门的外部装置提供电能。动车组通过列车受流装置获得电能以后，需要对电压和电流进行适当的变换，驱动电动机运行，从而为列车行走提供牵引动力。

牵引供电系统主要包括牵引变电所和接触网两个部分，其任务是保证质量良好并不间断地向机车供电。

一、牵引变电所

牵引变电所从公用电力系统接受电能，通过变压器将电能从三相 110 kV 或 220 kV 变换成 1 个或 2 个单相 27.5 kV，对 AT(自耦变压器)系统则为 55 kV 或 2×27.5 kV，并向两侧铁路上、下行的牵引网供电。牵引变电所的核心设备是主变压器(通常被称作牵引变压器)，通常设 2 台，一主一备运行，定期倒换。

变电所的主要设备有：牵引变压器(有多种接线方式)、断路器(SF6、真空、少油、油断路器)、隔离开关、避雷器、避雷针、电压互感器、电流互感器以及控制、保护、测量、计量、监视和电源设备、无功补偿装置、调压装置等。

二、高速铁路接触网

为了提高列车的运行速度，节省能源消耗，高速铁路一般采用接触网供电方式。接触网沿铁路线路露天敷设，通过接触线和受电弓的滑动接触把电能输送给电力机车，是高速铁路的重要供电设施，并具有节省投资、结构合理、维修简便、便于新技术的应用等特点。接触网主要由接触悬挂、支持与定位装置、补偿下锚装置、支柱与基础以及辅助供电设施等构成。接触悬挂通过支持装置架设在支柱上，其功用是将从牵引变电所获得的电能输送给电力机车。

接触网的悬挂方式有三种：

1. 简单链形悬挂(图 2-3)

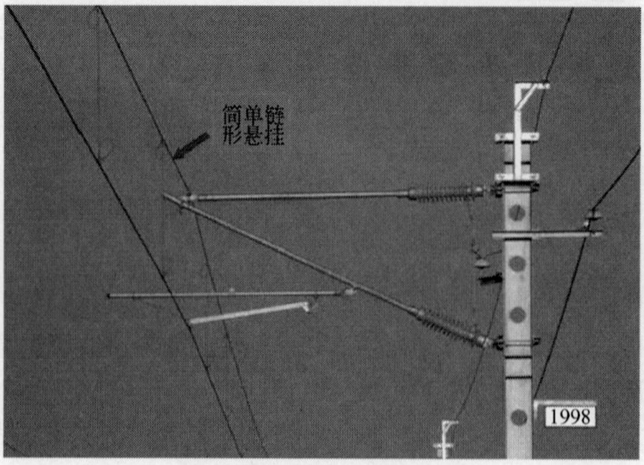

图 2-3　简单链形悬挂

其特点是：

(1)结构简单，安全可靠，安装调试维修方便。

(2)适应于高速受流。

(3)定位点处弹性小，跨中弹性大，造成受电弓在跨中抬升量大。

(4)跨中采用预留弛度，受电弓在跨中的抬升量可降低。

缺点是定位点处易形成相对硬点，磨耗大。

2. 弹性链形悬挂(图 2-4)

图 2-4　弹性链形悬挂

其特点是：

(1)相对于简单链形悬挂在定位点处装设弹性吊索，主要有两种形式："π"形和"Y"形 。

(2)结构比较简单，改善了定位点处的弹性，使得定位点的弹性与跨中的弹性趋于一致，整个接触网的弹性均匀，受流性能好。

缺点是弹性吊索调整维修比较复杂，定位点处导线抬升量大，对定位器的安装坡度要求也较严格。

3. 复链形悬挂(图 2-5)

图 2-5　复链形悬挂

其特点是：

(1)在结构上，承力索和接触导线之间加了一根辅助承力索。

(2)接触网的张力大，弹性均匀，安装调整复杂，抗风能力强。

第三节　信号与控制系统

一、高速铁路信号与控制系统的发展

高速铁路信号与控制系统是保障高速列车运行安全，提高运输效率的关键技术装备。高速铁路信号与控制系统是集计算机技术、通信技术和控制技术的综合为一体的行车指挥、列车

运行控制和管理自动化系统。它是现代保障行车安全、提高运输效率的核心，也是标志着一个国家轨道交通技术装备现代化水准的重要组成部分。高速铁路信号与控制系统通常被称为基于通信的列车控制系统(Communication Based Train Control System，CBTC)或先进列车控制系统(Advanced Train Control System)。世界各国高速铁路采用的列控系统，主要有欧洲ERTMS/ETCS系统、德国和西班牙高速铁路使用的LZB系统、法国TGV铁路使用的TVM300和TVM430系统、日本新干线ATV、意大利高速铁路的9码列车自动控制系统及瑞典铁路的EBICA900系统。

2007年4月18日我国铁路既有线第六次提速，在此次提速中采用了CTCS-2级列车控制系统是基于轨道电路加点式应答器传输列车运行许可信息并采用目标距离模式监控列车安全运行的列车运行控制系统。由于采用了ATP技术，相对于前五次列车提速，发生了革命性变化，实现了质的跨越。

武广高速铁路、郑西高速铁路均采用了CTCS-3列控系统，该系统是合成的双模结构列控系统，由两部分组成：第一部分采用GSM-R无线传输列控系统，用于CTCS-3线路列车控制，速度可达350 km/h；第二部分采用轨道电路传输列控系统，用于CTCS-3线路备用模式和列车下线运行，速度250 km/h以下，第二部分满足CTCS-2列车控制要求。

二、高速铁路信号与控制系统的组成

高速铁路信号系统主要由列车运行控制子系统、车站联锁子系统和调度集中子系统组成，还包括一些附属子系统，如诊断与服务子系统、微机监测子系统、灾害信息处理子系统、通信网络子系统、培训子系统等。高速铁路信号系统的设备主要布置在调度中心、车站、区间信号室、线路旁和机车内。

列车运行控制子系统根据车站进路、前行列车的位置、安全追踪间隔等向后续列车提供行车许可、速度目标值等信息，由车载列控设备对列车运行速度实施监督和控制。

车站联锁子系统根据计划实时建立各列车安全进路，为列车提供进、出站及站内行车的安全进路。

调度集中子系统根据列车基本运行图所制定的日、班计划和列车运行正、晚点情况，编制各阶段计划，并下达给各个车站联锁系统。

三、高速铁路信号与控制系统的特点

1. 采用列车运行自动控制(ATC)系统。高速铁路列车速度达到200 km/h以上，其紧急制动距离达到4 000 m。通常的地面信号为主题信号的自动闭塞制式已不能确保列车安全，因此已建成的高速铁路无一例外地全都采用了ATC系统完成闭塞功能。它的特点是：以车载信号作为行车凭证，直接向司机提供速度命令，信号直接控制列车制动。

2. 为了提高行车效率和降低运营成本，高速铁路都建有调度中心，由调度员统一指挥全线列车运行。调度集中系统(CTC)远距离控制全线信号、转辙机和列车进路，正常行车不需要车站本地控制。

3. 在各车站及区间信号室附近设置车次号核查等列车-地面信息传递设备(TIPB)，对列车实际位置进行确认。这是由调度中心指挥列车运行所必需的基础设备。

4. 车站采用计算机联锁(CI)和大号码道岔，道岔转换采用多台转辙机多点牵引。

5. 重视安全防护。配备了热轴探测、限界检查、自然灾害报警等监测点并与调度中心联

网，防患于未然。

6. 通信信号一体化在高速铁路得到充分体现。专用通信系统承载业务以数据为主，辅以话音和图像，信息传递的实时性、安全性、可靠性要求更高车站和调度中心大都采用局域网(LAN)。

7. 为保证安全，高速列车运行中不允许线路上进行施工及维修作业，因此高速铁路对信号系统可靠性、可用性要求更高。应尽可能采用设备冗余、故障检测记录、远程诊断等先进技术手段保证设备不间断使用。

四、列车运行控制系统

近几年随着既有线提速、高速铁路建设和高速铁路研究，对信号技术的发展提出了新的挑战。列车速度提高以后靠传统设备、靠司机瞭望地面信号显示行车已不能保证安全。因此，中国列车运行控制系统(Chinese Train Control System)即 CTCS 相应产生。

1. 列车运行控制系统应具备的功能和特点

(1)将先进的控制技术、通信技术、计算机技术与铁路信号技术融为一体的行车指挥、安全控制机电一体化的自动化系统。

(2)车载信号属于主体信号，直接给司机指示列车应遵循的安全速度。

(3)自动监控列车运行速度，可靠地防止由于司机失去警惕或错误操作可能酿成超速运行、列车颠覆、冒进信号或列车追尾等事故，它是一种行车安全控制设备。

2. 列车运行控制系统分类

CTCS 列车运行控制系统包括地面设备和车载设备，根据系统配置按功能划分为 CTCS-0 级～CTCS-4 级共五级。其中 CTCS-2 级～CTCS-4 级列车运行速度大于 200 km/h。

(1)CTCS-0 级

CTCS-0 级为既有线的现状，由通用机车信号和运行监控记录装置构成，面向 120 km/h 以下的区段。

(2)CTCS-1 级

CTCS-1 级由主体机车信号和安全型运行监控记录装置组成，面向 160 km/h 以下的区段，在既有设备基础上强化改造，达到机车信号主体化要求，增加点式设备，实现列车运行安全监控功能。

(3)CTCS-2 级

CTCS-2 级是基于轨道传输信息的列车运行控制系统，面向提速干线和高速新线，采用车—地一体化设计，适用于各种限速区段，地面可不设通过信号机，机车乘务员凭车载信号行车。

(4)CTCS-3 级

CTCS-3 级是基于无线传输信息并采用轨道电路等方式检查列车占用的列车运行控制系统，面向提速干线、高速新线或特殊线路，基于无线通信的固定闭塞或虚拟自动闭塞，适用于各种限速区段，地面可不设通过信号机，机车乘务员凭车载信号行车。

(5)CTCS-4 级

CTCS-4 级是基于无线传输信息的列车运行控制系统，面向高速新线或特殊线路，基于无线通信传输平台，可实现虚拟闭塞或移动闭塞，由 RBC 和车载验证系统共同完成列车定位和列车完整性检查，地面不设通过信号机，机车乘务员凭车载信号行车。

第四节　高速铁路动车组

一、动车组概述

高速动车组是当今世界高新技术的集成，是高速铁路的标志性装备。所谓动车组就是由动力车和拖车或全部由动力车长期固定地连接在一起组成的车组（有牵引电动机的车辆称为动力车，无牵引电机的车辆称为拖车）。动车组是材料、机械、电子、计算机和控制等现代技术的一个集中体现。根据动车组动力配置的不同可将动车组分为动力分散型和动力集中型。

动力分散型是指把由电机驱动的动力轮对分散布置在编组内全部或部分车辆的多组轮对上，同时将主要电气及机械设备集中安装吊挂在车辆下部，列车的全部车辆都可以载客。动力集中型是指将电气和动力设备集中安装在位于列车两端的动力车（即机车）上，仅有动力车的轮对是受电机驱动的动力轮对，动力车不载客，只有中间拖车可载客。

二、动车组的主要技术特点

1. 优良的空气动力学外形（图 2-6）

随着列车运行速度的提高，空气的动力作用一方面对列车和列车运行性能产生影响，另一方面，列车高速运行引起的气动现象对周围环境也产生影响。对于高速运行的动车组来讲，列车头型设计非常重要也很复杂，应综合考虑多方面的因素，好的头型设计可以有效地减少列车表面压力、列车空气阻力、会车压力波、隧道内列车表面压力、运行稳定性等问题。动车组列车通常被俗称为“子弹头”即由此而来。

图 2-6　动车组车头设计

2. 动车组车体的轻量化设计

为了降低列车运行能耗、节约材料、减小高速运行时轮轨间的相互作用力引起的对线路和车辆结构的振动、噪声以及磨耗或损伤，在满足动车组安全性、稳定性和舒适性等各项运行性能的前提下，对车体进行轻量化设计，一方面，可以降低对车辆和线路的维护量，另一方面，能够降低运行能耗。动车组车体的轻量化设计应考虑以下几方面的因素：

(1)轴重对轮轨相互作用的影响；

(2)车体结构的轻量化技术；

(3)转向架结构轻量化技术。

3. 高性能转向架技术

转向架置于车体和轨道之间，用来牵引和引导车辆沿轨道行驶、承受和传递来自车体及线路的各种荷载，并缓和其动作用力。转向架是保证列车运行品质和安全的关键部件，一般由轮对轴箱装置、构架、弹簧悬挂装置、车体支撑装置和制动装置所组成。提高列车运行速度首先面临的问题即是转向架的稳定性和安全性。对于高速转向架要求具有良好的稳定性和安全性，良好的曲线通过性能等。

4. 动车组降噪技术

按噪声来源可以将车内噪声简单地划分为轮轨噪声、设备噪声、气动噪声和受流噪声等四个方面。为了降低车内噪声，一方面要削弱噪声源发出噪声的强度，另一方面要提高车体的隔声性能。具体来说，可以从车体、内装、设备安装、门窗以及研发使用新材料等角度采取降噪措施。

5. 车体的密封技术

车外压力的波动会反应到车厢内，使旅客感到不舒服，轻者压迫耳膜，重则头晕恶心，甚至造成耳膜破裂，因此需要从车体结构和部件上提高车辆的密封性能，当前世界各国在动车组上采用的密封技术主要有：

(1)车体结构采用连续焊接以消除焊接气隙；对不能施焊的部位，必须用密封胶密封。

(2)采用固定式车窗，车窗的组装工艺要保证密封的可靠性和耐久性。

(3)侧门采用密封性能良好的塞拉门；头、尾的端门采用可充压缩空气的橡胶条，通过台风挡采用橡胶大风挡，并注意处理好渡板处的密封问题。

(4)空调换气设备设置压力控制。

(5)厕所、洗脸室的水不能采用直排式，而要通过密封装置排到车外；对贯穿车下的管路和电缆孔应采取必要的密封措施。

6. 复合制动技术

制止列车运动，使其减速或至其停车，称为制动。反之，对已实施制动的列车，解除或减弱其制动作用，称为缓解。高速列车对制动技术提出了严峻的挑战，因为列车的动能与速度的平方成正比，而在一定的制动距离条件下，列车的制动功率是速度的三次函数。传统的空气制动能力远远不能满足需求，需要采用大功率盘形制动机；采用复合制动方式，即空气盘形制动＋电气动力制动(再生制动)＋非黏着制动(涡流制动和磁轨制动)；按速度控制制动力的大小以充分利用黏着；采用高性能的防滑装置以及采用微机控制等。

7. 密接式车钩缓冲装置

车辆间的牵引缓冲装置是关系到缓和列车冲击，提高旅客舒适性和列车安全的重要部件。目前世界各国高速列车普遍采用密接式车钩连接装置，该装置两车钩连接面的纵向间隙一般都小于 2 mm，上下左右偏移也很小，对提高列车运行的平稳性和电气线路、风管的自动对接提供了保证。

三、动车组车型及车内设备

CRH(China Railways High-speed)即中国高速铁路，是中国铁道部对中国高速铁路系统建立的品牌名称。中国铁道部将所有引进国外技术、联合设计生产的 CRH 动车组车辆均命名为“和谐号”。

1. 动车组车型

从 2004 年到现在，中国共生产了 5 种 CRH 动车组，即 CRH_1 型、CRH_2 型、CRH_3 型、CRH_5 型、380A 型，这 5 种车型又分别是由下面 4 个厂家为主体生产的。

(1)CRH$_1$ 型动车组(图 2-7)

图 2-7　CRH$_1$ 型动车组

由中国南车四方机车车辆股份有限公司与加拿大庞巴迪(Bombardier)的合资公司——青岛四方庞巴迪铁路运输设备有限公司(BST)生产。原型车以庞巴迪为瑞典 AB 提供的 Regaina C2008(图 2-8)为基础。CRH$_{1B}$ 为 16 节大编组动车组。CRH$_{1E}$ 为 16 节车厢的大编组卧铺动车组。CRH$_{1\text{-}350}$ 预计 2012 年 7 月开始交付。200 km 级别营运速度为 200 km/h，最高速度为 250 km/h。

图 2-8　CRH$_1$ 原型车 Regaina C2008

(2)CRH$_2$ 型动车组(图 2-9)

由中国南车四方机车车辆股份有限公司[联合日本川崎重工(Kawasaki)，引进技术]负责国内生产。以川崎重工业新干线 E2-1000 型动车组(图 2-10)为基础，200 km 级别营运速度 200 km/h，最高速度 250 km/h。CRH$_{2B}$ 为 16 节长大编组动车组，在 CRH$_{2A}$ 基础上扩编至 16 节。CRH$_{2E}$ 为 16 节长大编组的卧铺电力动车组，CRH$_{2C}$(300 km 级别)作为京津城际高速铁路的用车在 2008 年 8 月投入使用。标称时速 300 km，最高营运时速为 350 km。CRH$_{2\text{-}350}$ 为时速 350 km 级别的动车组。

(3)CRH$_3$ 型动车组(图 2-11)

由中国北车集团唐山轨道客车有限责任公司[联合德国西门子(Siemens)，引进技术]负责

图 2-9　CRH_2 型动车组

图 2-10　CRH_2 原型车 E2-1000

图 2-11　CRH_3 型动车组

国内生产。以西门子 ICE3(Velaro)(图 2-12)为基础。300 km 级别营运速度为 330 km/h，最高速度为 380 km/h。CRH_{3D} 以 CRH_{3C} 为基础的 16 节车厢的大编组座车动车组。

(4)CRH_5 型动车组(图 2-13)

由中国北车集团长春轨道客车股份有限公司[联合法国阿尔斯通(Alstom)，引进技术]负责国内生产。以法国阿尔斯通的 Pendolino 宽体摆式列车为基础，但取消了装设的摆式功能，而车体以法国阿尔斯通为芬兰国铁提供的 SM3 动车组(图 2-14)为原型。200 km 级别营运速度 200 km/h,最高速度 250 km/h。

图 2-12　CRH_3 原型车 ICE3

图 2-13　CRH_5 型动车组

图 2-14　CRH_5 原型车 SM3

(5)CRH_{380A} 高速列车(图 2-15)

由中国南车青岛四方股份、中国南车青岛四方庞巴迪(BST)铁路运输设备有限公司生产。南车四方的 380A 是由 CRH_2 改进而成,联合川崎重工设计生产,采用日本技术。BST 的 380

基于庞巴迪新一代 ZEFIRO 高速列车技术研发而成的该批列车，采用了高效节能的庞巴迪 MITRAC 牵引控制系统，最高运营速度可达 380 km/h。

图 2-15　CRH_{380A} 高速列车

2010 年 9 月 28 日，国产"和谐号"CRH_{380A} 新一代高速动车组列车，以 486.1 km 的时速，在沪杭高速铁路运行中创造了世界运营铁路最高速度。

2. 高速动车组车型及车内设备

目前运行在时速 300～350 km 高速铁路上的动车组共分为两种车型，即 CRH_{2C} 型（六动二拖）和 CRH_3 型（四动四拖）。下面重点介绍这两种车型的动车组。

(1)CRH_{2C} 动车组（六动二拖）（图 2-16）

图 2-16　CRH_{2C} 动车组

在引进技术、消化吸收的基础上，通过自主创新，提升关键技术，将动车组速度等级由时速 200 km 提升至 300～350 km。目前 CRH_2 型动车组适用于我国电气化铁路的 200～250 km/h 既有线和 300～350 km/h 高速铁路，采用的是动力分散型交流传动方式。CRH_2 型动车组采用了 IGBT 大功率模块与变频变压调速等先进技术，代表了世界高速列车技术的发展方向。高速动车组在集成、车体、转向架、牵引传动与控制、列车网络控制和制动等方面体现了当今铁路机车车辆制造业的先进成果，是高度机电一体化的高新技术产品，目前我局郑西高铁即采用的 CRH2C 型动车组。

CRH2C 型动车组由 4 动 4 拖（总牵引功率 4 800 kW）改为 6 动 2 拖（总牵引功率 7 200 kW）共 8 辆车构成一个编组。根据需要，配备了可同时使 2 个编组进行整体运行的相关设备，可以两组重联运行。

①车型编组、车种和定员

CRH2C 型动车组（图 2-17）由原 4 动 4 拖（总牵引功率 4 800 kW）改为 6 动 2 拖（总牵引功率 7 200 kW），8 辆车组成首尾车为带司机室的拖车，可双向驾驶，动车组编组长度为 201.4 m。

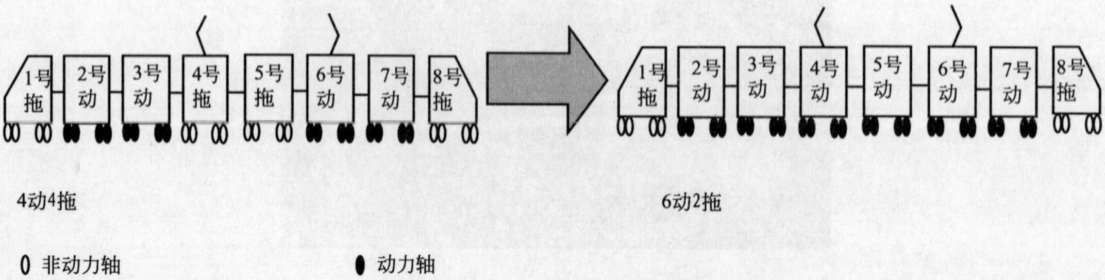

图 2-17 CRH2C 型动车组示意图

②车内设置布局

全列编组 8 辆，定员 610 人。7 号车是一等车，座席按 2+2 形式设置，定员 51 人。其余车厢（含 5 号车客室区）是二等车，座席按 2+3 形式设置，定员 559 人。5 号车是二等车与餐车合造车，设有餐厅区，餐厅区设站席 4 个，餐席 16 个。7 号车厢设置 1 个可供残疾人使用的座位。

③CRH2C 动车组设备布置

a. 座椅设置。CRH2C 型动车组全列座椅均为旋转可调式，根据旅客需要，可以通过调整座椅朝向和座席靠背角度。一等座座椅配有车载电视耳机控制面板。

b. 行李存放。在 2、4、6 号车的一、二位端，1、3、7 号车的二位端设有大件行李存放处，用于旅客大件行李的存放。其余轻便行李均可放置于座椅上方行李架。

c. 车内照明设备。车内照明设备的操作，可在 1 号、8 号司机室或 7 号乘务室的显示器上进行，统一进行开或关操作。特殊情况下，可通过每辆车的配电柜内开关可单独控制。

d. 乘务员室。7 号车内 1 位端设有 2 个乘务室。1 位侧乘务室设有联络电话、侧门集中控制开关。2 位侧乘务室内设有联络电话、侧门集中控制开关、车载信息装置显示屏，自动广播装置显示器。7 号车车长室（图 2-18），装有广播控制器、车载信息显示器、自动广播装置等。

e. 备品室。备品室设置在 1 号、3 号、7 号、8 号车各设有 1 个备品室。1 号、8 号车备品室配有紧急用梯子，3 号、7 号车备品室配有紧急用渡板，特殊情况下应急使用。

f. 安全设备。动车组安全设备有灭火器、火灾紧急按钮等。

(a)灭火器

全列车共有 34 个灭火器，每辆车设有 4 个，每端各设 2 个，每个司机室各增设 1 个。

(b)火灾紧急按钮

每辆车客室两端门上方各设有 1 个火灾按钮，1 个紧急按钮。按下此按钮，司机室和乘务

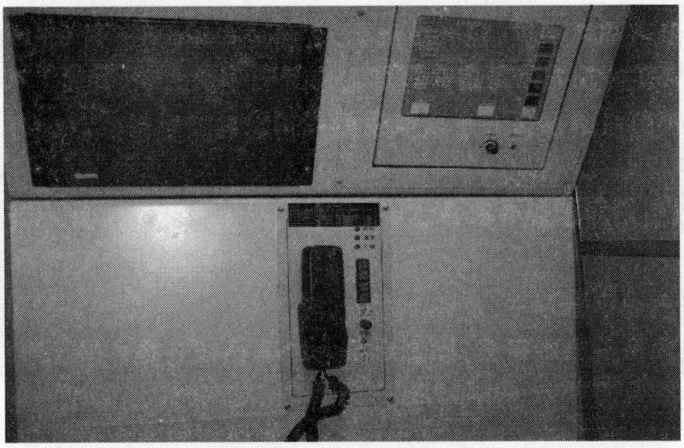

图 2-18　广播控制器、车载信息显示器、自动广播装置

员室的显示屏显示报警信息，且蜂鸣器报警。

g. 车窗。客室内车窗均设置为气密构造式固定窗(7 号车乘务室除外)。每辆车客室内四角各设置 1 个逃生窗。在紧急情况下，旅客可使用破窗锤破窗逃生，紧急破窗锤设置在逃生窗旁。

h. 旅客信息、广播服务。每辆车内两端分别设有车号显示器和信息显示器。可通过各车内开关设置，显示内容需用专用 IC 卡设置。车体两外侧面各设有一个车号显示器，一个目的地显示器和一个车门开关显示灯。按编组顺序自动显示，目的地显示器显示内容需用专用 IC 卡设置。

广播系统具备收音及播放功能，能向乘客自动播放音乐及各种服务信息。播放预先储存的节目及沿线广播电台信息。

i. 卫生间、垃圾箱。在 1、3、5、7 号车端部各设有 2 个卫生间，其中 7 号车 1 个卫生间为残疾人用卫生间。

在 2～4、6～8 号车的一位端，1、3、5 号车的二位端通过台配电盘下部和 5 号车小卖部设有垃圾箱。

j. 盥洗室。在 1、3、5、7 号车各设有 1 个盥洗室，每个盥洗室设有 2 个洗面盆。洗面盆由光电传感器感应控制，自动完成出洗手液、出水、出干燥风的功能。

水箱装置设置在装备了卫生间、盥洗室的 1、3、5、7 号车，由电动水泵方式供水。水箱为不锈钢制品，容量为 700L，安装在 1、3、5、7 号车的车下。注水时打开滑式盖子即可注水，水满时从溢水管流出，可判断水箱是否注满水。

(2)CRH_3 型动车组(四动四拖)

CRH_3 动车组(图 2-19)最高运营速度 350 km/h，武广高铁目前正在使用该种车型。CRH_3 型动车组为 4 动 4 拖 8 辆编组，采用电力牵引交流传动方式，由 2 个牵引单元组成，每个牵引单元按两动一拖构成。动车组具有良好的气动外形，两端为司机室，列车正常运行时由前端司机室操纵。两列动车组可以重联运行，自动解编。

动车组总功率为 8 800 kW，动力单元牵引功率为 4 400 kW，单轴功率为 550 kW，目前为同类动车组世界之最，为最高运行速度提供了动力保障。

采用世界上最先进的电空制动，保障列车在规定的距离内停车，制动方式分常用制动、司机紧急制动、乘客紧急制动，在电空制动失效后，还有备用的自动空气制动，确保制动万无

图 2-19 CRH3 动车组

一失。

①车型编组、车种和定员

CRH_3 动车组(图 2-20)为 8 辆编组的交流传动的电动车组，分为两个牵引单元，每个牵引单元又包括两个动力单元。两端为带司机室控制车，列车正常运行时由前端司机室操纵。两列动车组可以连挂在一起运行。

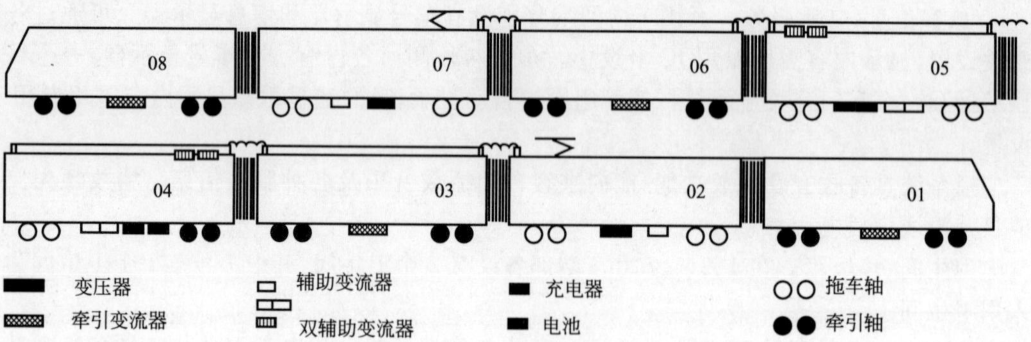

图 2-20 动车组编组结构图

②车内设置布局

动车组 8 辆车包括 5 种不同的车，即端车(头车和尾车)、变压器车、中间变流器车、餐车和一等车，从车种上可分为一等车、二等车、餐车与二等车的合造车，从动力配置上分可分为动力车和非动力车。

5 号车是一等车，座席按 2＋2 形式设置。1 号、2 号、6 号、7 号、8 号车是二等车，座席按 2＋3 形式设置。4 号车是二等座车与餐车的合造车。1 号、8 号车靠司机室区域设 VIP 区(图 2-21)。全列定员 556 人。

③CRH_3 型动车组设备布置

a. 1 号、8 号车(图 2-22)

车辆的一位端设司机室，司机室内设司机操作台、左右电气柜及司机座椅等设施。在司机室两侧面，各设一可打开的旋转车窗，可作为司机的逃生窗。司机室后面，设休闲区。休闲区座椅采用 2＋1 布置，并设有司机储物柜。在车辆的二位端，设 PIS 柜、电气控制柜、空调控制柜等电气设备控制柜、还设有灭火器、废物箱、开水炉等设施。

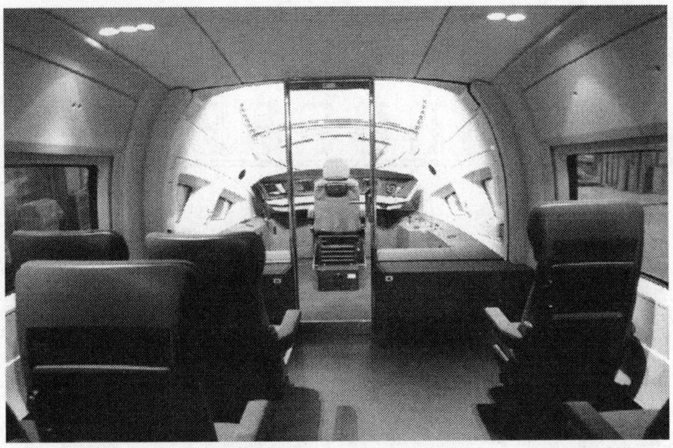

图 2-21　VIP 座席

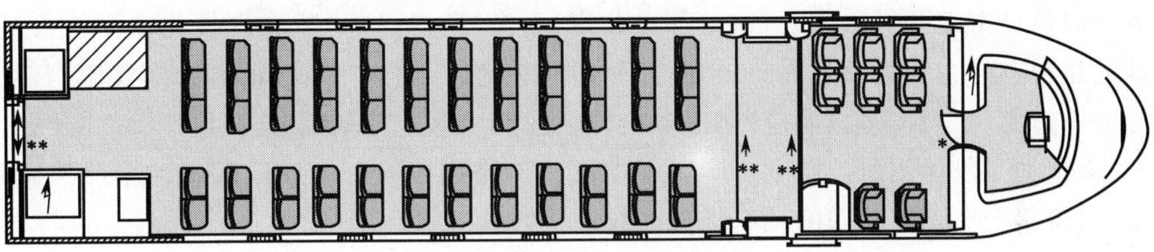

图 2-22　1 号、8 号车设备布置图

b. 2 号、3 号、6 号、7 号车(图 2-23)

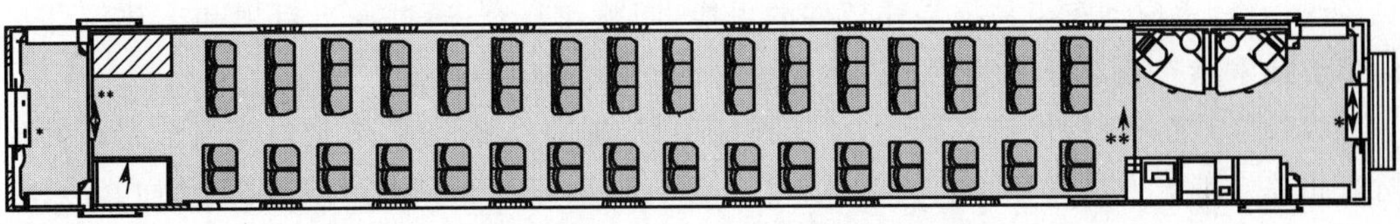

图 2-23　2 号、3 号、6 号、7 号车设备布置图

在一位端通过台走廊处，有两个标准卫生间。设有电气控制柜、空调控制柜等电气设备控制柜、还设有灭火器、废物箱、开水炉等设施。车厢两端设大件行李存放区。

c. 4 号车(图 2-24)

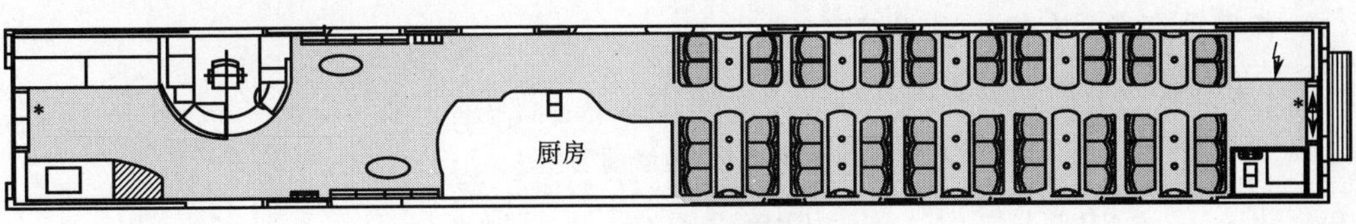

图 2-24　4 号车设备布置图

该车为餐车与二等车的合造车。在一位端走廊处，设有逃生设备储藏柜，大件行李存放区，厨房储物柜、乘务员室。在车辆中部，设能提供快餐与热饮的厨房及吧区。在车辆的二位端，设安全接地钥匙柜、灭火器、废物箱及电气控制柜。

d. 5 号车(图 2-25)

在一位端通过台走廊处，有标准卫生间及残疾人卫生间各一个。设轮椅坡道及灭火

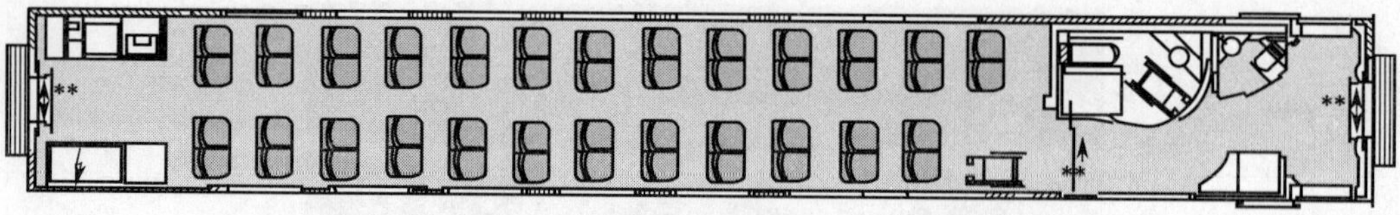

图 2-25　5 号车设备布置图

器、开水炉的保护安放柜。客室顶部设信息、娱乐节目显示屏。在车辆的二位端，设大件行李存放区。设有电气控制柜、空调控制柜等电气设备控制柜，还设有灭火器、废物箱、开水炉等设施。

四、国内动车组维修基地

1. 我国现有动车组维修基地

为了满足动车组开行的需要，铁道部在北京、上海、武汉、广州建立现代化动车检修基地，四大基地建设在能力和规模上立足干线，并辐射周边地区，做到"一次规划，分布实施"，四大检修基地由铁道部统一管理，面向全路，服务全路。在四大基地的基础上，我国于 2011 年底前共建设 20 余个动车段运用所。至 2015 年，我国高速铁路大体可以形成以四大动车所检修基地为中心，覆盖整个高速铁路网的动车维修系统。

2. 动车组列车修程修制

目前我国动车组列车修程修制统一划分为一至五级。一、二级为运用检修，在运用所内进行；三至五级为定期检修，在动车组检修基地内完成。

一级检修：完成动车组易损易耗部件的更换、调整和补充；通过人工目视和车载信息系统对动车组技术状态和部分技术性能进行检查检测；处理临时发生的故障。

二级检修：在一级检修的基础上，增加检修项目，提高检修程度，并通过车载信息系统对车上所有相关设备进行检测和性能试验；按相应检修周期，进行车轴超声波探伤、踏面修形、电气回路绝缘检测、牵引电机绝缘检测和车下电器过滤器类部件清扫除尘等专项检修。

三级检修：在二级检修项目的基础上，进行转向架、轮对轴承和转向架主要零部件的分解检修。

四级检修：对动车组各主系统进行分解检修、特性试验，必要时进行车体的涂装。

五级检修：在四级检修项目的基础上，对动车组全车进行分解检修，较大范围地更新零部件，并进行车体的涂装。

3. 各型动车组列车检修周期规定

动车组列车检修周期见表 2-1。

表 2-1　检修周期

等级	CRH_1	CRH_2	CRH_3	CRH_4
一级检修	每次运行 4 000 km 或 48 h	每次运行 4 000 km 或 48 h	每次运行 4 000 km 或 48 h	每次运行 4 000 km 或 48 h
二级检修	部件专项检修周期	部件专项检修周期	部件专项检修周期	部件专项检修周期
三级检修	120 万 km	45/60 万 km 或 1 年	120 万 km	120 万 km
四级检修	240 万 km	105/120 万 km 或 3 年	240 万 km	240 万 km
五级检修	480 万 km	225/240 万 km 或 6 年	480 万 km	480 万 km

五、新建郑州东动车运用所

1. 郑州东动车运用所概况

郑州东动车运用所自石武客专郑州东站北端站线分界点引出，沿 G107 辅道西侧、并行石武客专正线向北延伸，跨越连霍高速公路后，所址设在郑州市金水区柳林镇王庄村、宋庄村、祁圪垱村和祭城镇大郭村交汇处。距郑州东站约 8.6 km。工程总投资 12.6 亿，为中铁七局施工总承包项目，合同工期 18 个月。2010 年 7 月 30 日举行了开工典礼，9 月初完成动车检查库征地，开始进地施工，11 月下旬完成停车线大田地征地后进入全面施工。郑州东动车运用所主要担负着我局高铁动车组的一、二级检修和运用工作，不涉及三级及其以上检修工作。

郑州东动车所分为四个施工部分：

(1)全长 13.3 km 的两条走行线特大桥，该部分为引入部分，将动车从新郑州东站向北沿走行线进入站场，为 60 无缝线路。

(2)站场停车线部分。该部分目前施工 20 条停车线，加上 1 条外皮清洗线，1 条临修库、1 条不落轮镟线，2 条人工清洗线，及一条引入维修段的牵引线，共计 26 线。该部分全部采用 50 有缝线路，进站部分为 12 号道岔，西咽喉部分为 9 号道岔。全长 29.6 km。

(3)综合维修段部分。供路局各站段办公、休息和作业，段内设有轨道车停放线、接触网抢修车组停放线、材料线等 7 条线路，站内设有材料库、配电所、综合楼、轨道车库等房屋，面积8 135 m^2。

(4)动车检查库。动车组检查库按长编组设置，为在建四线库，预留郑徐两线库。四线库主库采用钢桁架结构，21 000 m^2，边跨为局部二层的框架结构，面积 5 000 m^2，主要是设备房屋、办公房屋和信息控制房屋等。

2. 工程主要技术标准

工程主要技术标准见表 2-2。

表 2-2 郑州东动车所工程技术标准

序号	项　目	走 形 线	序号	项　目	走 形 线
1	铁路等级	动车走行线	6	牵引种类	电力
2	正线数目	单线	7	到发线有效长	650 m
3	设计行车速度	120 km/h	8	机车类型	动车组
4	限制坡度	不大于 30‰	9	闭塞方式	自动控制
5	最小曲线半径	800 m			

3. 郑州东动车运用所主要系统

(1)通信系统主要包括动车所传输及接入系统、数据通信系统、专用通信系统、GSM-R 无线移动通信系统、会议电视系统等。

(2)信号系统主要由调度集中控制系统(CTC)、列车运行控制系统、车站联锁系统、信号集中监测系统等构成。

(3)信息系统主要有运营调度系统、动车组运用检修管理信息系统、维修管理信息系统、办公自动化系统、公安管理信息系统和辅助设施(综合布线系统、一卡通管理系统、视频监控系统)等。

(4)牵引供电系统主要包括接触网、供电线、架空地线、牵引变电、电力电缆、室外照明等工程。接触网架设范围：不落轮旋库内以及临修库内股道不挂网，其余所有股道(包含检查库内)

均挂网。

4. 郑州东动车运用所工程进度

动车所项目以联调联试节点工期为目标，截至 2011 年 11 月底，路基工程全部完成，所内桥涵工程全部完成，轨道工程完成 75%，房建工程影响联调联试的通信、信号、电力房屋在 5 月底基本完成，动车房屋已完成土建基础，正积极与设计、设备厂家对接，进行设备安装。轨道桥、三层平台、信息系统、地面电源系统、起重设备、轮对诊断设备、滤网滤筒设备、立体仓库设备、真空卸污设备等厂家已开始进场进行设备安装。

第五节　通　信　系　统

一、高速铁路通信系统概述

铁路是一个庞大的企业，包括了车、机、工、电、辆等专业部门，各部门围绕铁路运输协同运作，为保证部门之间信息畅通，铁路历来有一套完整的专用通信系统。铁路通信系统是实现铁路专用通信业务的系统，其中主要部分由铁路调度通信系统组成，随着通信技术的不断发展，正在由模拟通信技术向数字通信技术方向演进。高速铁路通信系统属于铁路通信系统范畴，包括有线通信部分与无线通信部分，与非高速铁路通信系统相比，有线通信部分区别不大，区别主要体现在无线通信部分。

铁路运输调度通信是铁路专用通信的重要组成部分，是直接指挥列车运行的通信设施。传统意义上的铁路数字调度通信业务包括干、局线通信，区段通信，站场通信，无线专用通信，应急通信和列车通信等，目前铁路正在推广综合数字移动通信系统(GSM-R)。

二、铁路数字调度通信基本原理(图 2-26)

铁路数字调度通信系统的主要技术特征是采用数字交换技术。要实现数字程控交换，必须具备两个条件：第一，将模拟的话音信号变为数字信号，即话音信号数字化，并进行复用传输；第二，将数字化的话音信号进行交换，即数字交换。另外，在区段的数字专用通信系统中要实现数字共线和数字交叉连接。

模拟语音信号在发送端经过抽样、量化和编码以后得到了脉冲编码调制(PCM)信号，此过程称为模拟话音信号数字化，该数字信号经过传输线路送到对端，在接收端将收到的 PCM 码还原为模拟话音信号。为了实现双向通话，通信双方都要有图 2-26(a)中的发送和接收设备，形成四线制通信方式，如图 2-26(b)所示。

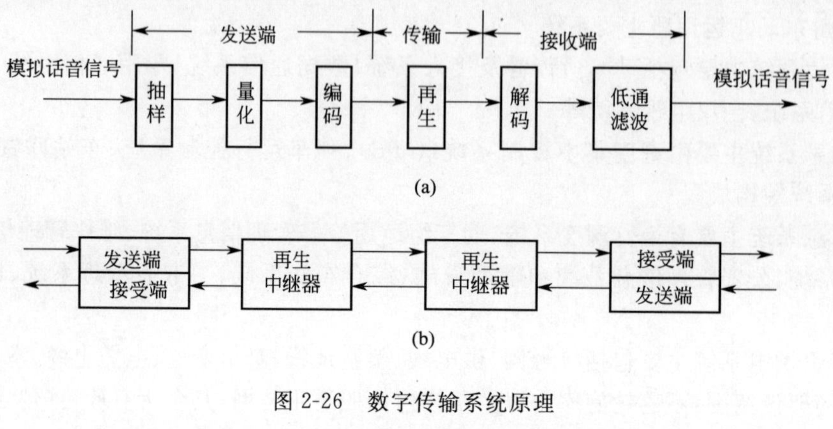

图 2-26　数字传输系统原理

三、铁路调度通信系统与组网

铁路调度通信网的网络结构根据铁路运输调度体制来安排，按干线、局线、区段三级调度分三层网络结构。

1. 干线调度通信

铁道部干线调度通信网络由 1 套 Hicom382 调度交换机，14 套 Hicom372 调度交换机，以及外围设备调度功能模块、调度台、多媒体终端、网络管理和调度管理系统等组成。

2. 局线调度通信

铁路局的局线调度通信网络，在铁路局汇接中心利用干调 Hicom372 调度交换机或另设数字调度交换机与设在各铁路调度区段的数字专用通信系统组成。

3. 区段数字调度通信

区段数字调度通信系统的基本原理就是使用计算机硬件软件去控制数字时分交换网络的交换接续，来达到人们期望的通信方式及通信需求。

四、铁路综合数字移动通信系统(GSM-R)

铁路综合数字移动通信系统(GSM-R)是在数字蜂窝移动通信系统(GSM)上增加了调度通信功能和适合高速环境下使用的要素，能满足国际铁路联盟提出的铁路专用调度通信的要求。在 GSM-R 网络上实现中国铁路无线列调需要增加一个车站台，而车站台既要具有调度业务又要具有站内通信、站间通信、区间通信等各类通信业务。GSM-R 由三大部分组成：GSM-R 陆地移动网络、FAS 固定网络、移动终端和固定终端。GSM-R 系统是中国首次从欧洲引进的铁路专用移动通信系统，能够满足列车运行速度 500 km/h 时的无线通信要求，且安全性好。

GSM-R 系统用于实现铁路移动通信，其优势主要体现在：

1. 以公众移动通信产业链为支撑，基础技术较完善，发展有保障。
2. 具有良好的接续功能。
3. 可改进网络的服务质量和可靠性。
4. 基于强大的智能平台，可提供各类铁路特色业务。
5. 可作为 CTCS3 级和 CTCS4 级列控业务的通信平台。
6. 具有后向兼容性。

五、站车信息交互手持设备

1. 站车信息交互系统整体结构

站车交互系统(图 2-27)分为三个部分：

(1)信息发布服务器：是客票系统与移动终端的接口系统，该服务器实时更新向外发布的客票数据。

(2)移动终端：移动终端可以是手持终端或笔记本电脑，是应用显示和操作界面。

(3)无线网络：本系统采用中国移动的 GPRS 网络实现移动终端和信息发布服务器直接的数据通道。

2. 终端系统介绍

(1)硬件和软件环境

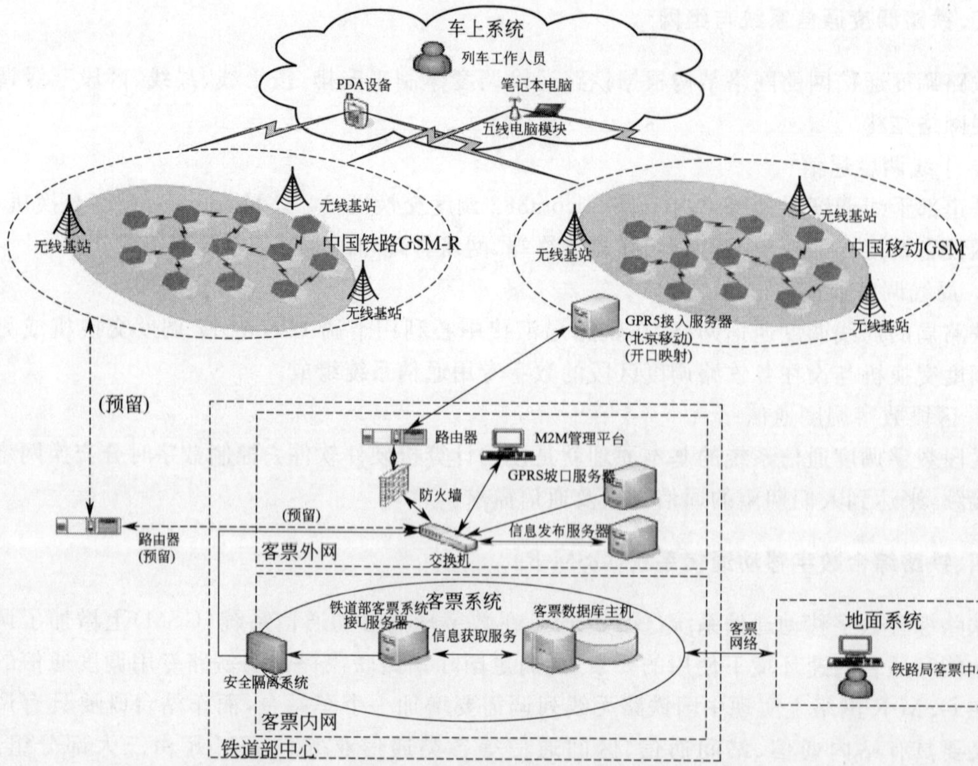

图 2-27　站车交互系统结构图

①手持终端设备运行 Microsoft Mobile Version 5.0 Pocket PC 或者 Microsoft Windows CE 5.0 及以上的操作系统平台，并安装 SQL Server Mobile 相关组件。

②32MB 的机内可用存储空间，1GB 的存储卡空间，具体大小取决于根据功能需求而安装的应用程序组件。

(2)系统操作

①手持终端的软件系统默认已经安装到设备的"\Program Files\WTS"目录下并且设置为开机自动运行，其中系统所需的声音文件放置在存储卡的"WTS"目录下。

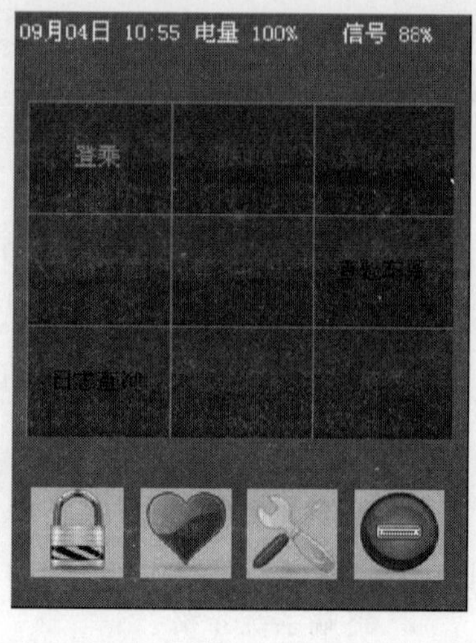

图 2-28　交互系统主界面

②为防止不同硬件系统按键设置的不同和用户的误操作，终端系统软件在开机后将自动屏蔽各硬件按键，终端系统软件的操作主要以触摸屏点击为主。以下说明中的"点击"是指用手写笔"点击"屏幕各功能项的操作。

③系统软件的业务下载功能以系统自动操作为主，人工干预为辅助作业手段；系统在自动下载过程中会以语音提示车站名称及该站数据的下载状态；另外系统会自动定时检测并且以语音方式提醒无线网络连接的状态。

④系统数据下载及界面操作状态将在关机前自动保存，系统重新启动后将自动进入主界面，并恢复关机前的操作状态。

⑤由于网络异常、异常操作、电池没电后重启等原因引

起的重新启动并不会影响软件系统的使用。

(3)主界面(图 2-28)

类似手机系统分为三个区域:上方的系统显示区;中间的业务功能区;下方的系统功能区。

上方系统显示区域分别为系统日期时间、按百分比显示的系统电量、系统信号强度。

中间业务功能区域按照九宫格的方式显示了系统的主要业务功能按钮,按钮上以颜色区分功能可否使用。

下方系统功能区域以图标方式列出了四项系统功能按钮,分别为“锁定屏幕”、“帮助信息”、“系统管理”、“锁屏关屏”按钮。

3. 站车无线交互系统手持设备结构图(图 2-29)

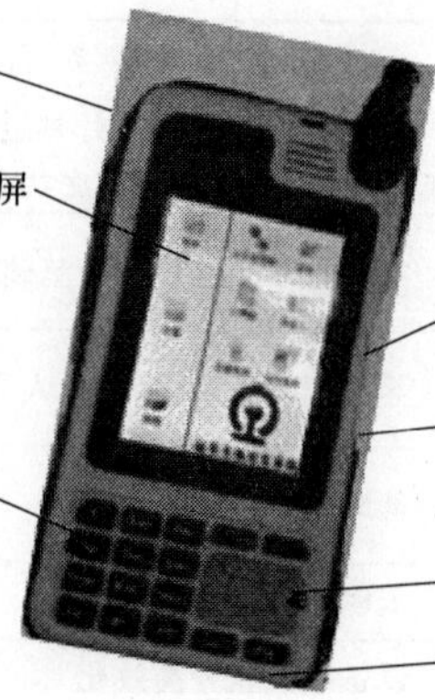

图 2-29　交互系统手持设备

LED 屏幕≥2.8 英寸,彩色液晶全屏手写触摸屏,分辨率不低于 240×320;通信模块:支持 GSM/GPRS、EDGE。

第六节　调 度 系 统

高速铁路运营调度系统是高速铁路运输管理和列车运行控制的中枢,是高速铁路高新技术的集中体现,是高速铁路运营管理现代化、自动化、安全高效的标志。根据机车车辆配备和动力特性、车站配备及作业、沿线线路和设备状态、人员配备、相邻线路列车运行的状态等,统筹编制列车运行计划、集中指挥列车运行和调度铁路运输各部门的工作。

高速铁路调度指挥系统与普通铁路相比,在安全性、智能化等方面要求更高,以集中领导和统一指挥为基本原则,随着高速铁路生产技术的进步和管理水平的提高,逐渐向集成化、自动化、综合化、智能化方向发展。

一、世界高速铁路调度系统

1. 日本运营调度系统

日本新干线建设了与既有线独立的调度指挥管理系统,即 COSMOS 系统(图 2-30),COSMOS系统是日本最新、功能最全的调度指挥系统,调度中心设置在东京,由 8 个子系统组成。

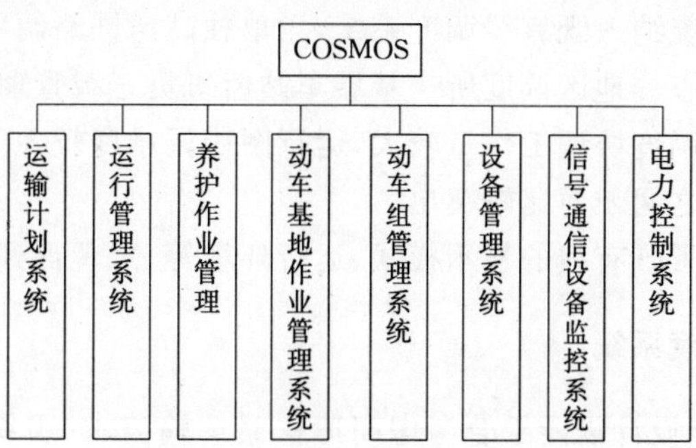

图 2-30　日本 COSMOS 系统

COSMOS系统功能见表2-3。

表2-3 日本COSMOS系统各子系统功能

子系统名称	业务目的	主要功能
运输计划	对运输生产的主要计划进行综合编制及其在各部门、各项业务间的彻底共享	列车/车辆/乘务员计划 向作业现场、其他系统传达计划信息
运行管理	实现以最新运行图为基础的高密度运行	自动控制进路、运行调整旅客向导、信息服务
养护作业	养护作业高效化、防止人为失误	养护作业计划编制 养护作业开工管理
基地作业管理	基地内作业高效化	基地内作业计划编制传达 基地内进路控制
动车组管理	车辆养护作业高效化	车辆养护信息的一元管理
设备管理	设备维护业务高效化	地面设备维护信息的管理
信号通信监控	对沿线情况实时掌握	沿线(气象/设备)情况监视 临时限速提案
电力控制	电力供给的稳定化	供电设备的远距离遥控

2. 法国运营调度系统

法国营运调度系统分为两种管理模式:一是东南线和地中海线由国家调度中心东南高速调度台与CTC控制中心两级控制;二是北方线和大西洋线实行国家调度中心、分局调度中心、CTC控制中心三级管理。在国家控制中心和分局调度中心设有营运基础调度、客运调度、电力调度、动车组运用调度、司机调度等。

法国高速铁路调度指挥系统特点如下:

(1)设有相对独立的高速铁路调度指挥系统;

(2)按区域设置分局作为管理机构;

(3)高速铁路调度系统与既有线调度之间尤其是上下线站有密切联系和数据交换;

(4)正在整合国家调度中心和CTC控制中心以达到对高速铁路及高速铁路和既有线衔接地区进行统一集中管理。

3. 德国铁路运营调度系统

德国高速铁路网是由改造的旧线和新建高速线混合组成,采用客货混线分时运行的方式。其铁路调度中心分别设置在柏林、慕尼黑、杜伊斯堡、汉诺威、法兰克福、莱比锡、卡尔斯努尔等大枢纽地区,属于区域设置方式,利于对客货列车的高度指挥和管理。

德国铁路运营调度特点如下:

(1)高铁调度指挥系统纳入既有线调度系统,无单独高速铁路调度指挥系统。

(2)实行调度指挥中心—地区调度所—基层车站值班员三级管理。

(3)路网调度与客货调度协调工作量较大,运行图协调难度较大。

(4)长短途客运公司之间矛盾比较突出。

(5)在硬件方面沿用了既有线的显示模式、运行环境等,二者得到了较好的衔接与联系。

二、我国高速铁路调度系统

运营调度系统的功能设计需要综合考虑高速铁路运输需求、组织机构、调度管理、基础设施(线、桥、隧)的维护、地面设备(信号、供电等)的维护、动车组运用于维护等诸多因素。根据国外高速铁路调度系统的情况和发展趋势，我国高速铁路采用综合调度指挥系统模式。

我国运营调度系统组成如图 2-31 所示。

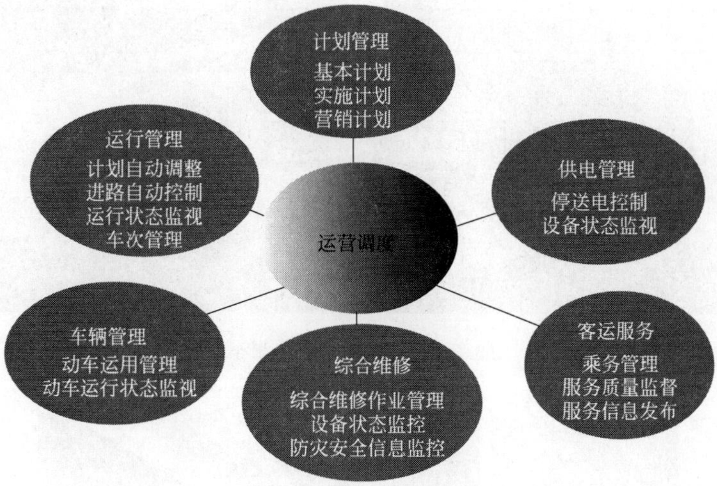

图 2-31 我国运营调度系统

调度中心与调度所、动车基地、乘务基地、维修基地等各部门之间通过专用网络连接，传递各种生产所需的信息。调度所直接指挥列车运行，动车基地、乘务基地、维修基地等为受控部门，按调度所的安排进行工作。调度中心一般情况下只监视各调度所的工作，对跨调度所的业务进行协调；特殊情况下调度中心也可以接管调度所的工作，对列车运行进行直接的指挥。

第七节 高速铁路综合检测列车

一、高速铁路综合检测列车概述

传统上，各专项基础设施的检测装置或检测车（图 2-32）独立工作，获取的信息通常也是被独立地处理和利用，信息之间的相互关联被完全忽略掉。而对于实际的设备体系，各子系统相互作用，交织成一个复杂的大系统。例如无线通信信号的质量与周围的环境紧密相关，丘陵、隧道、桥梁，甚至邻线车辆对其都有一定影响。如果无法结合反映线路环境的全断面检测数据，对通信系统的评价将是不准确的。

图 2-32 传统检测车

图 2-33　“0”号综合检测车

图 2-34　综合检测车内部部分设施设备

与专项检测车辆和设备不同，综合检测列车(图 2-33)一般由 4～6 节检测车辆组成，装载着各种专项检测设备(图 2-34)。更为重要的是，这些专项检测设备在数据采集时能够依靠列车的中央控制网络在速度、时间和里程位置上保持严格同步，各专项检测数据还可利用列车网络实现全列车的数据共享。这不但减少了多台专项检测车的重复设备，而且为快速准确地综合分析处理数据提供了可能。

综合检测列车采用和正常运营列车相同的车体，可独立运行，能够编入运行图正常运营，使得综合检测列车可以不影响高速铁路的正常运输秩序，有利于加大监测频率、及时发现安全隐患。另一方面，由于车体、速度与实际运营条件接近，综合检测列车获取的数据可以更真实地反映列车和基础设施在运营时的状态。

二、高速铁路综合检测列车核心技术

1. 全断面检测技术

由于自然灾害以及设施的非正常突出和缺失等，使轨道、道床、隧道、桥梁等基础设施经常发生变形、侵限现象，严重威胁到轨道交通的畅通和安全。为发现这些安全隐患，传统铁路一般采取日常巡检、定期全面普查与少量关键地点实时监测相结合的方式，运用静态测量仪器设备对基础设施状态进行检测。这些方法需要占用线路，耗费人工和时间，难以及时掌握线路变形情况与发展趋势，不适合对大量线路进行全断面测量。因此，为满足轨道交通基础设施全断面测量的需求，车载式的高速动态测量技术受到了广泛的重视。

全断面检测技术包括三维非接触式技术、二维非接触式技术和一维非接触式技术，通过全断面检测技术，可准确获得线路全断面尺寸，包括道床断面、桥隧涵轮廓、接触网高度及临线间距等尺寸。结合车辆测速定位系统，将断面限界进行基于时间和公里标的对应记录，通过统计分析线路断面尺寸及其发展趋势，实现对线路全断面的状态监测。

2. 轨道检测技术

轨道测量包括轨道不平顺（高低、轨向、水平、扭曲）、轨距等的检测和轨道结构各部件状态的检测（钢轨磨耗、钢轨探伤、表面擦伤、扣件状态、轨枕状态等）以及振动加速度，是指导线路养护维修、保障行车安全的重要手段。

3. 轮轨作用力检测技术

轮轨作用力是导致轨道失效、破坏、车辆部件损伤的重要因素，其测量值可以用来评定行车的平稳性和安全性，并作为限速、提速的重要依据。轮轨作用力的测量普遍采用测力轮对和应变测量技术。测力轮对是非动力轮对，表面粘有应变片。在轮轨作用力作用下，测力轮对会产生与作用力大小成比例的变形。紧贴在轮对表面的应变片也因此发生变形，造成应变片阻值发生变化。应变片阻值变化的大小与变形的大小具有一定函数关系。通过交流电桥可以精密测量应变片阻值变化，进而获得轮轨作用力。

4. 弓网检测技术

弓网之间的良好配合是保证高速铁路列车获得不间断供电的基础。在列车高速运行中，检测接触网自身结构及受流系统的各项机械和电气参数，是评价接触悬挂和受电弓性能的重要手段。接触网检测的项目包括接触网导线的磨耗、高度、拉出值、接触线间水平距离、接触线间垂直距离、定位器坡度、跨距、硬点和冲击、弓网间动态接触力、离线、接触网电压、动车组网侧电流等。

5. 通信检测技术

无线通信系统是铁路专用调度通信的重要组成部分，综合检测列车可以完成在运行环境下铁路综合无线通信系统性能检测。通信系统的检测项目包括：

(1)铁路沿线无线场强覆盖，包括多基站的交叉覆盖。

(2)GSM-R 数字移动通信系统运行特征，包括 GSM-R 数字移动通信系统终端通话质量、越区切换成功率、呼叫接通率、通话中断率、呼叫建立时间，以及小区切换和小区重选特性等。

(3)列车无线调度信息传输特性，包括 GSM-R 数字移动通信系统分组数据 GSMR 传输误码率、传输延时、误块率，据此反应采用 GPRS 传输铁路调度业务的性能。

(4)列车运行控制信息传输特性，包括 GSM-R 数字移动通信系统电路方式数据通道连接建立时间、连接建立失败率、端到端传输延时、链路失效概率、传输干扰及恢复。

(5)铁路沿线无线电干扰测试分析，包括监测铁路沿线的其他通信信息对 GSM-R 数字移动通信系统应用频段的辐射干扰，分析干扰的频段、强度等。

6. 信号检测技术

信号检测系统主要用于检测车载超速防护设备所接收的各种与列车控制系统有关的信息。信息以自动检测为主，检测项目包括：

(1)钢轨回流监测，主要包括：左（前后）钢轨回流值；右（前后）钢轨回流值；不平衡率；谐波分量分析。

(2)轨道电路检测，主要包括：模拟轨道电路的载频频率、频偏、调制信号；数字编码轨道电路的载频频率和调制信号；轨道电路的载频频率、频偏、调制信号；轨道电路的接收端机车信号电平，绝缘破损和补偿电容状态；轨道电路道床电阻检测；邻线、邻段及工频谐波干扰电平检测；全程记录轨道电路机车信号波形。

(3)全程记录机车信号显示信息。

(4)点式信息检测，利用车载检测设备检查地面应答器和环线设备的工作状态。主要包括：环线模拟点式信息（EMBO 频率），环线数字点式信息（BSP 报文），欧标查询应答器（Europe balise）及欧洲环线（Europe loop）。

(5)无线信息(GSM-R)接收，主要包括时间、位置、与列车控制系统有关的信息。

7. 综合处理分析技术

综合处理分析的目的是全面科学地利用各单项检测数据，建立基础设施状态变化规律的数字模型，评估基础设施质量和预测其发展趋势，制定科学的养护维修计划。

综合检测技术将全断面、轨道状态、轮轨作用力、接触网、通信信号、环境监视等监测系统集成于一列检测列车上，实现了信息同步采集和数据共享。综合检测列车采用普通高速列车车体，可以编入正常运行图运营，消除了不同专业单独检测对正常行车秩序的干扰。同时，可以减少检测仪器重复、数据采集不同步、无法实现共享数据和综合分析评价的缺点。世界高速铁路的运营实践证明综合检测列车是高速铁路运营管理中不可缺少的组成部分。

第三章　高速铁路车站客运服务系统

第一节　国外高速铁路客运服务系统简介

国外发达国家根据自身特点建设高速铁路，其中以日本、法国、德国发展最好，下面从票务服务、站车服务、附加服务等方面对三个国家高速铁路客运服务系统作简要介绍。

一、日本旅客服务系统

1. 票务服务

日本新干线全部采用计算机联网售票，客运站售票以自动售票为主，人工为辅。通过自动售票机旅客可以方便地查询各次列车的售票情况，选择车次、座别、吸烟车和禁烟车等。车票全部使用电子车票，进、出站的检、验票工作实现自动化和无人化。车上补票由列车长完成，利用无线售票设备与地面售票系统实现动态的信息对接传输，使每个客运站都能实时准确地掌握每一列车各种席位发售情况和超员情况。

在日本，旅客可在家庭、旅行社、一般企业以及车站等地方购票，如图 3-1 所示。

图 3-1　日本旅客可选择的购票地点

具体来说，有以下几种订购票方式：网上或手机预订，预约后的票需要到指定窗口取，其流程如图 3-2 所示；从全国的车站“绿色窗口”购买，该窗口可以发售所有 JR 车站出发和到达的对号入座客票；通过自动售票机在车站购买；在车上用车内便携式移动终端购买。此外，日本铁路公司还与旅行社合作，乘客可通过旅行社代理购得车票。

一般客票从发车日一个月以前开始发售，团体客票则从发车日 11 个月以前接受预订（预订确定：5 个月＋14 天）。

2. 站车服务

在日本新干线，站车信息发布主要依靠旅客向导系统。旅客向导系统是 COSMOS 的一

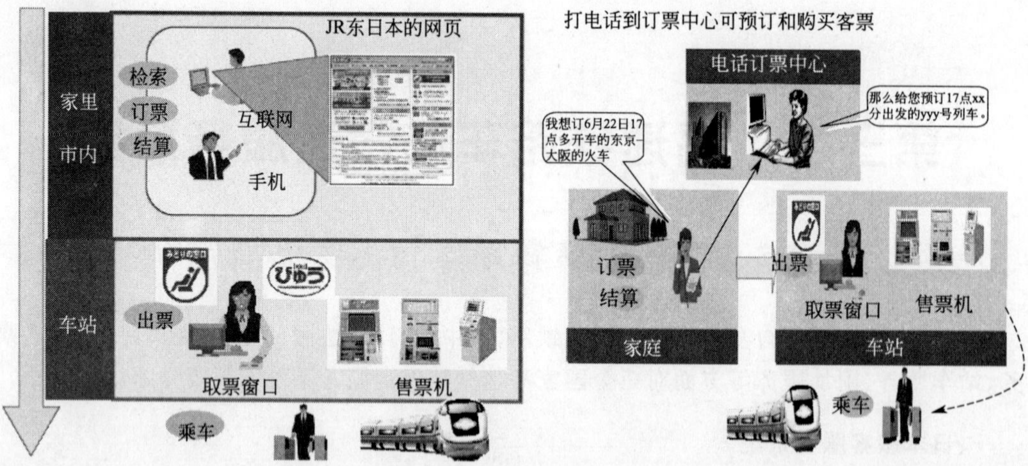

图 3-2　旅客订票方式

个子系统。COSMOS系统保有所有运行列车的编组信息(车厢数、指定坐席/自由坐席分类等)、列车信息(列车名称及终点站等)以及旅客向导所需的各种信息。通过活用这些信息,可实现内容详细的自动旅客向导,并且通过利用COSMOS列车追踪功能,可准确地掌握旅客向导信息的播放时机。旅客向导系统具有自动广播功能(自动对下一到/发列车等相关信息进行广播)、发车牌控制功能(自动在发车牌上显示下一到/发列车)和消息控制功能(在发车牌上显示故障信息等消息内容,消息内容可在车站或中央进行指定)。通过旅客向导系统在车站站台利用显示屏、广播为旅客提供该股道到/发列车信息。在检票口等地方的显示屏上显示列车的车次、时刻、乘车站台等信息,将旅客引导至相应的站台。

新干线上旅客引导设施主要有车站设备和车上设备两部分,直接或间接地向旅客传递乘车、换乘等信息。

车站设备主要包括发车指南显示屏(在车站检票口、大厅、站台等处设置,向旅客传递车次、到达目的地、停车站及时间、自由席车厢号、列车编组等情况)、自动广播(广播列车到站、进站、发车、误点、通过等内容)等,并在车站各处设置明显的引导标志,引导旅客进、出站和换乘。所有旅客信息装置均受车站PRC(自动列车运行控制装置)系统控制。

3. 附加服务

在新干线车站,旅客除了可以购买指定席、自由席及乘车券等铁路商品外,还可以在车站窗口购买和咨询航空商品等与旅行相关的多种商品。

功能强大的顾客综合销售系统(Multi Access Reservation System,MARS)与航空公司、旅行公司等其他系统连接,可以为旅客提供住宿预订、出租汽车预订等服务,极大地方便了旅客的出行,如图3-3所示。

二、法国旅客服务系统

1. 票务服务

法铁客票的预订与发售普遍推行代理制,其中自售占80%,代售占20%,此外,还积极推行旅客在家中购票的服务项目。目前法铁规定,团体旅客车票预售期为113天,散客为60天。

(1)车站窗口。分国内和国际窗口,旅客可在窗口购买各种列车的车票。窗口服务的另一任务是推销商务卡及优惠卡。

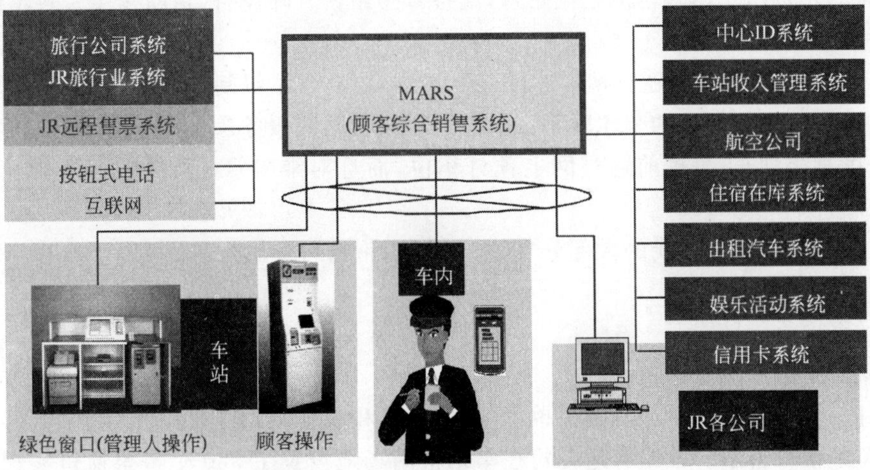

图 3-3　日本铁路旅客综合销售系统

(2)自动售票机。目前法铁的自动售票机只接受本国的信用卡和发售本国车票。

(3)代售点。旅行社及一些航空公司结成合作伙伴,由其代售车票。

(4)互联网。预订后可以凭给出的预订号码,在车站自动售票机输入购票。另外针对特价票,可以在互联网上直接支付,将车票打印出来。目前在巴黎到布鲁塞尔间正在试验一种新的售票方式,对一些乘客发售一种磁卡,用于网上订票和付费,到车长检票时,有磁卡读取器,可以得知其是否购买车票。

(5)电话预订。拨打 3635 专线订票,4 天前预订免费送票,4 天以内凭银行卡在车站自动售票机取票。

采用售票窗口人工换票和自动换票自助换票两种方式。列车在出发前 5～30 min 可以在自动售票机进行换票。列车在始发后 1 h 之内可以得到 100%的换票服务;如超过 1 h,需加收 50%的换票服务费。

法铁规定在退票时,退票额起价为 4.5 欧元。车票的有效期为 2 个月,列车出发前,可以退 100%的票款;在列车开出后,在 2 个月有效期内可以退 50%的票款。对车票上标明不能退票、更换的优惠票则不能退票,但有医生证明因健康原因不能乘车的例外,通过 3635 专线,可以取消车票,也可在 2 个月内进行换票。另外法铁对外承诺,当列车晚点超过 30 min,按票额的 30%以交通券方式进行补偿。

2. 站车服务

在法国的 METRA 线上建设了旅客服务系统,高度集成了导向、广播、监控和无线通信,设置控制中心对全线所有 239 个车站进行集中管控,根据运行时刻表自动发布导向和广播信息。同时,法国运输部为了实现人车路综合协调的新境界,提出了 5～10 年推广智能交通系统整体规划。

站台上设有列车到发显示屏、车厢位置对位电子显示屏、站台坐椅、自动售货机、自动扶梯、垂直电梯、时钟、车站标志牌等。站房内设有出租商店及快餐、咖啡店、人工售票窗口、问讯服务台、自动售票机、自动换票机、自动检票机、列车到发显示屏、车站各种引导标志、广播及摄像监控、行李托管处少量候车坐椅等。车站的候车区域设置较小,这与列车开行密度大,购票、进站、乘车方便和车站的商业服务设施齐全有很大的关系。法铁车站内设有专门助残设施,提供全面的助残服务，车站基本上是低站台，配备专用站台升降设备，帮助残疾人乘轮椅上车。

3. 附加服务

旅客乘坐 TGV 列车，随身携带的行李限 3 件，没有重量限制，但如旅客需托运行李，可以与专门负责行李包裹托运的公司联系，此外，还有旅行陪同服务及小汽车运输租赁服务等。

在法国乘坐列车，可提前通过网上预订车位，而且对乘坐 TGV 的乘客享受较低的泊车价。

法铁在北方线和东南线的大部分 TGV 均可以带自行车旅行。

三、德国旅客服务系统

1. 票务服务

在德国，旅客可提前 2 个月购买单程票、往返票和联程票，具体有以下几种渠道：

(1)车站窗口售票。长途客运公司在车站租用场地设置了 950 个售票窗口实行计算机售票。

(2)自动售票机售票，长途客运公司共配置了 9 072 台自动售票机，其中长途自动售票机 2 894台、短途自动售票机 6 178 台。长途自动售票机可售长、短途铁路客票，但只能用信用卡；短途自动售票机可售短途客票和地铁票，但只能用现金卡或现金。

(3)因特网上售票，各次列车提供部分固定座位用于旅客网上购票，旅客在家中只需用普通纸张就可以通过计算机打印出设有专门防伪代码的车票。

(4)电话订票，旅客向客运公司的电话服务中心咨询时就可以订票，一般为信用卡支付，车票电话服务中心可以邮寄，旅客也可在自动售票机上取票。

(5)代售车票，客运公司与 3 800 个旅行社有合作关系代理售票业务，甚至商店或个人都可申请代售火车票。

(6)上车补票。如果旅客事先来不及购票，也可上车后补票，每趟旅客列车上的乘务员都随身带有便携式补票机。

2. 站车服务

德铁车站和服务公司负责德国所有客运站，其主要职能是提供 3S 服务，即服务(SERVICE)、安全(SICHERHEIT)、清洁(SAUBERKEIT)。建立 3S 服务中心，通过电视服务系统、SOS 求助设施和先进的通信手段等，随时为旅客提供服务。3S 服务中心 24 h 监控行李寄存箱、电梯等服务设施和站容卫生，协调全站的生产服务工作，保证旅客和服务设施的安全、完好，保持站容整洁卫生。当在电视监控系统中发现伤残人、老年人或不会使用自动售票机的旅客需要帮助时，可通过通信设备，通知正在旅客当中服务的红帽子工作人员(人数约占全站人员的一半)，及时迅速地为旅客提供服务。旅客有困难，可以通过 SOS 设施得到 3S 服务中心的帮助和信息咨询服务。

德铁依托人机结合方式的旅客引导系统，为旅客提供随时随地的旅行信息咨询服务，实现车站列车信息实时显示，使旅客可以从各种渠道获得旅行信息，方便乘车旅行。经过精心编制的电子时刻表软件不但可以查询旅客列车，可以以电子地图的方式给出街道示意图以及换乘地铁、汽车信息等；利用德铁乘客信息系统(RIS)在特殊情况下、在旅行途中、在车站各种信息显示屏、广播及时提供车次及晚点信息，实现了导向和广播的自动发布。

3. 附加服务

德铁经调查发现，有 26％的旅客认为行李是一大旅行障碍，尤其是一些贵宾旅客。为此，德铁提供上门托运行李服务，并为携带大量行李的旅客、带婴儿的旅客、家庭出游及老人提供专门的更高质量的服务。

德铁还有自行车、汽车、停车场租赁的服务。

第二节　国内高速铁路客运服务系统

客运服务系统(PDSS)是基于现代高速铁路管理思想、服务理念和当今最新信息技术，按照统一的服务标准、经营策略、管理机制、技术架构建立起的信息高度共享、资源高效利用、运行安全可靠、综合完整的客运服务系统。铁道部颁布的《铁路客运专线客运服务系统总体技术方案》，明确规定了客服系统的统一规范，客服系统已经成为客运专线服务理念的实现手段，是铁路客运形象的重要体现，是铁路客运专线运营生产的重要支撑。主要由票务系统(TBS)和旅客服务系统(PSS)两大部分组成。

一、高速铁路客运票务系统(TBS)

高速铁路客运票务系统是为旅客提供相关票务服务的信息系统，包括客票的交易服务和检验服务。票务系统是高速铁路运输过程中范围最广的，旅客最先接触客运服务的环节，也是体现客运服务质量的最关键环节之一。票务系统是以席位管理和交易处理为核心，建立广泛的销售渠道，适应多种售票方式、多种支付形式、灵活的营销策略，以自动售票和自动检票为主，人工售检票为辅的实时交易系统。

(一)体系结构

客运专线集中设置一个票务中心系统，与售票终端直接相连，完成席位集中管理、交易实时处理、基础数据维护、销售策略实施、统计、收入管理等票务系统核心功能，通过强有力的安全保障措施，确保其安全稳定不间断运行。在车站及相关机构设置业务管理监控终端，完成日常业务管理。车站检票以自动检票为主。在铁道部中心系统实现客运专线票务系统同 TRS 的对接，实现既有线和客运专线车票的互售、收入处理等功能。票务系统整体采用多层分区的体系结构，降低系统内部的耦合度，提高系统灵活扩展和升级的能力。综合采用集群、负载均衡等技术，提高系统的可靠性和可用性。票务系统逻辑上划分为数据处理、业务逻辑、接入、票务管理和票务服务功能区。系统的体系架构如图 3-4 所示。

(二)系统特点

系统具有以下一些特点：全路数据大集中，实时交易量大，数据量大；业务全面、完整，从生产到销售，到服务；提供灵活应对市场营销策略的手段；全面的、完善的订票、退票、换票服务，满足提前数月的订票；个性化的旅程服务，提供席位选择、旅程规划等；采用磁票；进出车站采用闸机自动检票；更加完善的自助售票；常客管理；灵活的优惠手段；系统更加安全可靠，全方位的监控和预警机制。

(三)功能简介

票务系统由运营管理、常客管理、交易处理、自动检票、数据管理、业务管理、储值卡管理、席位管理、径路计算、票价计算、收入管理、统计、系统管理监控 13 个子系统构成，如图 3-5 所示。

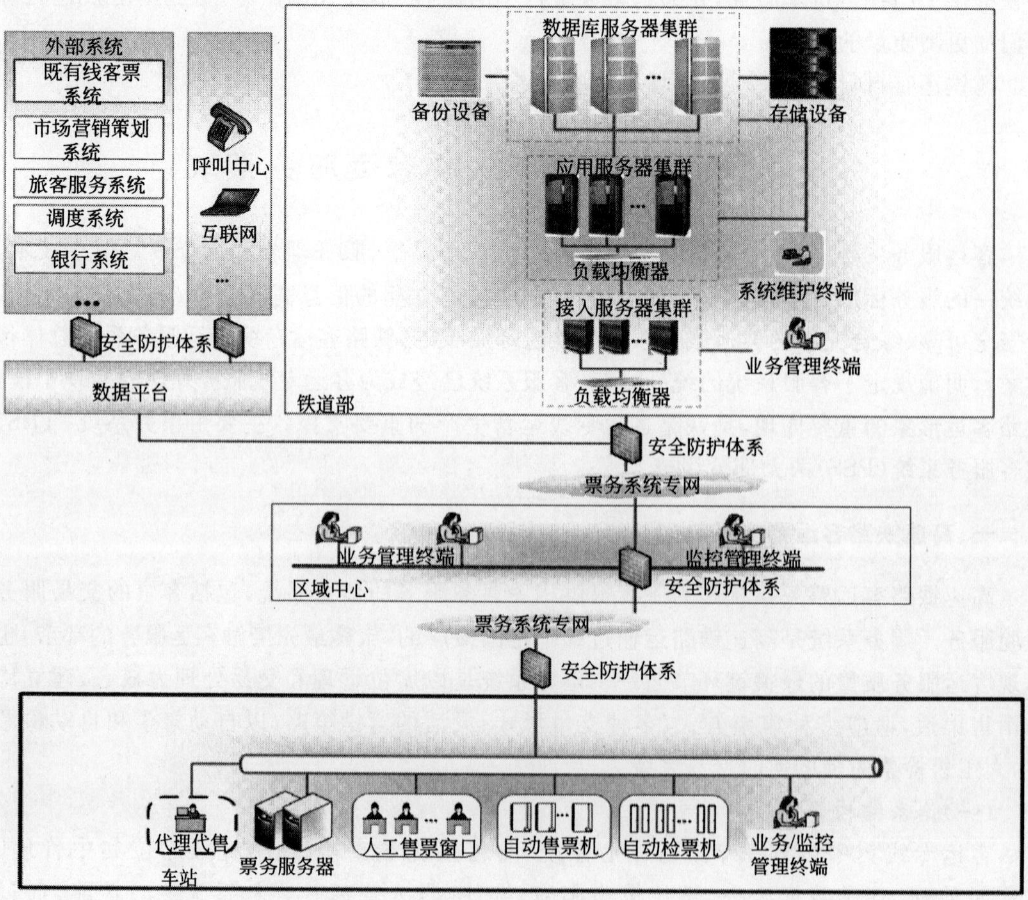

图 3-4　票务系统体系架构示意图

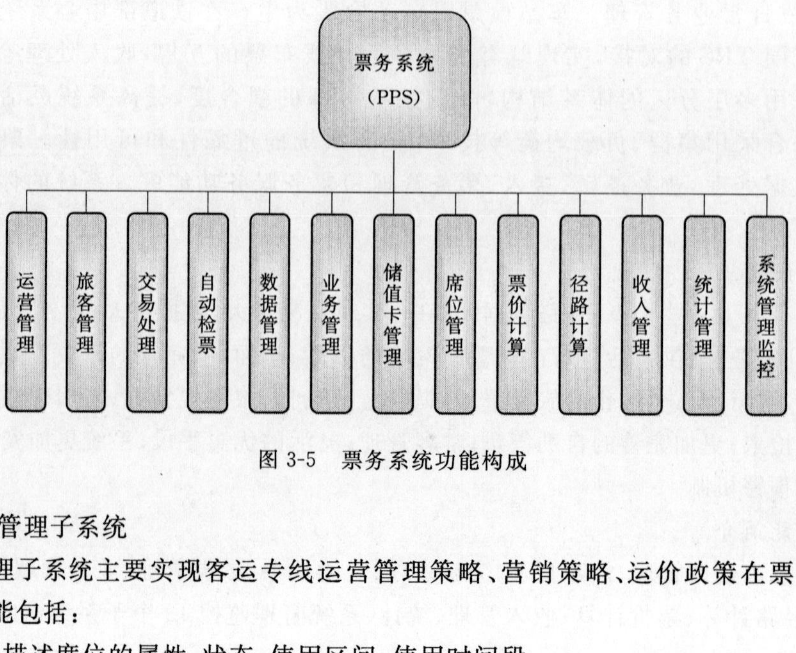

图 3-5　票务系统功能构成

1. 运营管理子系统

运营管理子系统主要实现客运专线运营管理策略、营销策略、运价政策在票务系统的体现。主要功能包括：

(1)详细描述席位的属性、状态、使用区间、使用时间段。

(2)席位实行按照用途分类管理，席位的用途可以灵活设置，席位在各分类间能够灵活的转换。

(3)按照区段、分类、属性、席别、车厢、时间等条件对席位信息灵活查询。

(4)根据列车运行信息的调整，及时调整席位信息，支持人工调整、自动调整方式。

(5)根据列车信息或调度命令，对席位的有效性进行管理，例如列车运行图临时调整，部分列车停运时，可以禁止其席位的发售。

(6)控制各个列车自由席发售的数量。

(7)对基本票价、区段票价、一口价进行管理。

(8)对票价季节浮动、分时段优惠、票种优惠、列车相关优惠、席别优惠以及其他优惠进行管理。

2. 常旅客管理子系统

常旅客主要包括持优惠卡的旅客，团体客户，以及在实名制条件下由计算机统计出的超过一定乘次或里程的普通旅客(如互联网会员等)。

常旅客管理子系统对常旅客以实名制的方式进行管理，根据客户持卡类别、积分信息等不同进行分类，灵活设置不同类别常旅客享受的优惠规则。

3. 交易处理子系统

交易处理子系统实现票务系统中有关售票、订票、退票、补票的交易处理功能，接收并处理来自窗口、自动售票机、互联网、呼叫中心等各类终端的交易请求，完成客票发售、预订及相关交易业务。

(1)售票。实现窗口售票、自动售票及代理/代售的售票方式，对于通过互联网、呼叫中心、手机等方式预订的车票能够在指定窗口和自动售票机上确认和制票。在非正常情况下，可以实现离线售票。

(2)订票。实现有关订票的业务处理，系统提供多种订票渠道，操作人员可以通过订票终端处理旅客的订票请求；旅客也可以通过互联网、电话、手机等方式实现车票的预订。

(3)退票。实现有关已售车票的退票业务处理，操作员通过窗口退票终端进行退票。通过磁记录读写设备读入车票信息进行退票，退票后将该席位状态进行调整，使该席位可重新销售，记录退票的存根信息。

当车票的磁记录损坏无法识读或读写设备故障时，提供人工退票手段，返回席位，记录退票存根；在特殊情况下，提供离线退票的方式；交班时操作人员输入当班的退票金额，记录交班日志。

(4)补票。通过补票功能处理旅客未购车票或已购车票不满足乘车条件的情况，根据具体情况在列车上或车站进行补发售车票。

4. 自动检票子系统(AFC)

自动检票子系统主要部署在客运车站，完成旅客在进站、出站口自动检票作业，以及相应的管理和监控作业。

5. 数据管理子系统

数据管理子系统数据管理主要完成客运专线票务系统路网数据、列车运行图数据、交易数据以及历史数据的维护、管理功能，为整个客运专线票务系统的正常运转提供数据保障。

6. 业务管理子系统

业务管理子系统实现对票务系统操作人员和操作终端的身份管理、票据管理、代理代售管理以及系统提供的各类接口的管理功能。

(1)身份管理。对使用系统的用户和节点进行角色的分配和权限的管理。

(2)票据管理。通过票据管理功能完成票据的计划、请领、发放、返库等相关业务处理。

(3)代理、代售管理。代理、代售指独立于铁路客运专线的客票销售代理机构。系统能够实现对代理机构的信息管理、权限设置、收入清算等功能。

(4)接口管理。对系统提供的各类接口进行管理,接口使用要进行授权,并记录接入点的详细信息。

(5)异常业务处理。能够对退错票、废错票等情况提供人工差错纠正手段。

7. 储值卡管理子系统

储值卡管理子系统储值卡是铁路或铁路与银行联合发放的具有储值功能的消费卡,用于旅客购票时支付的一种方式。通过储值卡管理功能实现储值卡的发放、充值、消费、清算等业务的管理。

8. 席位管理子系统

席位管理子系统是客运专线票务系统的核心服务系统,为各个系统提供席位的生成、搜索、占用、修改、删除等关键处理服务,利用先进、成熟的数据处理技术,以高效、可靠的处理策略对席位进行管理,保障席位查询占用的高效性、席位修改与存根记录的一致性、席位利用的可追溯性。

9. 票价计算子系统

票价计算子系统完成客运专线车票票价计算的功能,票价计算依据中国铁路关于客运专线制订的票价业务规则,实现普通票、签证票、优惠票等票价计算功能,提供详细的票价计算结果。

客运专线票务系统与既有线票务系统的票价计算提供接口服务,为两个系统的互售票提供保障,也为其他业务信息系统提供票价服务。

票价计算充分考虑客运专线的特点及各种情况,实现客运专线多种票种、席别,存在多段客运专线,又有补票、改签,多种优惠政策,灵活的票价调整等复杂的票价业务需求,实现实时售票计价的高效快速的性能需求。

10. 径路计算子系统

径路计算子系统根据旅客的旅行线路需求,在列车运行图信息、线路信息以及其他相关的交通线路信息的基础上进行线路连接计算,为旅客提供存在的各种换乘方案,同时能够根据不同的策略对乘车线路进行优化,提供里程、时间及票价等相关信息。

11. 收入管理子系统

收入管理子系统满足客运售票、订票、退票款等收入管理的要求和客运专线各级收入部门对旅客运输收入的审核、管理需求,对各类交易数据进行统计汇总。

12. 统计子系统

统计子系统为用户提供方便、灵活的报表统计功能,使各级工作人员对于票务系统的业务情况、营业状况有较为全面的了解。

统计报表分级管理,各级按照业务需求,进行不同的统计和查询。统计子系统主要提供如下统计和报表功能,可根据各级用户的权限和实际情况产生不同的报表。

13. 系统管理监控子系统

系统管理监控子系统辅助系统管理人员管理、监控系统相关软硬件基础平台、专用硬件设备、业务系统的运行状态、资源使用情况等，保证系统能够安全、稳定、高效的运行。

(四)业务概述

客运专线客票系统以市场为导向，提供灵活的销售策略执行手段和全面的信息服务，系统从产品设计、生产、销售和服务四个层面为客票业务提供支撑。

产品设计层包括开行方案、票价设定、系统管理、接口应用、运营数据维护。提供对票务系统基础数据(如路网信息、列车运行图、数据字典等)的维护管理，提供灵活的基础票价设定，提供系统分级权限控制和管理，提供对外部系统支撑的接口应用，为保证业务运行提供对核心业务流程(如售票、订票等)业务进行监控。

生产层包括席位的生产管理和日常的生产组织，在席位管理上提供灵活、智能的席位控制，以高效、可靠的处理策略对席位进行管理，保障席位占用的高效性、席位售出与销售记录的一致性、席位利用的可追溯性。在生产组织上为客运管理部门提供人员、角色、系统功能、服务渠道、生产机制的全面科学管理。

销售层包括客票发售和预订、销售管理、自动检票、优惠策略、代理代售管理、旅程规划、常旅客管理和生产统计等业务。客票发售和预定为旅客提供丰富的客票销售渠道和灵活的客票销售方式，销售管理对旅客的客户信息、订票交易、购票交易和变更交易进行全程管理，通过销售管理可以全程追溯旅客订票、取票、改签、检票、乘车等全部旅程信息，通过这些信息的管理可以对客户进行分析挖掘，为其他业务提供完整的信息服务。优惠策略是根据市场营销的分析预测结果，在宏观调控的基本票价条件下制定票价优惠规则，以吸引更多的客流，使铁路客运效益最大化。自动检票业务完成旅客在进站、出站口自动检票作业，以及相应的管理和监控作业功能。

服务层包括服务方式和服务内容，为不同旅客在其出行的各个阶段提供不同的票务服务和信息服务，提高旅客出行的服务质量。系统的功能结构如图 3-6 所示。

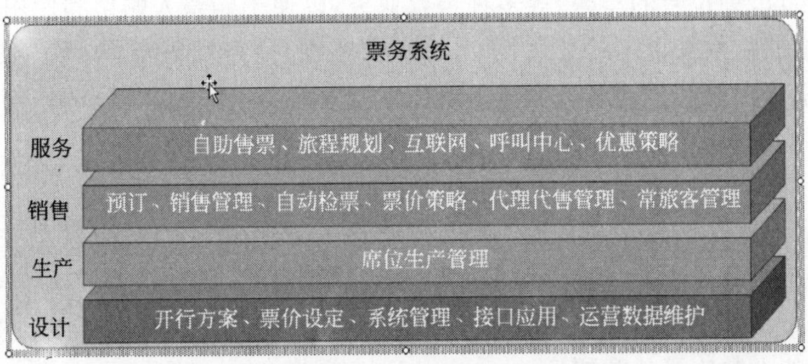

图 3-6　票务系统功能结构图

(五)计算机客票发售及预订系统(TRS)

客票发售和预订系统自 1996 年启动以来，经过 1.0、2.0、3.0、4.0、5.0、5.1、5.2 版本的研制和中央、地区、车站三级系统建设，建成了包括铁道部客票中心、22 个地区客票中心、近 1 500个直通车停靠站的全国联网统一售票系统，2 000 多个车站实现了计算机售票。铁路客票发售和预订系统的研制和开发，提高了劳动生产力，方便了旅客购票和预订，增强了铁路在旅客运输市场中的竞争力。

1. 5.2 版客票发售系统

客票系统 5.2 版本售票新增电子客票换票、个性化挑选席位、车次晚点跨天售票及作废始发改签新票提示等功能,实现银行卡支付功能，改造实名制制票功能,完善始发改签、往返票、联程票和中转签证等功能，丰富余票查询、配票策略、票额共用功能。

(1)电子客票换票功能

旅客在互联网购买电子客票或电话订票网上支付后,可以在车站售票窗口,出具以下之一凭证,经售票人员验证一致后,换取普通车票:一是购票时所记录的二代居民身份证原件;二是购票时所记录的有效身份证件原件和纸质电子客票;三是购票时所记录的有效身份证件原件和网站提供的订单号。

(2)始发改签

始发改签增加电子客票的改签功能,增加批量改签功能,完善了批量制票功能;增加了始发改签退差功能;增加改签废票存根表,始发改签故障处理时记录改签废票存根。

批量改签:要求改签车票具有相同日期、车次、发到站、席别、票种;电子客票的批量改签还要求车票必须是同一批次支付。

低签高补差:如果改签原票是银行卡支付的,需要旅客提供改签原票支付时的银行卡办理补差支付手续,系统先扣除新票票款,然后将原票票款退还到旅客支付银行卡中;如果改签原票是现金支付的,旅客无法用现金补差,使用银行卡支付补差时,系统先收取改签新票票款,然后退还旅客改签原票票款的现金。

2. 车票发售的规定

动车组车票实行全路联网通售,停靠站均设专门售票窗口,购票手续简便,方便旅客提前购票进站,随到随走,并提供多种购票方式供旅客选择,如窗口售票、自动售票机售票、电话订票、网上售票等。

车票应在承运人或销售代理人的售票处购买。承运人或销售代理人在有运输能力的情况下应按购票人的要求发售车票。承运人可以开办往返票、联程票(指在购票地能够买到换乘地或返回地带有席位、铺位号的车票)等多种售票业务,以便于购票人购票和使用。

承运人应根据购票人指定的日期、车次、到站、座别、径路发售车票,不能使用到站不同但票价相同的车票互相代替。动车组列车车票最远只发售至本次列车终点站。

(1)减价票的发售

①儿童票

承运人一般不接受儿童单独旅行(乘火车通学的学生和承运人同意在旅途中监护的除外)。随同成人旅行身高 1.2～1.5 m 的儿童,享受半价客票、加快票和空调票(以下简称儿童票)。超过 1.5 m时应买全价票。每一成人旅客可免费携带一名身高不足 1.2 m 的儿童,超过一名时,超过的人数应买儿童票。

儿童票的座别应与成人车票相同,其到站不得远于成人车票的到站。

②学生票

在普通大专院校(含国家教育主管部门批准有学历教育资格的民办大学),军事院校,中、小学和中等专业学校、技工学校就读,没有工资收入的学生、研究生,家庭居住地和学校不在同一城市时,凭附有加盖院校公章的减价优待证的学生证(小学生凭书面证明),每年可享受家庭至院校(实习地点)之间四次单程半价硬座客票、加快票和空调票(以下简称学生票)。

学生票的发售时间:寒假为 12 月 1 日～3 月 31 日;暑假为 6 月 1 日～9 月 30 日。

动车组列车只发售二等座车学生票,学生票为全价票的 75%。学生购买联程票或乘车区间涉及动车组列车的,可分段购票。学生票分段发售时,由发售第一段车票的车站在学生优惠卡中划销次数，中转站凭上一段车票售票，不再划销乘车次数。

学生票应按近径路发售，但有直达列车或换乘次数少的远径路也可发售。

新生凭录取通知书、毕业生凭学校书面证明可买一次学生票。

华侨学生和港澳台学生按照上述规定同样办理。华侨学生和港澳台学生回家时，车票发售至边境车站。

下列情况不能发售学生票：

a. 学校所在地有学生父或母其中一方时。

b. 学生因休学、复学、转学、退学时。

c. 学生往返于学校与实习地点时。

d. 学生证未按时办理学校注册的。

e. 学生证优惠乘车区间更改但未加盖学校公章的。

f. 没有“学生火车票优惠卡”、“学生火车票优惠卡”不能识别或者与学生证记载不一致的。

③ 伤残军人票

中国人民解放军和中国人民武装警察部队因伤致残的军人（以下简称伤残军人）凭“中华人民共和国残疾军人证”、因公致残的人民警察凭“中华人民共和国伤残人民警察证”享受半价的软座、硬座客票和附加票。

(2)车票的变更

旅客不能按票面指定的日期、车次乘车时，应当在票面指定的日期、车次开车前办理一次提前或推迟乘车签证手续，特殊情况经站长同意可在开车后 2 h 内办理。持动车组列车车票的旅客改乘当日其他动车组列车时不受开车后 2 h 内限制。团体旅客不应晚于开车前 48 h。

在车站售票预售期内且有运输能力的前提下，车站应予办理，收回原车票，换发新车票，并在新车票票面注明“始发改签”字样（特殊情况在开车后改签的注明“开车后改签不予退票”字样）。

必要时，铁路运输企业可以临时调整改签办法。

旅客在发站办理改签时，改签后的车次票价高于原票价时，核收票价差额；改签后的车次票价低于原票价时，退还票价差额。

因承运人责任使旅客不能按票面记载的日期、车次、座别、铺别乘车时，站、车应重新妥善安排。重新安排的列车、座席、铺位高于原票等级时，超过部分票价不予补收。低于原票等级时，应退还票价差额，不收退票费。

持通票的旅客在中转站要求换乘动车组列车时，补收乘坐动车组列车区间原票票价与动车组列车票价差额。

(3)退票

①旅客要求退票时，按下列规定办理，核收退票费：

a. 旅客退票必须在购票地车站或票面发站办理。

b. 在发站开车前，特殊情况也可在开车后 2 h 内，退还全部票价。团体旅客必须在开车 48 h 以前办理。

c. 旅客开始旅行后不能退票。但如因伤、病不能继续旅行时，经站、车证实，可退还已收票价与已乘区间票价差额。已乘区间不足起码里程时，按起码里程计算；同行人同样办理。

中途站办理动车组列车退票的公式：应退票款＝原票价－（原票价÷原票里程×已乘区间

里程)。

d. 因特殊情况经站长同意在开车后 2 h 内改签的车票不退。

e. 站台票售出不退。

必要时,铁路运输企业可以临时调整退票办法。

② 因承运人责任致使旅客退票时按下列规定办理,不收退票费:

a. 在发站,退还全部票价。

b. 在中途站,退还已收票价与已乘区间票价差额,已乘区间不足起码里程时,退还全部票价。

c. 在到站,退还已收票价与已使用部分票价差额。未使用部分不足起码里程按起码里程计算。

d. 空调列车因空调设备故障在运行过程中不能修复时,应退还未使用区间的空调票价。

③发生线路中断旅客要求退票时,在发站(包括中断运输站返回发站的)退还全部票价,在中途站退还已收票价与已乘区间票价差额,不收退票费,但因违章加收的部分和已使用至到站的车票不退。如线路中断系承运人责任时,按前第②条处理。

(4)售票实名制

为加强郑州铁路局动车组列车实名制(简称动车实名制)工作管理,确保旅客运输组织安全有序,自 2011 年 6 月 1 日起,乘坐动车组列车(包括"C"、"D"、"G"字头车次的列车)的旅客须凭本人有效身份证件购买车票并进站、乘车,但免费乘车的儿童及持儿童票的儿童除外。

①有效身份证件包括:居民身份证、临时身份证、户口簿、中国人民解放军军人保障卡、军官证、武警警官证、士兵证、军队学员证、军队文职干部证、军队离退休干部证、护照、港澳居民来往内地通行证、中华人民共和国来往港澳通行证、台湾居民来往大陆通行证、大陆居民往来台湾通行证、外国人居留证、外国人出入境证、外交官证、领事馆证、海员证、外交部开具的外国人身份证明、地方公安机关出入境管理部门开具的护照报失证明、铁路公安部门填发的乘坐旅客列车临时身份证明(以下简称"临时身份证明")等 23 种。

购票人无法按上述内容提供所列有效身份证件时,持下列扩展的有效身份证件也可办理实名制车票,扩展的有效身份证件包括:机动车驾驶证、港澳同胞回乡证、居住证、暂住证、学生证、结婚证、救助机构为受救助人员购票开具的救助证明、刑满释放证明、中华人民共和国社会保障卡、医疗保险卡等 10 种。

1.5 m 以上 16 岁以下未成年人有效身份证件还包括学生证。

②购票人可以使用有效身份证件原件或复印件购买车票,也可以持乘车人的有效身份证件原件或复印件替乘车人代购车票。电话订票仅受理居民身份证、港澳居民来往内地通行证、台湾居民来往大陆通行证、护照。一张有效身份证件同一乘车日期只能购买一张同一车次实名制车票。

自助售票机仅受理二代居民身份证的购票和取票。

③售票:配备二代居民身份证识读设备的售票窗口,必须由系统通过二代居民身份证识读设备自动读取身份信息。遇二代居民身份证无法自动识读、识读设备故障或者使用其他有效身份证件购票时,在车站窗口和铁路局授权允许手工输入有效身份信息的代售点窗口,由售票员录入旅客身份信息。售票员应当认真核实旅客的有效身份证件,制票前应当提示旅客核实有效身份证件信息。窗口没有双屏时,售票员应当口述票面身份信息与旅客核对。制票后交付时,旅客当场发现票面身份信息有误时,售票员收回作废、另发新票。旅客未当场核对票面

信息，过后提出票面信息与有效证件信息不符的，由铁路公安制证口处理。

须凭证购买的减价优惠(待)票，在出示有效身份证件的同时，还应出示符合规定的减价优惠(待)凭证，经核实后，方可购票、乘车。学生票按规定核减次数。

④变更：实名制车票办理退票时，需核实票、证(原件)一致性；票、证一致的方予办理。通票中转换乘动车组列车时，按实名制售票办理中转签证手续。

⑤旅客购票后应当妥善保管车票，保持票面信息清晰、可识读，并妥善保护票面身份信息。

⑥车站售票厅设置铁路公安制证口，为无法出示有效身份证件的旅客办理临时身份证明。办理时，须符合下列条件之一：

a. 出具所在地公安机关的户籍证明信。

b. 学生旅客出具所在学校的证明信。

c. 中国人民解放军、武警部队现役军人持所在部队出具的证明信。

d. 外籍旅客持当地使领馆出具的证明信。

e. 凭其他有效证件购买车票的旅客持发证部门出具的证明信。

f. 通过其他方式能够证明本人身份的。

证明信内容必须包括旅客姓名、性别、出生年月、籍贯、有效身份证件号码等信息，并加盖证明单位公章。购票后丢失有效身份证件的，证明信内容应与车票票面记载的旅客身份信息一致。车站铁路公安部门办理的临时身份证明一式两联，载明持有人姓名、性别、年龄、身份证件号码，一联为公安留存，一联供旅客购票、退票、中转签证、验证检票以及乘车使用，由旅客自行妥善保管，站车不予收回。同城车站均实行实名制时，临时身份证明可以通用。

为他人代购车票且不能出示乘车人的有效身份证件(原件或复印件)时，应当凭购票人的居民身份证原件和乘车人的有效身份信息办理乘车人的临时身份证明。铁路公安制证口应当留存购票人的居民身份证信息。

⑦旅客应持车票和与票面所载身份信息相符的本人有效身份证件原件进站乘车。旅客进站乘车时，铁路客运和公安人员对旅客所持车票和有效身份证件进行查验。票证人不一致或无法出示有效身份证件原件的旅客，不得进站乘车，应到车站铁路公安制证口办理临时身份证明或者经铁路公安部门核实身份后，方可进站乘车。

车站应当加强进站通道管理，及时清理站台，严禁无票、无证人员进站上车。对实行实名制的列车不发售站台票，应为重点旅客提供进站上车服务。

车站应当在所有售票场所通过公告栏、广播、显示屏、宣传材料等方式进行宣传。

凡接触实名制相关系统、信息的铁路职工，应当保守车票实名制信息，不得擅自存储、复制、外泄，违者依法追究相关责任。

(5)互联网售票

铁路互联网售票是指通过中国铁路客户服务中心网站(www.12306.cn)办理铁路电子客票的销售、改签、退票等业务。铁路电子客票是以电子数据形式体现的铁路旅客运输合同，与纸质车票具有同等法律效力。

铁路互联网售票范围、购票方式以及铁路电子客票的使用范围、使用方式、办理铁路电子客票业务的售票窗口等事项以“12306.cn 网站”和车站公告为准。

在“www.12306.cn 网站”购票，乘车站为郑州铁路局管内车站的铁路电子客票都必须在列车开车前，到安装有银行 POS 机的车站或该车站客票代售点换取纸质车票。局管内安装有银行 POS 机的车站或该车站客票代售点均可办理全国各车站互联网购票的纸质车票换票业务。旅客或购票人应当妥善保管铁路电子客票信息及购票时所使用的有效身份证件。

①售票

在“www.12306.cn网站”购买铁路电子客票并按本办法规定换取纸质车票后，铁路电子客票即行失效，旅客换票后凭纸质车票按现行规定办理检票、验票、改签、退票等手续。购买铁路电子客票以确认交易成功的时间，为铁路旅客运输合同生效的时间；退票以网站确认交易成功的时间，为铁路旅客运输合同终止的时间；改签所涉及的原车票退票、换（购）新票分别按照退票、购票处理。

a. 在“www.12306.cn网站”购买铁路电子客票时，应当准确提供乘车人的有效身份证件信息，可使用的有效身份证件包括：

(a)中华人民共和国居民身份证。

(b)港澳居民来往内地通行证。

(c)台湾居民来往大陆通行证。

(d)护照。

在“www.12306.cn网站”购票后，可凭购票时所使用的乘车人有效身份证件原件到安装有银行POS机的车站售票窗口办理换票、改签、退票等手续。

一张有效身份证件同一乘车日期同一车次只能购买一张车票，但购买儿童票的乘车儿童没有办理有效身份证件的，可以使用同行成年人的有效身份证件信息。

b. 在“www.12306.cn网站”购买学生票、伤残军人（警察）优待票时，应符合规定的减价优惠（待）条件，并持有规定的减价优惠（待）凭证。学生证应附有“学生火车票优惠卡”。

在“www.12306.cn网站”购票应当在车票预售期内且不晚于开车前2 h，并完成网上支付。

c. 旅客在“www.12306.cn网站”购票后，应按如下规定换取纸质车票后，方可进站乘车：

(a)使用二代居民身份证购买的铁路电子客票，可凭购票时所使用的乘车人有效二代居民身份证原件到车站售票窗口、铁路客票代售点或车站自动售票机上办理换票手续。

(b)学生票凭购票时所使用的有效身份证件和附有学生火车票优惠卡的学生证（均为原件）到安装有学生火车票优惠卡识别器的车站售票窗口 或铁路客票代售点办理。

(c)伤残军人（警察）优待票凭购票时所使用的有效身份证件和“中华人民共和国残疾军人证”、“中华人民共和国伤残人民警察证”（均为原件）到车站售票窗口办理。

(d)二代居民身份证无法自动识读或者使用二代居民身份证以外的其他有效身份证件购买的铁路电子客票，需出示购票时所使用的乘车人有效身份证件原件和订单号码，到车站售票窗口或铁路客票代售点，由售票员录入证件号码和订单号码并核实后办理换票手续。

(e)购票后、换票前，有效身份证件丢失的，需到乘车站铁路公安制证口，办理载明原购票时使用的乘车人有效身份证件信息的临时身份证明，并按本条第4项办理。

(f)有效身份证件信息、订单号码等经核实一致的，予以换票；不一致的，不予换票。学生票、伤残军人（警察）优待票同时核对减价优惠（待）凭证。换学生票时，应核减优惠乘车次数。

纸质车票票面载明购票时所使用的乘车人有效身份证件号码和姓名，并标记“网”字。

旅客应当妥善保管车票，保持票面信息清晰、可识读，并妥善保护票面身份信息。

②改签和退票

铁路电子客票可以在“www.12306.cn网站”或安装有银行POS机的车站售票窗口办理

改签、退票手续。在“12306.cn网站”办理铁路电子客票改签、退票手续的，不晚于车票发站开车前2 h。在车站办理铁路电子客票改签、退票手续的，须到车站安装有银行POS机的售票窗口办理，要先换取纸质车票后办理改签、退票业务。已经换取纸质车票的，在换票地车站或票面发站办理。

改签后新票票价高于原票、需补收票价差额时，应当使用购票时所使用的银行卡或具备网上银行功能的其他银行卡支付新票全额票款，原票款按发卡银行规定时间退回原银行卡。退票或改签后新票票价低于原票的，应退票款按发卡银行规定时间退回购票时所使用银行卡。

在车站售票窗口办理铁路电子客票改签后，出具纸质车票。

在“www.12306.cn网站”办理铁路电子客票退票手续后、需退票费报销凭证的，应当凭购票时所使用的有效身份证件原件在办理退票之日起10日内（含当日）到车站退票窗口索取。

本办法所称“车站”和“铁路客票代售点”指郑州铁路局开通铁路互联网售票业务的铁路客运营业办理站和铁路客票代售点；“开车前”为车票载明的发站开车时间前。使用网上、银行卡支付有关收、退款等事项按照付款人与银行之间签订的合同处理。本办法未尽事宜按《铁路旅客运输规程》等有关规定办理。

（六）自动售检票系统（AFC）

自动售检票系统是计算机、通信、网络、数据库自动控制等技术集成，实现旅客自助购票、检票全过程的应用系统，是铁路客票发售和预订系统（TRS）的组成部分。

自动售检票系统由窗口制票机（BOM）、自动售票机（TVM）、自动检票机（GATE）三大部分组成，其建设目的是为了适应动车组大客流、高密度、旅客快速进出站的需求，同时达到提高铁路客运服务的质量和管理的水平。

1. 窗口制票机（BOM）

窗口售票系统主要由窗口PC机、窗口制票机、制票汉卡和SAM加密设备等组成，

窗口制票机的种类，如图3-7所示。

eMTP-200　　eMTP-100　　eMTP-200

图3-7　窗口制票机的种类

窗口PC机上安装客票系统5.2版售票软件及制票机驱动程序、SAM加密设备驱动程序，并根据磁记录客票特点，针对磁记录信息和票面打印格式的变化进行软件升级。

(1)系统组成

窗口制票系统的基本功能是将客票按指定规格剪切，并在客票票面打印客票信息，同时在客票背面写入磁信息。

(2)主要功能

①高感热打印功能

可在铁路专用磁票纸表面(发色温度 120 ℃以上)打印清晰的票面信息。

②写磁并读磁校验功能

高抗高速写磁功能,磁读写速度:250 mm/s(max)写磁后立即进行读磁校验磁票磁数据的正确性,以保证售出的车票可以顺利通过自动检票闸机。如果校验失败还可以退回重新进行写磁校验操作。

③看票号功能

窗口制票机在接到指令后,切掉当前第一张磁票,将该磁票吐出半张,并停留指定时间,然后自动退回到写磁模块前等待制票。该方式不影响后续的制票流程。即使此时制票机掉电,重新启动后制票机自动把该磁票重新吐出看票号,然后退回到写磁模块前等待正常制票。

④成票磁信息读取功能

窗口制票机接收到客票系统下达的“读成票磁信息”命令后,将磁票从出票口插入,制票机自动导入主通道的方式,读取成票磁道内磁信息,并将信息传送至客票系统,最后将成票从出票口排出。如果不能读取磁信息,则将读磁失败信息反馈至客票系统,并将成票从出票口排出。

⑤空白票作废功能

窗口制票机接收到客票系统下达的“空白票作废”命令后,自动完成机内第一张磁票的剪切,在票面上打印明显的作废标识,将废票从出票口排出,并将命令执行结果传送至客票系统。

⑥成票废票功能

窗口制票机接收到客票系统下达的“成票废票”命令后,将磁票插入出票口,自动导入主通道的方式,读取成票磁道内的磁信息,并将磁信息传送至客票系统,然后窗口制票机进行写磁,在票面上打印明显作废标识,将废票从出票口排出,并将命令执行结果传送至客票系统。

⑦故障检测与报警功能

上电初始化时,对电源电压、存储器状态、打印头状态、切刀等关键部件进行检测,并在状态屏中显示检测结果。

机器正常工作时,采用持续运行定时方式检测打印头、切刀、传感器等。如出现非正常状

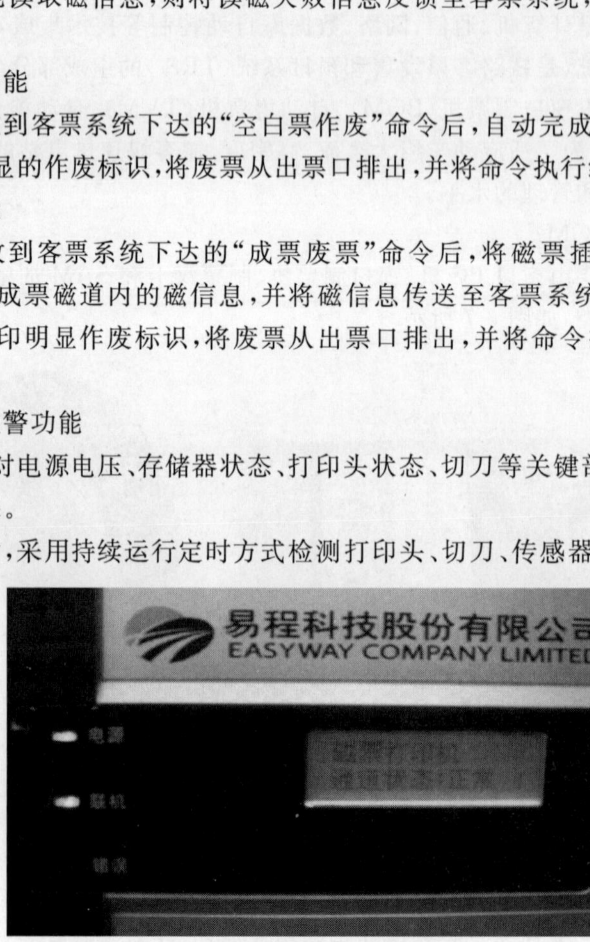

图 3-8　人工售票机液晶显示

态，采用蜂鸣器、指示灯和状态屏等方式报警。

⑧液晶显示功能

初始化完毕后显示当前通道内的票纸状态，当出现错误后会显示具体的错误状态信息，方便操作员了解制票机的各种信息，如图 3-8 所示。

2. 自动售票机(TVM)

自动售票机是集制票、支付、取票于一体的自助式售票设备。自动售票机与客票系统连接，旅客通过 TVM 能实时在线购买列车车票。

自动售票机主要部件包括：控制计算机、乘客显示屏(触摸屏)、银行卡读卡器、密码键盘、IC 卡读卡器、纸币识别和找零单元、硬币找零单元、车票打印单元等。

(1)设备外观图，如图 3-9 所示。

(2)总体结构，如图 3-10 所示。

(3)购票业务流程，如图 3-11 所示。

图 3-9　自动售票机外观

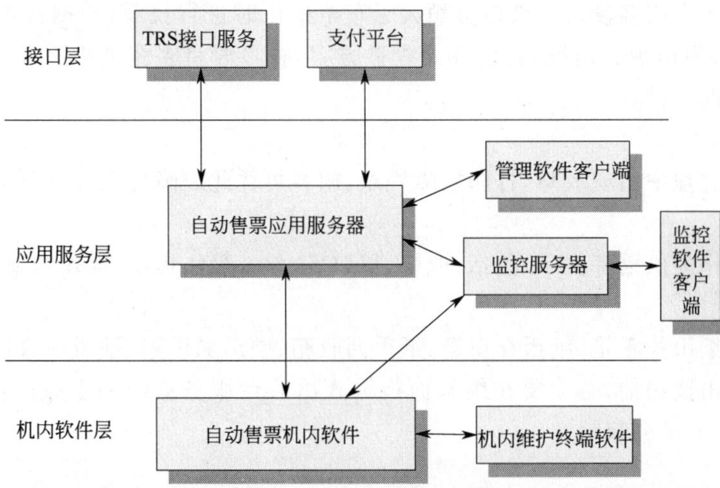

图 3-10　自动售票机总体结构

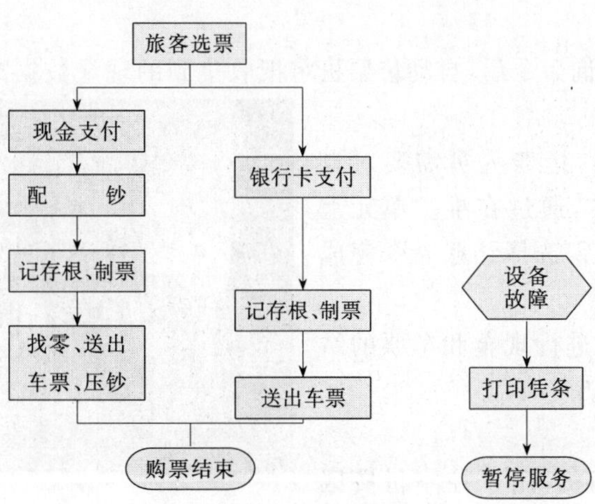

图 3-11　购票业务流程

(4)整机功能

①发售磁质车票

发售一次性纸质背面全涂磁热敏打印车票,支持最多20张车票的整叠出票及车票的遗忘回收。

②对车票处理

主要包括写磁/读磁、校验、打印票面信息、成叠出票等过程,对制票过程中产生的废票将回收到废票箱。在成票送出后,如旅客在设定的时间(可配置)内忘记取票,自动回收车票。

③现金购票

支持市面上流通的5元以上面额的人民币支付购票。

④银行卡购票

预留储值卡购票功能。

⑤储值卡购票

预留储值卡购票功能。

⑥找零功能

支持三种纸币找零和一元、五角两种硬币找零,同时支持最多20张的纸币整叠找零和找零纸币遗忘回收。当旅客投入的纸币金额大于车票票价时进行找零,根据找零总金额和当前找零箱中的纸币、硬币现金情况,自动完成配钞方案,找零时将多张纸币叠放整齐,纸币和硬币找零同时一次性交付。

⑦收据打印

如果在购票过程中出现故障,打印故障凭条,旅客可凭此故障凭条寻求帮助。

⑧语音提示

对旅客的操作提供语音提示,包括:取票、找取零、异常操作提示、操作结束提示。

⑨钱箱管理

设备分别对纸币找零箱、纸币存币箱、纸币回收箱、硬币加币箱、硬币回收箱进行管理。

操作人员取出钱箱前,必须要在维修面板输入由后台服务器统一下载的操作员ID与密码,用于确定操作人员的权限。

⑩现金管理

操作人员可从维护单元或后台服务器发送命令,实时查询现金信息,包括收入纸币、支出纸币、支出硬币等。

后台服务器下达查询命令后,自动售票机将把收集到的现金数据按照规定格式上传至后台服务器。

每个运营日结束时,运营人员需要对自动售票机进行结账操作,通过在维护单元上输入操作员ID和密码后,选择结账命令完成结账操作。

自动售票机结账时进行现金和车票的结算,完成后打印“设备结账小单”。

3. 自动检票系统

自动检票机又称闸机,用于控制付费区域的进入。检票后,闸机的翼门打开,允许旅

图3-12　安装效果图

客进入付费区域。

自动检票系统根据检票计划和运行参数，实现自动检票机自动读判磁票电子信息及旅客通行智能监控，允许合法旅客通过，阻挡非法旅客，实现旅客进出站自助检票。

(1)安装效果图，如图 3-12 所示。

(2)设备主要组成，如图 3-13 所示。

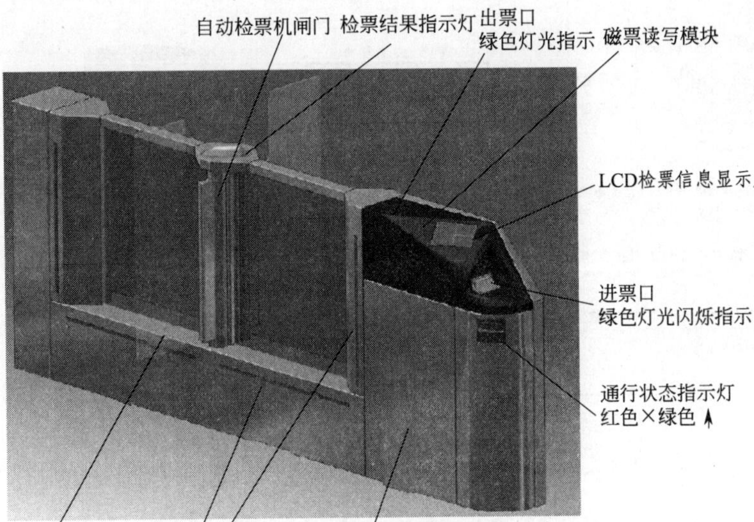

图 3-13　设备组成图

(3)主要部件如下：

①旅客显示屏。旅客信息显示器是指安装在磁票读写模块上方的 LCD 显示屏，主要功能是显示闸机的启动信息，检票信息和维护信息等，在正常检票时显示检票提示信息，如图 3-14 所示。

②通行指示器。通行指示器包括入/出口通道指示灯、入/出票口指示灯和检票状态指示灯。均采用高亮发光二极管，保证旅客在 25 m 外能明显辨识其显示信息和含义，如图 3-15 所示。

图 3-14　旅客显示屏

图 3-15　指示显示灯

③系统结构，如图 3-16 所示。

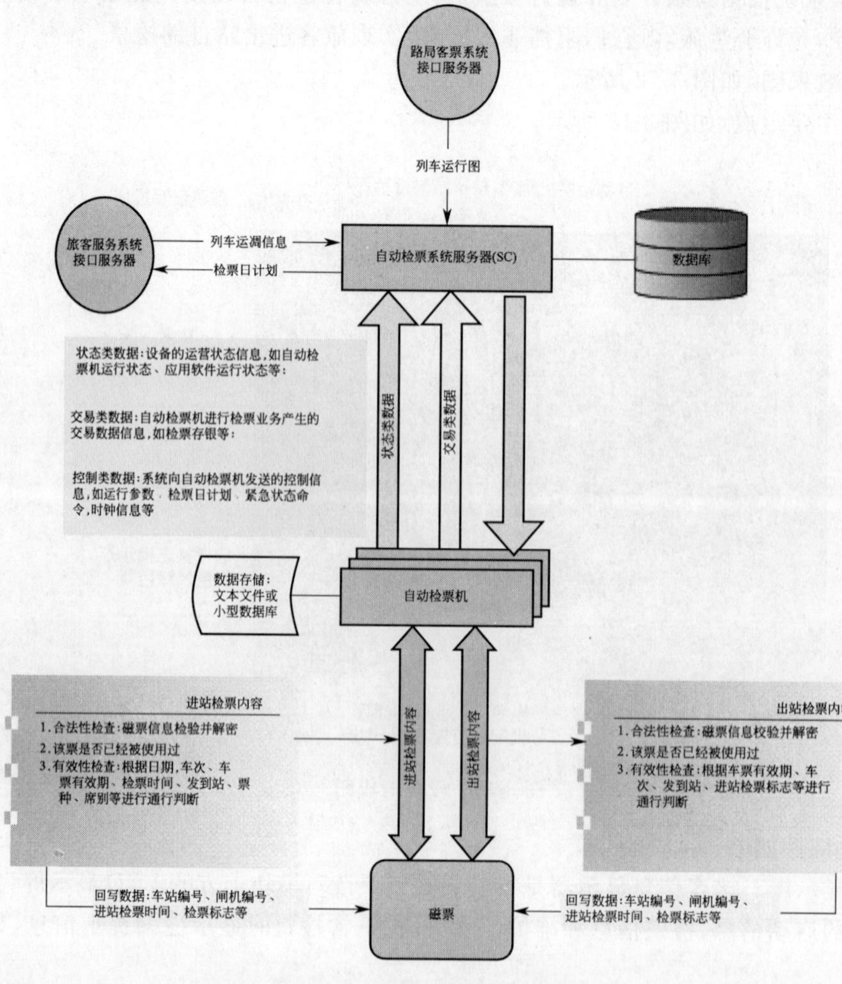

图 3-16　自动检票系统结构图

④管理系统操作如下：

a. 检票计划生成和下载。当自动检票管理系统生成新的检票计划并执行下传操作时，自动检票机接收成功后立即生效。

自动检票机在启动时，会主动向管理服务器问讯，是否有未下载的检票计划。

b. 检票管理系统主要业务流程，如图 3-17 所示。

c. 进站/出站检票。自动检票机支持右手持票，票面朝上、正反两个方向插票，如图 3-18 所示。

自动检票机对于进站或出站检票，根据检票日计划检查磁票的有效性。如果检票通过，则在磁信息中写入检票标志同时记录检票存根。

d. 基本操作方式如下：

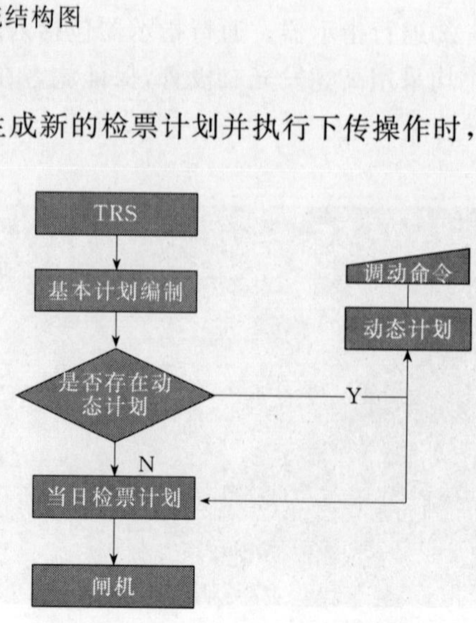

图 3-17　自动检票系统流程图

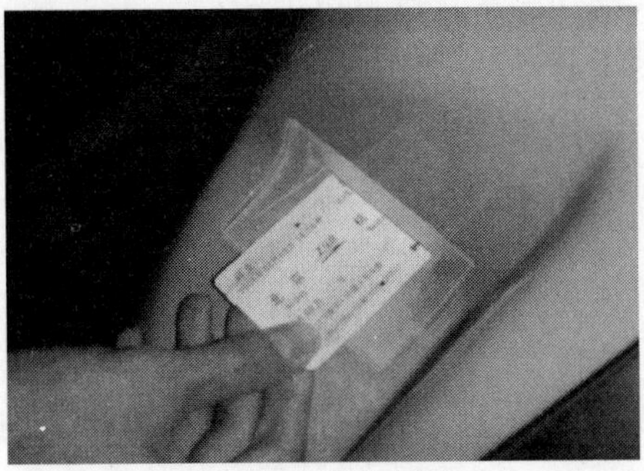

进票口插入车票

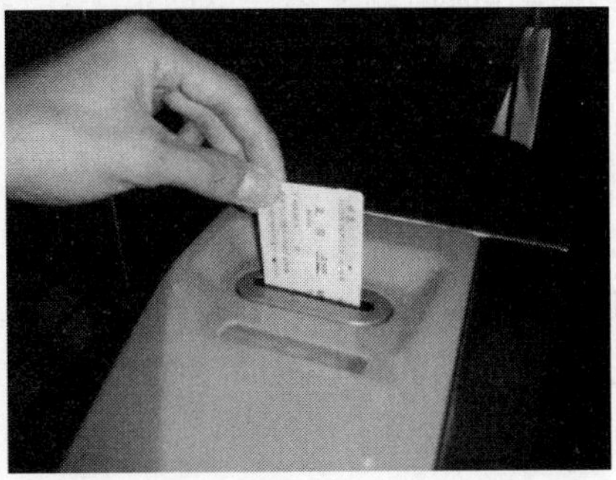

出票口取出车票

图 3-18　自动检票机使用演示

(a)旅客将票插入进票口；

(b)闸门读磁，检查票磁信息合法性；

(c)判断检票计划、票种；

(d)非法，从进票口退回车票，并显示和报警；

(e)合法，回写检票磁信息，打印进站/出站标志，并根据票种显示并报警；

(f)从出票口弹出车票；

(g)旅客取票；

(h)闸门打开，等待旅客通过；

(i)旅客通过，闸门关闭或旅客不通过，超时(25 s 可调)，闸门自动关闭。

e. 检票标识。采用热敏方式进行检票标识打印。

进站检票采用“◀”或“▶”，出站检票采用“■”，如图 3-19 所示。

f. 常开按钮和紧急按钮。通过常开按钮，可以使闸门处于开放状态，来满足突发性客流高峰时的需要。自动检票机内部结构如图 3-20 所示。

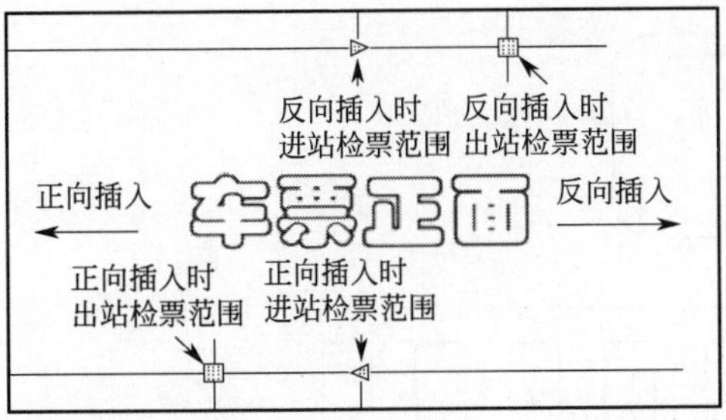

图 3-19　检票标识图

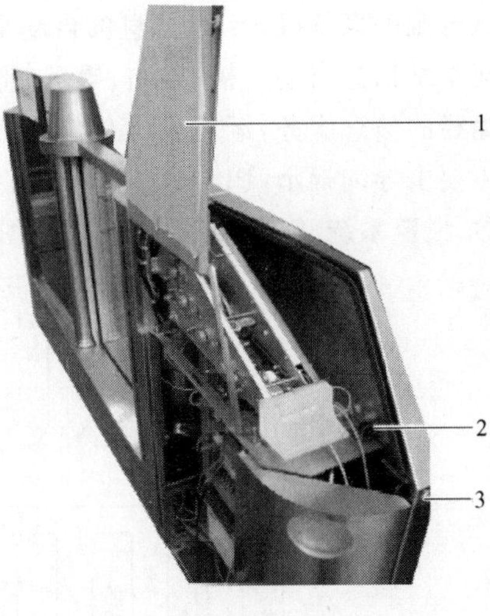

图 3-20　自动检票机内部结构

1—读卡器外盖；2—常开按钮；

3—读卡器外盖开关锁

闸门在操作时出现突然停电的情况，门翼会停在原位置可自由推动。

根据要求每个设备与消防中控室相连，当发生火灾或其他紧急情况时，可激活已经选定的紧急状况反应模式，自动打开门翼。

上电后或紧急情况解除后，闸门自检，并自动复位。

⑤常见问题解决

a. 出现卡票时的解决方法

首先打开读卡器外盖，在读卡器内侧有 3 个按钮，其中绿色按钮为自动弹票按钮，按下后，卡在读卡器内的票会自动弹出。如果以上操作不能解决卡票问题，请联系维修人员，通过工具来处理。

b. 常见自动检票机问题

当闸机出现死机或者程序不能进行正常运行时的处理办法：重新启动 IPC，IPC 的开关在 IPC 下方左侧。如果 IPC 重新启动后还是不能正常检票，请联系维护人员。

c. 紧急状态下的处理方法

当闸机不能正常检票，或出现火灾等异常情况需要紧急放行的时候，按 FAST 按钮，位置在每组闸机的左边机内，正中央绿色模块左侧的黑色开关。

d. 插票口不吸票处理方法

当读卡器不能吸票时，如果发现读卡器还在工作，请打开读卡器外盖，检查皮带是否脱落或出现卡票，然后进行处理。如果读卡器没有工作，重新启动闸机，还不能吸票的话，请联系维护人员。

当非法闯闸时，闸机会停止吸票，出现这种情况后，工作人员应该请旅客退到闸机检测区域之外后在进行插票。

二、旅客服务系统（PSS）

（一）旅客服务系统概述

旅客服务系统（PSS）以信息的自动采集为基础，以为旅客提供全方位信息服务为目标，实现客运车站信息自动广播、导向、揭示、监控等功能，并提供互联网、呼叫中心、无线局域通信等多种途径的信息服务，运用多样化的服务手段为旅客提供优质的服务，实现旅客服务的信息化。主要由导向揭示（PIS）、广播（PA）、监控（VM）、时钟（CLK）、求助（HP）、查询（IS）、安检仪（SI）、报警系统、门禁子系统组成，如图 3-21 所示。

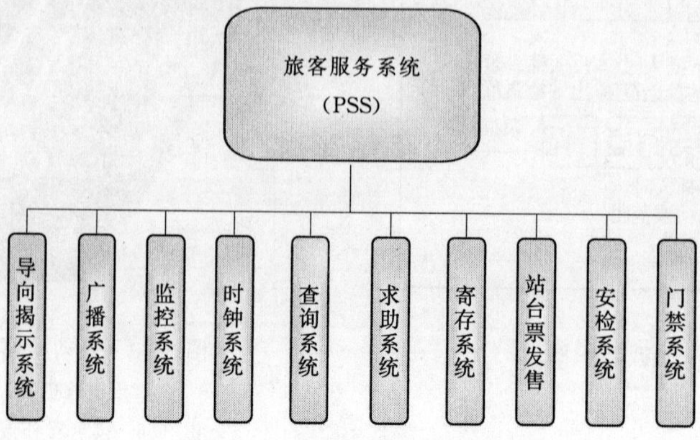

图 3-21　旅客服务系统结构图

旅客服务系统总体采用两级架构，分别部署在区域中心和车站，铁道部设置公共数据管理平台。旅客服务系统体系架构示意图如图 3-22 所示。

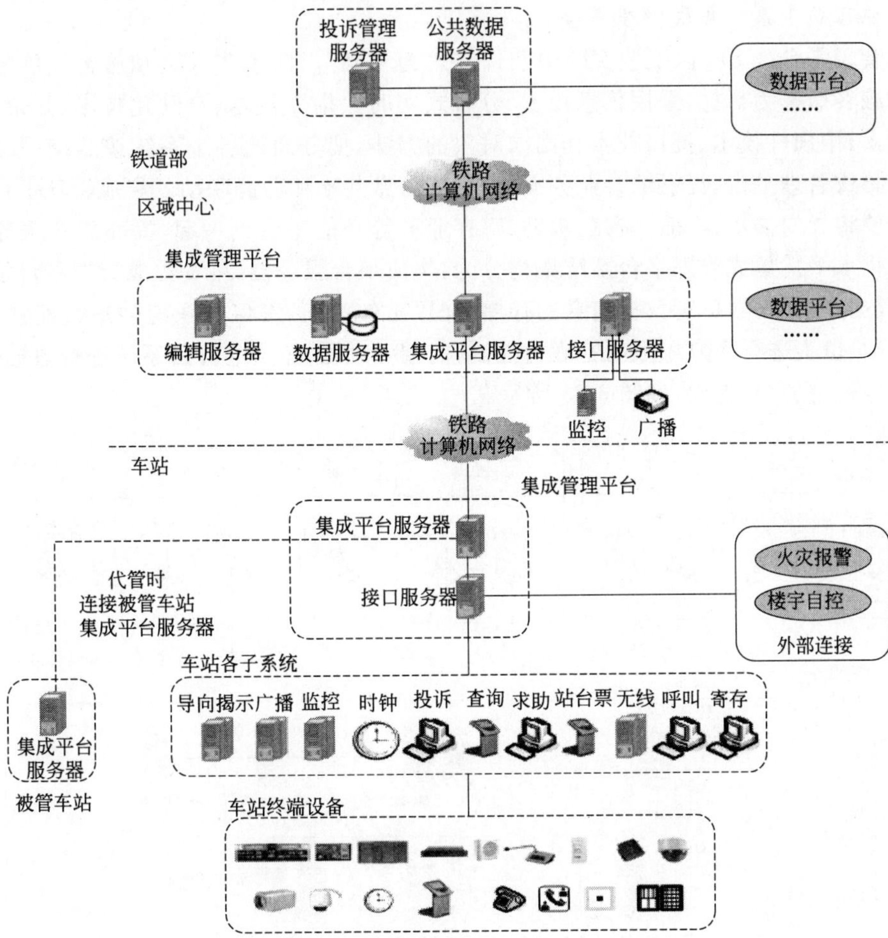

图 3-22　旅客服务系统体系架构示意图

区域中心旅客服务系统以集成管理平台为核心，原则上实现对所辖区域大型车站旅客服务系统的监视，对中小型车站旅客服务系统的集中管控；在紧急情况下，可以代管大型车站旅客服务系统；完成区域内公共音视频数据的制作、发布和转发，以及系统间信息共享和功能联动。

大型车站旅客服务系统以集成管理平台为核心，集成导向揭示、广播、监控、时钟、投诉、查询、求助、站台票发售、无线、呼叫中心座席、寄存子系统，连接火灾报警和楼宇自控等外部系统，实现对本站旅客服务系统的集中监视和控制，完成系统间信息共享和功能联动，紧急情况下接受区域中心代管。根据线路情况，可对邻近中小车站进行代管。以科学合理的布局配置服务终端设备，为旅客提供导向、广播、时钟、投诉、查询、求助、呼叫、站台票发售、寄存、无线上网、人工服务等多样服务。

中、小型车站旅客服务系统根据线路情况可由区域中心集中管控或者由邻近大站代管，以科学合理的布局配置服务终端设备，为旅客提供导向、广播、时钟、投诉、查询、求助、呼叫、站台票发售、寄存、人工服务等多样服务。

铁道部中心对全路客运专线旅客服务系统提供信息上的支撑，进行宏观上的管理，实现对全路旅客服务的监督、管理和统计分析，并完成公共数据管理和音视频基础信息库的制作以及视频监控的功能。

（二）旅客服务系统集成管理平台

集成管理平台（GSP）以工业实时中间件技术为基础，以向工作人员和旅客提供综合的生产服务和旅客服务为目标，采用信息技术、分布式实时数据库技术、自动化技术、冗余技术、系统集成技术、中间件技术、接口技术和面向对象的方法，把分离的各个系统按照统一的接口标准集成到集成管理平台，提供综合业务操作，实现信息共享和功能联动。集成管理平台根据铁路运营需要将导向揭示、广播、监控、求助、寄存业务等功能整合到一起，提高旅客服务的信息化和自动化水平。集成管理平台系统架构分为：集成平台服务器，负责集成管理平台核心业务的处理；数据库服务器，负责数据信息的存储；配置工作站，负责保存系统的参数配置信息；域控制工作站，负责进行用户权限的管理与控制；前端处理器，负责与外部系统进行数据传输；操作终端，展示人机交互界面，如图 3-23 所示。

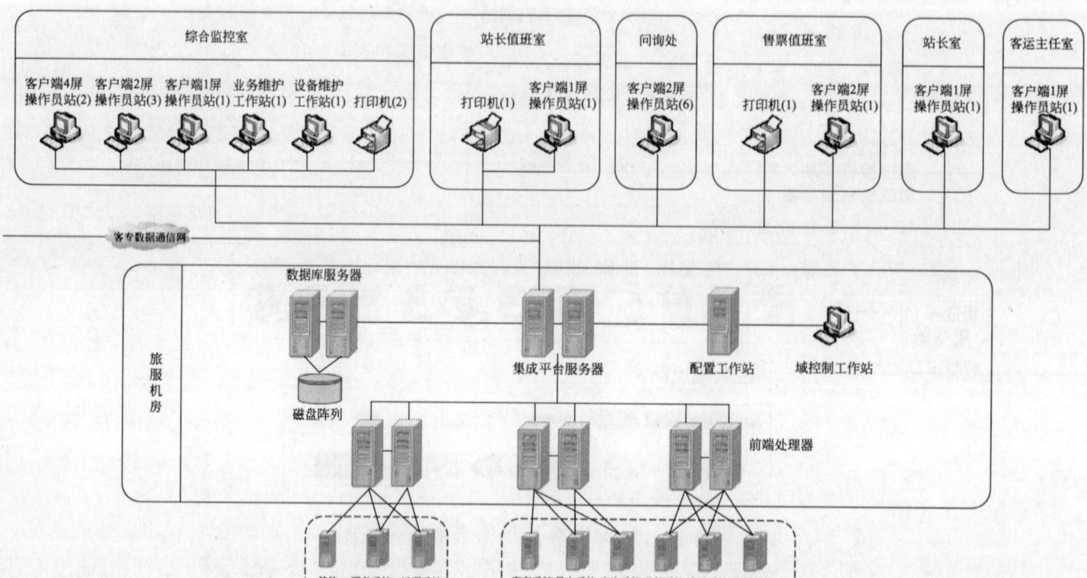

图 3-23　集成管理平台系统架构

1. 导向揭示系统（PIS）

导向揭示系统（PIS）是在旅客进站、购票、候车、检票、乘车、出站等各个环节上为旅客和工作人员提供及时、准确的信息服务的旅客服务系统。通过车站综合监控室对前端显示设备控制，在指定的时间，将指定的信息给指定的人群。

（1）主要功能

提供列车的实时状况信息，满足旅客实时获取和掌握列车运行状态信息的需求。在没有工作人员引导的情况下，旅客通过导向揭示系统完成自助购票、进站、候车、上车、出站等过程。对于列车运行时出现晚点等异常情况能及时对旅客进行通告和提示。对于突发事件，能第一时间向旅客发布，并提示旅客快速疏散的导向信息。提供各种乘车注意事项、公告及乘客须知等公共信息。提供候车乘车提醒服务。为工作人员及时提供列车到发通告信息。

①票务显示功能

图 3-24　票额显示屏

能够完成实时票务信息的发布，及车次相关信息的显示。并可显示 10 天的车次信息和余票情况。设备通过内部相关系统获取票务信息，以表格、滚动、页面翻转等形式对车次、车种、开往、开点、硬座、软座、硬卧、软卧等信息进行编排、整理和显示，并且通过不同的颜色区分票务的类型和票务情况。系统通过应用服务器实时获取集成管理平台发送的票务信息，并自动读取售票余额数据，系统控制主机对数据进行相关处理后，发送到票额显示屏，如图 3-24 所示。

②引导显示功能

系统能够自动接收集成管理平台发送候车引导信息及相关显示指令，系统可根据接收到的信息和指令按照预先设定完成的版面进行显示，引导旅客完成进站、候车、检票等过程，完成进站信息发布、候车区域信息发布、检票信息发布并且能够实时显示列车到发信息，如图 3-25 所示。

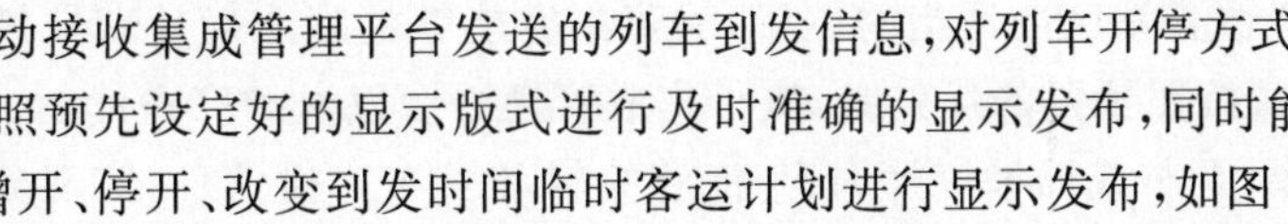

图 3-25　引导显示屏

③列车到发信息显示功能

系统能够自动接收集成管理平台发送的列车到发信息，对列车开停方式、到发站时间及行车状态等信息按照预先设定好的显示版式进行及时准确的显示发布，同时能对阶段性或临时性行车变动，如增开、停开、改变到发时间临时客运计划进行显示发布，如图 3-26 所示。

④时钟发布显示

系统可以读取时钟系统的时钟基准，并同步所有设备的时钟，确保终端显示屏幕显示时钟的准确性。屏幕可以在播出各类信息的同时提供日期及时间显示。在没有和时钟结合的显示终端上，可以通过设定终端显示屏的全屏或指定的子窗口显示多媒体时钟。时钟的显示可以为数字方式或模拟方式。

(2)显示信息

图 3-26 列车到发信息显示

①列车服务信息主要包括:列车时刻表,列车阻塞、晚点、取消等异常信息,一天内后续列车的到站、离站时间,特别的列车服务安排信息。

②乘客引导信息主要包括:动态指示信息,逃逸、疏散方向指示,服务终止通告,换乘站换乘信息,地面交通指示信息。

③商业信息主要包括:视频商业广告,视频形象宣传片,图片商业广告,文字商业广告,各类分类广告。

④紧急灾难信息主要包括:火警、台风警报、洪水警报等;紧急站务报警信息,如停电、停止服务等;有关乘客人身安全的临时信息,如乘车安全须知;逃逸、疏散方向指示,如紧急出口的指示。

⑤一般站务信息和公共服务信息,主要包括:日期和时钟信息,票务信息,公益广告信息,天气、新闻、股市等信息,其他提示信息。

(3)信息表达方式

旅客导向信息的表达方式分为固定标示表达和动态标示表达。

固定标示是指固定装配或绘制在车站建筑、地面的,或以标牌的形式,向旅客提供通常较为固定,变化频率不高的信息提示,例如,车站的地点处所指示、旅客的行进路线等。

动态标示通常以显示屏的形式服务旅客,信息根据需求滚动或实时变化,特点是信息量大,可以根据实际情况迅速而简便的变更内容,但对系统实时维护的要求较高,对数据的准确性要求高。承受着铁路信息化发展,铁路站车动态信息、标识将越来越完善,如在站台上,以动态标示的形式对即将进站列车的车厢、车门位置等提前标示,旅客即可定点等候,对号上车。

2. 广播系统(PA)

广播系统向旅客播报铁路通告、列车运行时刻、票务、站内设施说明、站内环境说明、旅客乘车、安全提示及旅行相关等信息。广播信息要求统一、易懂、完整、简洁、准确。

车站广播装置覆盖站区内适当的位置,保障旅客能够清晰明确地获取铁路发布的音频信息,如图 3-27 所示;按照预置的优先级,执行集成管理平台发送的广播计划、发布广播信息;接受工作人员的指令,调整或插播广播内容,能够编辑和发布广播信息;实现分区域或在全站部站区内广播、能够提供电话接口,使授权人员通过电话在预定区域做通告;具备语音合成功能,能够按照特定的文字信息合成语音信息;能将高质量声源数字化并在以太网上传输,实现高音质广播;具备环境噪声检测功能,自动分区调节广播音量,实现环噪补偿;扬声器具备防火外壳,广播电缆能够防火、阻燃;整个扩音机链路系统有统一实时的自动测控功能。

系统功能:具有 8 路信源 A/D 转换、TCP/IP 分组包合成功能;8 信源 4 配线间 64 广播区平行广播功能;8 路自动语音平行广播功能;话筒插播功能;录音功能;汉语、英语语种合成广

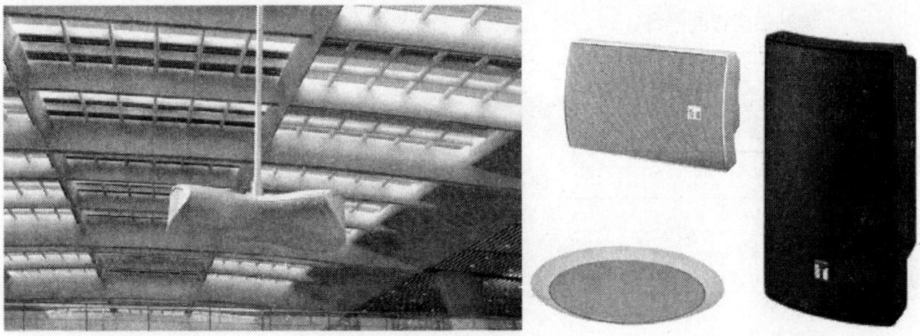

图 3-27　广播装置

播功能；广播区监听、音频打包上传功能；应急广播功能；小区广播功能；消防广播接口功能；系统设备查询功能；网络全双工通信功能；网管功能；优先级访问控制功能；电源自动分配功能及电源保护功能；电源缓启功能；系统设备状态自检功能；功放自动检测功能，发现故障自动倒机；功率放大器超温、超载自动告警功能；负载开路、短路自动检测功能；噪声检测、输出音量自动增益功能；扬声器故障定位功能；无线传送、无线接收功能；状态上传功能；防雷保护功能。

3. 监控系统(VM)

监控系统即运用多媒体技术、计算机网络技术和音频、视频技术实现对高速铁路车站整个站区内的服务对象和服务设施进行监控，以提高综合管理和服务水平。通过在车站综合监控室设置 DLP 显示大屏，显示监控视频画面、计算机图形图像信息，实现了集中监视、统一管理、联动控制等功能，在突发情况下可作为应急指挥中心使用。

(1)系统特点

监控系统采用网络、计算机和接口等技术，接收并执行集成管理平台的指令，实现报警联动、录像管理、设备远程维护及管理等功能。采用 PC 服务器，通过双机热备方式保障系统可靠性。

(2)系统构成

客运专线监控系统设置摄像机，视频解码器及大屏幕显示墙及客户端操作员站。系统通过视频编码器将视频信号经综合视频监控平台传输到大屏幕显示墙、液晶电视墙及客户端操作员站，工作人员经过视频管理服务器可观看、控制站内视频，如图 3-28 所示。

大屏幕显示墙采用 DLP 投影显示技术，各客户操作员站统一设置在集成管理平台，电视监视系统不再单设；在消防控制室、公安办公室分别设置液晶电视墙。

客运专线监控系统摄像机通常设置在售票窗口设置室内、售票大厅公共区域、自动售票区域、各候车室内、车站进款室、票据室、求助终端。

(3)系统功能

①监视功能

车站综合监控室值班员可以通过集成管理平台，进行循环显示或手动指定视频在大屏幕显示墙上。

②字符叠加功能

每台摄像机在显示图像上叠加时间、日期、摄像机编号和地点名，字符和录像资料同步打包。

③录像功能

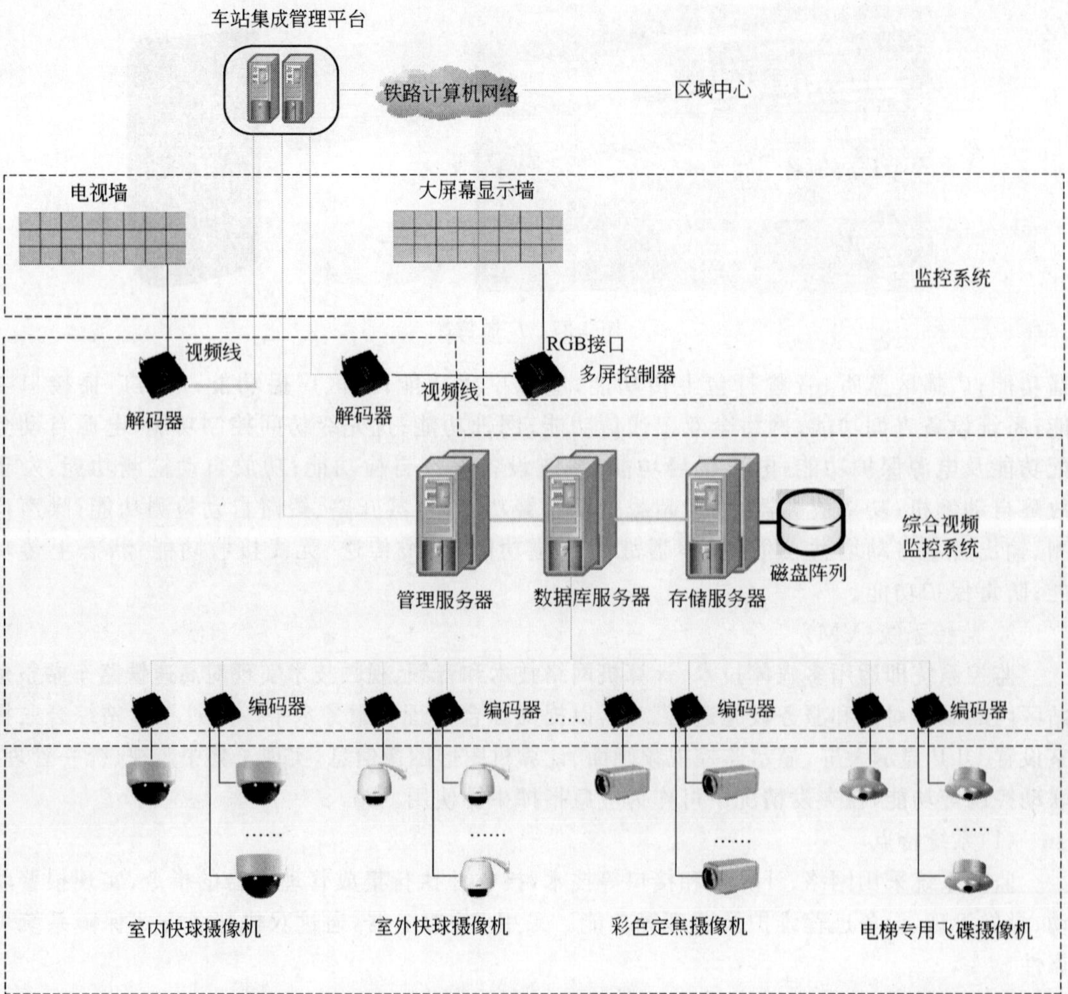

图 3-28　监控系统

应具备计划录像的功能，同时具有动态录像、报警联动录像等功能。

图像可在中心经传输系统进行网络回放、刻录，能按录像的时间、日期范围、站名和摄像机位置进行分类检索图像，回放速度可调。

录像设备应能进行实时录像的开启和停止的控制，还可以转换为移动侦测录像或高清晰录像状态。

④摄像机云镜控制

车站工作人员对可控摄像机的方向(上、下、左、右)、光圈、焦距、倍数进行控制及时了解现场情况。

⑤预置位功能

车站工作人员可根据预置位功能将快球摄像机快速调至预置点或者使多个预置点进行一定规则的切换显示。同时此功能可以很好地与报警功能联动，在维护终端和大屏幕拼墙上及时联动显示报警现场画面。

⑥画面抓拍功能

实时浏览和录像回放过程中，车站工作人员可以根据需要对视频进行抓拍保存，以图片形式作为举证的法律依据。

⑦声音监听/回放

现场浏览监听:通过控制按钮,车站工作人员可以随意监听所有售票窗口的实时现场声音,音视频同步。

录像回放监听:在录像资料回放时,车站工作人员可以和视频同步回放录像中的现场声音。

⑧信息提示功能

在客户端软件界面上设置当前信息显示区,车站工作人员通过此区域能知道客户端当前状态,显示报警信息。

⑨手动/自动锁屏功能

车站工作人员不在工位值班时,可以将客户端界面控制区内的所有控制按钮锁死,并且自定义开键密码,只有通过密码才能开启所有的控制按钮。

⑩动态侦测报警功能

系统在车站某一视频画面设置多个报警防区并设置报警布防时间,在布防时间内,防区画面有任何变动系统即视为报警发生,同时将报警信息转发给授权用户;无论车站工作人员客户端界面是否正在监看此报警画面,客户端界面都将自动显示报警窗口视频。

⑪录像回放功能

车站工作人员可以根据时间、地点或者报警类型检索录像记录,同时,录像记录可以随时调用,并按需要进行快进、慢放、单帧进退或者正常的速度播放。对于录像记录车站工作人员可以根据需要进行编辑、存储、删除。

⑫录像文件下载

具有文件检索权限的用户可以检索本地、远程和服务器上的录像文件。可根据主机、通道、日期、时段进行检索、下载与回放。

回放过程中可以实现播放、暂停、停止、快进、快退、抓图、录像文件剪辑等功能。

⑬远程设备管理

车站工作人员通过网络远程对前端视频编码器进行集中管理、远程配置、参数修改、远程设备升级等,减少工作人员维护工作量,不用经常上现场调节设备。

⑭用户管理

向系统中添加、删除、修改用户信息。

⑮摄像机分组管理

该功能使用户可以快速、方便、随意地自定义镜头组。用户也可以方便地修改、删除自定义镜头组。

⑯用户日志功能

查看用户日志,何时在何处登录系统等信息。

⑰报警日志

查看系统中的报警信息,可显示报警命令、报警镜头、报警时间、报警次数等信息。

⑱日志检索

具有日志查询权限的用户可以对日志进行查看,日志检索分为报警日志检索和系统日志检索。

⑲报警日志检索

可根据报警输入点、日志时间检索该报警点的报警日志。

⑳系统日志检索

可根据日志时间、系统日志类型检索相应类型的系统日志。

㉑流媒体转发功能

为适应多种宽带和大量的并发访问，监控系统采用流媒体转发技术。保证远程多用户同时访问前端同一通道问题，切实解决大规模组网中的网络瓶颈问题。

4. 时钟系统(CLK)

时钟系统其主要作用是为铁路工作人员和乘客提供统一的标准时间，并为其他各有关系统提供统一的标准时间信号，使各系统的定时设备与本系统同步，从而实现铁路全线统一的时间标准。时钟系统的设置对保证铁路运行计时准确、提高运营服务质量起到了重要的作用。

(1)系统结构

客运专线时钟系统的构成均采用子母钟校时和网络校时方案，利用旅服系统局域网实现系统设备之间的网络连接和数据交换。

各车站的时钟系统主要由车站二级母钟、NTP网络时间服务器、各类子钟及维护终端组成，如图3-29所示。

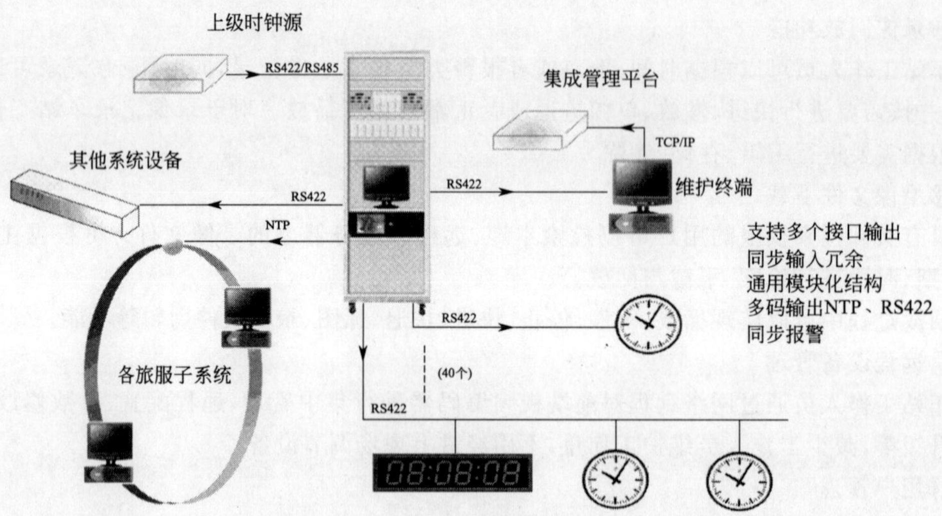

图3-29　时钟系统结构图

(2)系统功能

①采用子母钟系统。

②时钟设施应满足旅客和车站工作人员的计时需要，应在进站大厅、候车厅、站台醒目处及生产房屋内设时钟设施；站房如有塔楼，结合建筑风格设置建筑时钟。

③为旅客显示的时钟采用指针式时钟；为工作人员显示的时钟可采用数字式时钟。

④具有自动校对、自动追时功能。

⑤具有时钟同步功能，并能与客服系统时钟源实现时钟同步。

⑥母钟具有提供NTP(TCP/IP)、RS232、RS422、RS485接口的条件。

5. 查询系统(IS)

查询系统主要以本地数据库和集成管理平台为主要数据源，采用触摸屏、计算机、多媒体、网络、接口等先进技术，为旅客提供列车、票价、席位、服务设施、站区环境等相关信息，界面如图 3-30 所示。

图 3-30　查询机界面

(1)系统特点

①操作简单；

②界面友好；

③信息丰富；

④响应迅速；

⑤良好的扩充性；

⑥便捷的管理维护。

(2)系统功能

①车站概况：查询车站平面分布、服务设施、机构职能、服务热线等基础信息。

②客运常识：查询购票常识、安全常识、退票常识。

③旅游信息：查询市区交通图、宾馆信息、旅游信息、站前公交线路及地铁信息。

④行包托运：查询行包托运须知、行包类别及运价、安全检查、托运单填写范例。

⑤到发时刻查询：通过集成平台接口查询列车到发信息，包括车次、到站时间、停靠站台，发车时间、候车地点。

⑥停站、点查询：查询列车沿线经过的停靠站、到站时间、发车时间、停留时间。

⑦票价查询：实时查询预售期内本站各次列车的软卧、硬卧、软座、硬座客票余额数；设有按车次、日期等多种查询方式。

⑧查询途径车站、里程、硬座票价、硬卧票价、软卧票价。

⑨系统维护功能。

6. 求助系统（HP）

求助是指旅客在车站内使用求助系统的终端设备远程获得车站工作人员帮助的过程。求助系统以求助主机为中心，和所有的分机组成星型结构，使得值班分机之间可以互相呼叫，而又互不影响，还能够以 $n+1$ 冗余方式保证无阻塞通信。

(1)系统特点

①管理方便简单；

②求助点定位准确快速；

③系统高度可靠；

④快速高效、准确传达、操作简洁、方便易用。

(2)系统构成

求助系统由求助主机、值班分机、求助按钮、录音工作站构成，如图 3-31 所示。

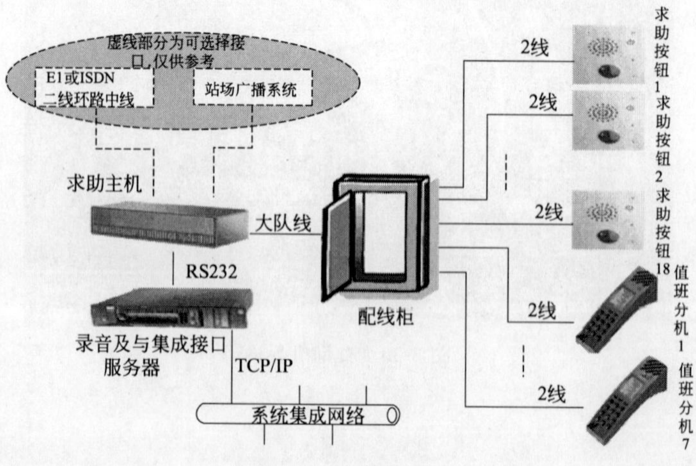

图 3-31　求助系统

7. 寄存系统(BLS)

寄存系统允许旅客以自助的方式存放小件物品，为旅客提供便捷服务，如图 3-32 所示。

系统功能：设置不同尺寸的寄存柜放置旅客小件物品；旅客能够自助存取小件物品；自助寄存设备能够设置密码，防止旅客存取错误；自动寄存设备能接受硬币或纸币；自助寄存设备能够打印寄存存根供旅客查验；自动寄存设备可以对寄存的时间和收费额度进行设置；特殊情况下能够强制打开寄存柜；支持远程对寄存柜进行锁定和解锁；寄存柜满时能够提供报警；设置兑零机为旅客兑换硬币；支持收费统计报表；集成管理平台能监控自动寄存设备。

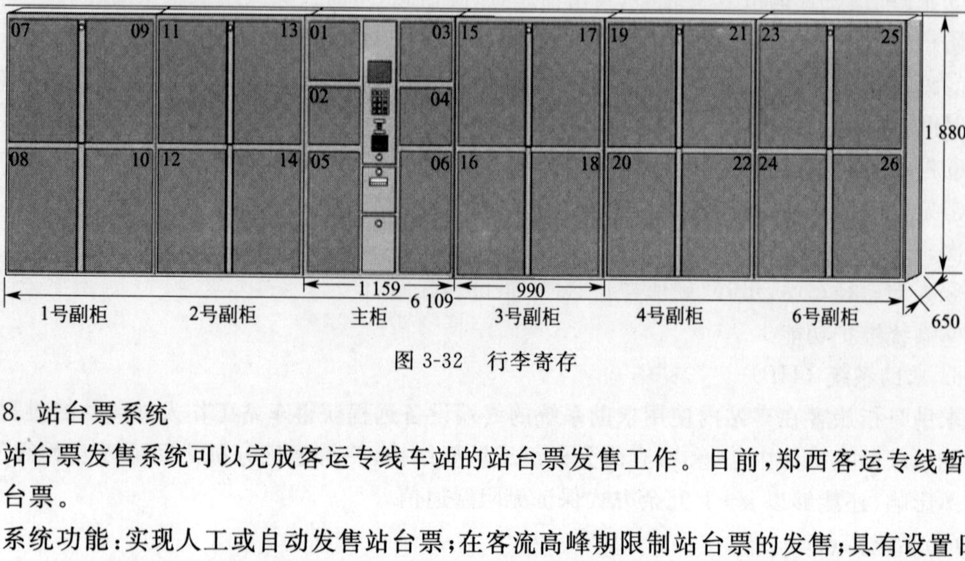

图 3-32　行李寄存

8. 站台票系统

站台票发售系统可以完成客运专线车站的站台票发售工作。目前，郑西客运专线暂不发售站台票。

系统功能：实现人工或自动发售站台票；在客流高峰期限制站台票的发售；具有设置日期/时间、车站号码、设备号码、截止时间等功能；自动售站台票终端显示最近发生的故障内容及时间；自动售站台票终端查询并统计销售量、销售金额等信息；车站维护人员可以查询或设置站台票发售参数；设置兑零机为旅客兑换硬币。

9. 安检系统

安检系统通过 X 射线安全检查设备，对旅客行包进行安全检查，防止旅客携带容易引起爆炸、燃烧、腐蚀、毒害或有放射性的物品及枪支、管制刀具等可能危害公共安全的物品。

(1)系统组成

安检系统(图 3-33)主要由 X 射线检查系统主机、安检操作台、传输设备等组成。

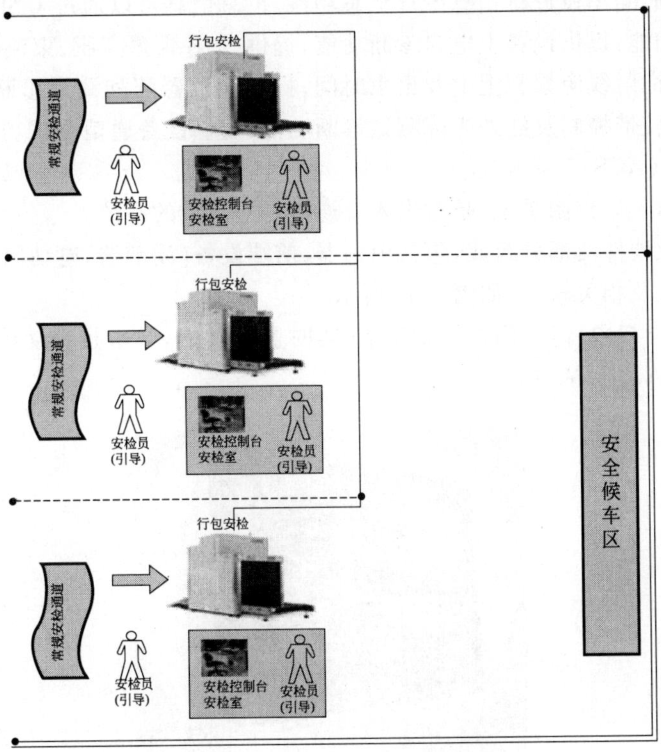

图 3-33　安检作业流程

(2)系统功能

①辅助探测功能：OIS 运行检查软件提供爆炸物和毒品辅助探测功能，当根据有效原子序数信息判断被检物品含疑似爆炸物或毒品物质时，系统报警并用指定颜色方框标记嫌疑区域。

OIS 运行检查软件同时具备高密度报警功能，当被检物品吸收率很高造成图像无法分辨时，系统报警并用指定颜色方框标记穿不透区域。

②图像管理功能：通过自动保存、手动保存、嫌疑保存多种方式存储物体扫描图像；存储空间不足时，自动删除自动保存历史图像；可以根据扫描时间、操作人员 ID、图像存储方式等检索条件进行图像查询；提供图像转存功能，可以将专用 X 射线图像格式转存为 JPG、BMP、TIF、GIF 等通用图像格式。

③危险品图像插入功能：危险品图像插入功能可以自动、随机在被检物品检查过程中插入虚拟的危险品图像，帮助训练和考核操作人员图像识别能力；危险品图像可以选择在被检物品图像之间插入虚拟包裹图像方式，也可以选择将虚拟危险品插入到被检物品图像中；高级管理人员可以指定插入危险品图像的类别和频率。

④用户管理功能:用户按照权限可以分为操作人员、管理人员和维修人员三类;系统管理人员可以新建、删除用户或修改用户信息;默认权限设置下,管理人员除操作人员权限外,还具备系统设置和管理权限;维修人员除操作人员权限外,还具备系统维护诊断权限;此外,用户权限还可以由管理人员根据使用要求进行增减;设备启动时可以选择用户登录方式或默认用户登录方式,默认用户登录方式无需输入用户名和密码即可直接登录 OIS 运行检查软件。

⑤日志管理功能:系统日志记录所有用户登录、注销、检查包裹数、图像标记数、TIP 考核以及 X 光机出束时间等信息;可以根据用户 ID、时间范围等条件检索日志信息;日志提供按照天、周、月、季度等时间单位进行信息统计汇总功能,汇总信息可以通过 USB 存储设备导出。

⑥设备诊断功能:提供设备上电自诊断功能;提供 X 射线源高压、束流等主要指标的监测与诊断,并可以查询射线源累积上电及出束时间;提供探测器阵列测试诊断功能;提供专用键盘测试功能;提供胶带控制及红外光障测试诊断功能;提供设备通信测试功能。

10. 门禁系统(ACS)

门禁系统即出入口控制系统,是对出入口通道进行管制的系统。

门禁系统由软硬件两部分组成,包括识别器、前端设备(读卡器、电动门锁、门磁开关、控制设备等)、传输设备及相关软件,如图 3-34 所示。

系统功能:进出权限管理,门禁记录功能,实时监控功能,异常报警功能,消防报警监控联动功能,网络设置管理监控功能。

图 3-34　门禁识别器

第四章　高速铁路客运组织

第一节　高速铁路客运站工作组织

客运站是指专门办理或主要办理大量客运业务的车站，与普通车站不同之处，高速铁路客运站只办理客运业务。客运站一般设置在具有特殊意义的大城市及客流比较集中的中小城市。

客运站是铁路与旅客之间联系的纽带，因为这里是旅客与铁路最先和最后接触的场所，双方当事人之间的权利义务关系在此产生或消失。客运车站是铁路旅客运输的基层生产单位，是铁路的“窗口”，一系列旅行手续均在此办理，如旅客购票、上车、列车到发及作业等。客运站又是城市的大门，是城市建设的有机组成部分。因此，客运站的工作水平影响到旅客、铁路、城市三方面。

高速铁路客运站的主要任务是：安全、迅速、有序地组织旅客上、下车；方便旅客办理一切旅行手续；为旅客提供舒适的候车环境；保证高速铁路与市内交通联系方便，便于旅客迅速集散。

本节主要介绍高速铁路客运站生产销售管理工作组织，包括售票、客运服务、自动化系统的使用与管理等内容。

一、高速铁路客运站的作业特点及主要设备

（一）高速铁路车站的作业特点

1. 车站作业单一，只办理客运作业

高速铁路运营初期能力上会存在一定富余，但由于技术上的原因一般不开行货物列车。日本、法国等多数国家高速铁路均不开行货物列车，德国虽存有两条客货混跑高速线，但仍以客车为多，货车主要在夜间运行，车站办理的作业主要是通过作业。我国高速铁路大部分也设定为不办理货运，即使如石太等客货混跑线的车站也基本不办理货运作业。

2. 高速旅客列车一般不办理行包和邮件的装卸作业

我国普通客车多挂有行李车和邮政车。列车到达较大车站时，要进行邮件和行包的装卸作业，车站站台上沿站台的纵横向均须设置行邮拖车的走行通道，列车作业繁忙的大站通常需设横越股道、站台的地下通道，交叉干扰多，作业时间长，往往成为列车到发作业的主要限制因素。因此，高速铁路车站一般不办理行包和邮件的装卸作业。国外的高速动车也均不办理行邮作业，解决行包的办法：一是设置较宽敞的行李架，二是开行单列的行包邮政列车。我国高速铁路基本与既有线平行，行包运输问题可以考虑由既有线完成，故高速列车可不办理行邮业务。

3. 高速车站作业必须突出安全第一的思想

不停站的高速列车通过车站的速度按设计要求应与区间相同，停站的列车进入咽喉区的速度也将达到 80 km/h。在车站，人身安全、列车运行安全、车站员工的安全以及高速列车养护维修、车列与动车组运行和调车作业的安全，都必须加以注意。

4. 高速车站作业组织要充分体现“以人为本、方便旅客”的宗旨

车站是聚集大量旅客的场所，必须做到快速集散客流、尽量减少旅客步行距离、减少滞留时间和安全方便的通道。

5. 高速车站的客运和行车组织工作要适应高效率快速作业要求

高速列车停站作业时间很短，列车停站时间最短 1 min，立即折返的列车停站时间从国外经验看为 15～25 min，必须提高车站客运和行车组织工作水平，适应高速列车的高效、快速的作业要求。

（二）高速铁路客运站的主要设备

客运站由站房、站场及站前广场组成。

1. 站房

站房是客运站的主体，包括为旅客服务的各种用房，运营管理工作所需的各种技术办公用房。

站房应根据客运量设置为旅客服务和客运生产、管理、办公、生活及驻站单位使用的各类房舍和设施，如售票厅、票库、问询处、携带品暂存处等房舍，还应有阅览室、广播室、微机室、监控室、医务室、售货部、饮水处、厕所、工作人员间休室等文化、卫生和生活上的必要设施。还应为残疾旅客设置无障碍通道。较大车站上下通道应设置自动扶梯、电梯。另外，还可根据需要设置贵宾室、软席候车室、母婴候车室、军人候车室和旅客餐厅。

2. 站场

站场是办理客运技术作业的场所，也是旅客的集散地点。站场内应具备各类站线、站台、雨棚、天桥、地道、照明、给排水、栅栏（围墙）、跨线设备（天桥、地道）和垃圾处理等设施。这些设施的布置应能满足安全需要，并合理地组织旅客流线。

3. 站前广场

站前广场是客运站与城市联系的"纽带"，应具备旅客和各种车辆集散、停留的场所，旅客活动地带和相应的绿化区域，并考虑远期规划用地。另外，站前广场应增设为旅客使用的各种服务性设施，如售货亭、餐厅和公共厕所等。

二、高速铁路客运站客运工作组织内容和模式

高速铁路车站很大程度上将改革传统的客运组织模式，形成售票、候车、检票、上下车、进出站，以及在途服务等全过程的客运组织新模式，最大限度提升旅客出行的便捷性和舒适性。

在实际工作中，充分借鉴地铁和国外铁路客运站的先进经验，在现有铁路计算机客票发售及预订系统广泛应用的基础上，通过应用自动售检票系统（AFC）、旅客自动查询系统、车站自动引导揭示系统等先进的信息管理系统，改变目前以候车厅为中心的组织格局，建立以综合大厅为中心的新格局，改"等候式"为"通过式"；改革现有"售票→候车室候车→人工检票进站→上车→在途服务→下车→人工检票出站"的客运组织模式，实行"自动售票→自动检票进站→站台或候车室候车→上车→在途服务→下车→自动检票出站"的模式，引导旅客快捷进出车站，简化进站流程，缩短在站停留时间。

三、高速铁路客运站售检票工作组织

（一）售票方式

1. 互联网售票

旅客使用规定的有效身份证件通过中国铁路客户服务中心网站（www.12306.cn）预订高

速铁路电子客票，在规定时间内以电子支付方式完成票款支付后，可有选择地获取电子客票或电子客票换票凭证（直接在线或通过邮件接收打印 A4 纸张，也可通过手机短信获取），适合网上支付方式。

2. 自动电话订票

完善现有自动电话订票系统订票流程，旅客使用规定的有效身份证件通过自动电话订票系统预订高速铁路电子客票，在规定时间内以电子支付方式完成票款支付后，可有选择地通过手机短信获取电子客票或电子客票换票凭证，适合电话银行、手机支付方式。

3. 自动售票机售票

完善现有的自动售票机业务功能，可供旅客自动购买电子客票或实体车票，可供旅客预订电子客票后使用二代身份证获取实体车票，适合银行卡 POS 支付方式。

4. 代售点售票

通过授权代售点办理电子客票业务，既可有效降低代售点的开办成本，降低准入门槛，又可避免铁路票据管理的风险，有利于进一步扩大高速铁路售票渠道（特点适合发展旅行社、连锁便利店等售票渠道），优化代售点的布局，适合代售点网上支付方式。

5. 人工窗口售票

车站售票窗口：在车站售票窗口实行计算机人工售票。

增加凭电子客票凭证换取实体车票的功能，可办理电子客票改签、退票业务，适合现金、银行卡 POS 支付方式。

（二）售票工作组织

高速车站的售票系统自动化程度相当高，与强大的接发列车能力相匹配，适应了大流量、高密度、客流快速集散的需要。

车站售票以自动售票为主，人工为辅。通过自动售票机，旅客可以方便地查询各次列车的售票情况，选择乘坐车次、座别、不同运输产品车等。不同客运公司间售票点都相互代售对方车票，并通过售出车票取得对方的代售费用。

售票窗口和自动售票机数量配置上要考虑旅客的消费习惯和适应能力，初期应设有较多的售票窗口和少量的自动售票机，并随时在售票机购票旅客数量的增加而逐步增加售票机的数量，保持售票机排队旅客数量较窗口少或除高峰期外其他时段没有旅客排队，以引导旅客逐步接受自动售票设备。

由于高速铁路的服务特性，建议整个售票点的数量上保留一定的弹性，控制好旅客排队的队长，尽最大可能降低旅客的排队时间。售票点的位置应尽量靠近综合大厅，并可考虑在综合大厅、旅客通道两侧、城际列车所在站台、与其他交通方式衔接位置上布设适量的自动售票机．以分担集中售票点的售票压力，并可以达到更好地为旅客服务的效果。如采用以换乘为主的组织方式，则在换乘站台或大厅也应设置自动售票机和少量的售票窗口。

（三）检票工作组织

由于我国高速铁路客流量较大且候车室往往采取高架设计，进出站口一般应该分别设置。出站是否需要设置自动检票通道进口检票机尚无明确结论。国外出站多不检票，利于大流量的到达流的尽快疏散。我国高速铁路的情况有所不同，是否设置需要进一步深入研究。

在综合大厅和候车厅之间设置自动检票机，旅客通过自动检票机随到随检，旅客根据候车厅内的旅客信息系统的引导，选择站台乘车；到站后通过平行布置在出站口的多台自动检票机出站。

乘客进出车站均需通过检票机检票，从而杜绝了人工检票时的漏检、逃票、以售代检、以检代售等问题的发生，并可因此取消困扰旅客多年的车上验票制度。自动售检票系统通过对客流量、客票收入等综合业务信息的汇总分析，可以增强企业客流分析预测的能力，合理地调配车辆，为运营管理提供实时准确的统计分析报告和决策依据。

检票机通道的数量上应留有一定富余，保证高峰小时客流的通畅，如检票机通道采用拍打式，为节约服务人员数量在非高峰时段应关闭部分通道。

（四）郑西客运专线自动售检票系统管理办法

为提高铁路客运服务质量，实现车站售检票作业自动化，确保自动售检票系统安全、稳定运行，特制定郑西客运专线自动售检票系统管理办法。

1. 职责分工

铁路局负责对自动售检票系统进行权限管理。监督、检查系统运行状况，组织管理人员的培训工作。对车站日常维护工作进行监督、检查和指导，建立系统基础台账。

站段负责制定自动售检票系统管理实施细则、作业流程和岗位标准。对客票发售情况、检票数量进行统计分析。负责系统日常维护，建立基础台账。配合做好系统升级工作。

2. 自动售票

自动售票系统相关业务纳入客票系统统一管理。

(1)自动售票窗口号由 TRS 统一编码管理。售票处编码为 7 位数字，前 5 位为车站码，后 2 位为售票方式码 30(表示自动售票机)；1～200 号窗门为售票窗口；201～255 号窗口为管理窗口。

(2)车站利用自动售票系统管理模块对自动售票管理人员权限、基本信息、运营设置、客票业务查询、自动售票交易和统计查询等内容进行管理。

(3)自动售票机原则上只发售郑西客运专线车票；只发售全价票和儿童票。不办理废票、退票、签证业务。

车站要根据旅客购票需求，合理设定自动售票机的开设数量、服务时间；车站要设专口处理旅客在自助购票过程中出现的各种问题。

(4)车站指定专人监控自动售票机的工作状态，及时更换清点钱箱、更换票卷、更换凭条和处理故障；充分利用自动售票机 LED 显示屏，准确、及时地向旅客发布购票信息；并制定自动售票机的结账管理办法，确定结账时间、流程。

(5)自动售票系统运营管理由车站收入管理人员、运营操作人员和设备维护人员配合完成。要求双人作业，自控互控，互相监督，确保安全。

车站收入管理人员负责入钞箱的清点、找零箱的清点和补币。运营操作人员负责更换钱箱、票卷、凭条纸，对自动售票机进行结账操作，处理故障凭条。设备维护人员负责对设备进行维护和故障处理。

(6)自动售票系统中，要按照业务分类、人员职责设置不同用户工号，并赋予相应的使用权限。工号必须与操作员姓名唯一对应，不得设置通用工号，遇人员调整时要及时取消工号；自动售票系统的运营管理人员要经过培训、考核，考试合格持证上岗。

3. 自动检票

自动检票系统检票计划分为基本计划、动态调整计划和日计划。日计划是自动检票机每日进行检票的作业依据。车站要根据旅客乘降组织方案编制检票计划，确保计划准确、及时、完整。

(1)基本计划依据客票系统的基础数据及车站旅客乘降组织方案编制而成，应保持相对稳定。动态调整计划是对基本计划的临时修改和补充，遇有车站乘降组织方案临时变更时，应根据命令及时编制并执行。

(2)日计划由系统根据基本计划和动态调整计划自动生成并下达到对应自动检票机。

(3)车站要做好检票计划核对、作业交接班和自动检票机状态监控工作，确保检票计划的编制、下达、执行的唯一性、连续性、准确性。

(4)自动检票区域应有专人值守，负责本区域内的设备管理和旅客服务。遇有旅客无法通过自动检票机闸门等特殊情况时，工作人员要仔细查验票证，妥善处理。

(5)车站要在明显位置揭示自动检票机的使用须知。根据客流情况及时调整自动检票机的开放数量及工作模式，确保高峰时段旅客进出站通畅。

自动检票机要与车站广播、引导系统的作业内容一致，工作人员发现异常及时报告专业人员进行处理。

检票工作人员要引导旅客按提示正确检票，遇自动检票机故障或提示警告等异常情况时，要及时妥善处理。

(6)自动检票机闸门禁止逆向通行。

4. 应急处置

车站要制定切实可行的应急预案，配备充足的应急设备，并定期组织预案演练。当站内发生火灾、爆炸等紧急情况时，工作人员要立即开启相关自动检票机通道、关闭自动售票机，并引导旅客到安全区域。

自动售票系统发生故障时，工作人员要迅速赶到现场，妥善处理故障，并引导旅客到人工窗口办理业务。

自动检票机发生大面积故障，无法正常检票时，车站要及时安排工作人员人工查验车票，确保通道畅通。

5. 统计分析

自动售票系统的信息统计分析要在客票系统中以单独售处独立汇总。车站要以18点为界每日对检票系统的信息进行汇总，并打印出统计日报表，按月归档。

四、高速铁路客运站乘降工作组织

高速铁路车站大多采用进站检票方式，乘降组织方式相对既有线简单，主要内容大致包括正确引导旅客上下车和站台候车管理等。

正确引导旅客组织主要依靠自动化的旅客导向系统(指示设备)。旅客导向系统主要从调度系统提取信息结合人工录入的方式，在车站加工处理形成信息源，以音频和视频的方式发布给旅客。导向系统主要分为四部分：站外信息服务、站内信息服务、车上信息服务和网上服务系统。通过这些服务旅客可以了解到各次列车的发到时间、始发站/经停站/终到站、列车编组、客票发售、列车运行(列车正在运行区间、列车正晚点、列车晚点原因)等列车运行信息，以及候车地点、服务地点、进出站走行路径、城市交通信息等站内服务信息。还可以考虑提供部分服务电脑供旅客查询其他相关信息并可直接进行有关操作，如预订车票、预订旅馆等业务。

旅客导向系统广泛分布于各个进出站口、交换大厅、售票大厅、地上地下电梯处，各种固定引导标记和电子显示应十分醒目、清晰。每个进站、出站闸口，最好设有摄像机，密切监视着乘客的情况，一旦发现异情，工作人员能立即出动，快速处置。

站台候车主要依靠设备，而一般不需要专门的客运员进行管理，如不同线路的列车分别采用不同的颜色进行区分，以鲜艳的颜色标出候车安全线，站台地面上设有明显的各种车型车门位置标记，设置排队标志等，引导乘客排队上车。可以考虑在站台设置客运值班员对候车情况进行监视，以保证候车安全。

五、高速铁路客运站其他客运服务工作组织

(一)候车室服务工作

候车室应设有一定数量的座椅，其他服务设施大部分应设在综合大厅，候车室内可按需要设置少量的服务项目，如可以考虑提供电视、报刊、饮水、信息发布等。

(二)安全检查工作

国外高速铁路大部分不进行安全检查，而我国出于安全考虑，车站设计中都加设了安全检查装置。一般可将这些安全检查装置置于进站口，要设置足够数量，避免出现普通铁路安检仪往往成为能力限制地点的现象。安检装置平时可不全部开启，视客流量的大小和不同列车种类对安全的要求决定开启数量。安全检查以自动化仪器为主，发现问题时要注意保持好良好的服务态度。

(三)公共广播系统

公共广播系统可以与旅客进行最直接的交流，通常用于广播实时的公告，具体包括广播铁路时刻表信息、广播预录制的公共信息公告、广播紧急公告、广播背景音乐等。公共广播系统主要供控制中心工作人员和车站工作人员使用，由他们来发布必要的信息。

(四)生活服务

生活服务主要包括问询、寄存、行李托运、特殊服务等。

1. 问询处应设在旅客集中的进出站口、综合大厅、站前广场等处。解答旅客有关购票、乘降、中转、集散等方面的问题。为加强服务的亲和力，一般考虑以人工服务为主的形式进行。

2. 寄存处需要设置在旅客顺路办理的地点，高速铁路车站最佳设置地点应在综合大厅。寄存可分别采用自动化设备(密码箱等)与人工服务的方式，方便旅客选择。

对于旅客随身携带的大件行李应提供行李车，方便旅客搬运。行李车的位置可放在进站口某一侧，供旅客自由使用。回收则可考虑由保洁人员完成。

3. 某些特殊旅客，如老人、孕妇、残疾人等除硬件设施的保障外，还需要专门的服务人员提供专门的服务，如为行走不便的老人提供轮椅等。

4. 提高铁路客运组织效率和质量，离不开城市交通工具的有效衔接，两者的系统整合将大大提高客运组织工作的效率，提高铁路客运市场的竞争力；反之，就会出现旅客进站难和出站难的问题，影响铁路旅客乘降组织工作的顺利进行。因此，铁路客运系统必须充分考虑与城市交通枢纽的衔接和协调，特别要注意与各城市的地铁、轻轨等城市轨道交通工具的衔接配合，使铁路客运站成为城市公共交通换乘中心，实现零距离或短距离换乘。

如天津市在建设津滨轻轨和规划新地铁线路时，充分考虑了与铁路天津车站的衔接和配合，将天津车站设计为整个天津市城市交通的枢纽，有利于实现铁路客运与城市交通的系统整合。又如北京市在规划地铁 4 号线时，通过微调线路走向新增了北京南站站点。这些措施对疏解铁路车站城市交通拥堵和提高铁路客运组织效率发挥关键性的作用。

(五)应急处理工作

应急处理工作是高速铁路客运服务不能忽视的一项工作,在发生旅客拥堵、突发疾病、服务纠纷、特殊群体事件、自然灾害、发生刑事犯罪案件等问题时,必须尽快化解。应急反应工作的重点:一是预案,对各种情况处理办法做到心中有数或有章可循;二是明确各部门的岗位责任。由于该类事件不可能设专门的日常人员防范,更要重视一旦事件发生时的组织工作。

六、郑州铁路局客运专线车站旅客运输服务作业标准(试行)

为全面落实《铁路旅客运输服务质量标准》,采用先进的运营管理和服务模式,提高个性化服务水平,树立动车组安全、快速、便捷、优质的品牌。郑州铁路局特针对客运专线车站旅客运输作业标准做出了规定。

(一)车站客运人员工作职责

1. 售票值班员工作职责

负责本班组售票组织管理工作,执行命令指示,落实上级布置的各项任务及处理团体旅客和其他重点旅客的售票业务;负责召开班前、班后会,检查售票营业场所服务设备设施。各岗位标准化作业执行情况,落实考核制度;执行旅客运输组织原则,根据客流变化情况,合理安排岗位人员;负责收集旅客对售票工作的意见,改进售票方法,受理旅客投诉,帮助旅客解决困难;负责责任区域突发情况的应急处理;负责监督、检查责任区域的保洁工作质量;负责做好班后总结,填写值班相关台账。

2. 客运值班员工作职责

负责当班旅客运输组织工作,执行命令指示,落实上级布置的各项任务;负责召开客运班前、班后会,检查客运营业场所服务设备设施;合理安排岗位人员,掌握列车运行情况,合理组织客运乘降组织工作,确保列车安全正点;负责与动车组列车办理重点事项交接,并妥善处理各类突发事件;检查各岗位标准化作业执行情况,落实考核制度;负责收集旅客对车站服务工作的意见,提出改进建议,受理旅客投诉,帮助旅客解决困难;负责作业区域突发情况的应急处理;负责监督、检查责任区域的保洁工作质量;负责做好班后总结,填写值班相关台账。

3. 售票员工作职责

了解列车运行情况及重点事项,检查设施设备运用状态及资料备品完整齐全;按规定做好票据的请领、使用和保管工作;为旅客提供优质服务,根据旅客需求按规定发售车票,办理改签、退票业务;妥善保管现金,正确结算账目,严格执行交接制度,按时填报有关报表;熟练掌握非正常情况下应急售票组织方案,及时处理本岗位的突发情况。

4. 自动售票机操作员工作职责

负责自动售票机使用、管理和报修工作;负责票据的请领、保管和更换,严格执行交接班制度;负责自动售票机钱箱的装卸和交接工作;负责与点款、设备维护等相关人员共同操作自动售票机,严格执行互控制度;负责处理本岗位的突发情况;监督本岗位作业区域的保洁工作质量。

5. 候车区域客运员工作职责

为旅客提供干净、舒适的候车环境,维持正常的候车秩序,引导旅客文明有序候车;负责组织、引导旅客有序检票进站上车;负责解答旅客问询,受理旅客投诉;负责本区域自动检票机等客运设施设备的管理、使用、报修；负责旅客遗失物品及药箱的管理；负责本岗位突发情况汇报及处理；监督本岗位作业区域的保洁工作质量。

6. 站台客运员工作职责

按规定接送动车组列车；负责迅速安全有序地组织旅客乘降并做好相关服务工作；负责站台闲杂人员的清理；做好站车交接工作和突发事件的应急处理；负责解答旅客问询，受理旅客投诉；监督本岗位作业区域的设施设备运用状态及保洁工作质量，发生问题及时报修。

7. 出站口客运员工作职责

负责区域内闲杂人员的清理，做好旅客出站宣传工作，维持出站秩序；负责组织、引导旅客检票有序出站；负责办理旅客补票业务；负责本区域自动检票机、补票机等客运设施设备的管理；负责解答旅客问询，受理旅客投诉；负责处理本岗位的突发情况；监督本岗位作业区域的保洁工作质量。

8. 综控室客运员工作职责

熟练掌握客服系统的操作方法，认真执行操作程序；负责客服系统日班计划核对，通报客运各岗位人员，并监控计划的执行情况；负责向车站各岗位及旅客发布动车组列车到发等相关信息；根据旅客乘降组织方案设置和调整检票计划；负责导向揭示、时钟等信息的监控；负责对站区实施有效监控；负责协调处理客服系统内的旅客求助；负责客运设备管理台账登销记，落实设备用、管、修制度。

9. 综控室计划员工作职责

负责售票数据的维护及核对工作，按时做好各项客流数据的统计工作；负责调度命令及有关文电的接收和处理；掌握客流变化情况，及时提出动车组运能的调整建议；负责在移动通信终端故障时，向列车长提报乘车人数和席位发售情况。

10. 给水员工作职责

负责动车组列车的给水工作；负责给水设备的检查、保管及报修工作；负责清理股道中的障碍物和闲杂人员，协助维护站场治安秩序；负责查看动车组列车背面安全情况，防止旅客或闲杂人员从背面爬车、钻车；及时处理本岗位的突发情况；监督本岗位作业区域的保洁工作质量。

（二）作业标准

1. 售票、客运值班员作业标准

(1)班前准备

掌握动车组列车运行、客流变化情况、电报、命令、业务资料、重点承办事项等有关内容。做到有计划、有重点；检查仪容仪表。做到着装整齐、精神饱满；组织班前会，传达上级电报、命令和有关注意事项，按岗位要求布置工作。做到分工合理、任务明确；严格对岗交接制度，检查作业区域人员上岗、保洁质量、设备状态、定置管理等情况；发现问题，及时汇报。做到交接清楚、卫生达标、备品齐全。

(2)班中作业

①售票值班员

组织售票员按时上岗，检查开窗售票作业情况。做到分工明确，作业规范；掌握售票计划和动车组列车运行情况，组织售票员准确、快速的发售车票和办理改签、退票业务。做到情况清楚、组织合理；加强售票区域巡视，根据客流变化情况，合理调整售票窗口和自动售票机的使用数量。做到方便旅客购票，减少旅客等候时间；检查自动售票机运行状况。做到使用正常；

处理售票相关业务、受理相关投诉。做到按章办理，处理及时；妥善处理突发情况。做到反应快速，处理得当。

②客运值班员

组织客运员按时上岗，检查立岗作业情况。做到分工明确，作业规范；加强巡视，掌握旅客候车、乘降动态及重点旅客信息，督促客运员做好客运组织工作。做到巡视认真到位，信息掌握准确，组织安全有序；在规定的位置与动车组列车长办理重点事项及重点旅客交接。做到交接清楚，手续齐全；处理旅客投诉、审阅旅客留言簿等客运相关业务。做到处理及时，按章办理；及时妥善处理突发情况。做到反应快速、处理得当；遇动车组列车晚点时，做好宣传、解释工作，稳定旅客情绪。做到耐心解释，妥善处理。

(3)班后交接

检查责任区域设备设施、卫生保洁质量、定置管理等情况，发现问题及时汇报并办理交接登记。做到记录完整、交接清楚、责任明确；收集汇总重点旅客和重点事项信息，做好交接。做到信息全面、交接清楚；召开班后完工会，填写工作日志。做到工作有总结、问题有分析、整改有措施。

2. 售票员、自动售票机操作员、客运员、给水员作业标准

(1)班前准备

按规定统一着装，佩戴标识。做到仪容整洁，精神饱满；参加班前会，接受任务指示，了解动车组列车运行情况及重点事项。做到任务清楚、重点掌握；对岗交接，检查本岗位保洁质量、设备设施等情况。做到卫生达标，设备完好，备品定位。

(2)班中作业

①售票员

根据客流情况和发售规律请领票据，妥善保管。做到请领充足，清点签认盖章；按规定作业时间开窗售票。做到不晚开，不早关，作业中不无故离岗。

按照“问、输、收、做、核、交”的六字售票法进行售票。做到速度快、售票准、态度好；按照“接、问、输、收、做、核、交”的七字签证法进行改签。做到改签准确无误；按照“看、输、核、盖、交”的五字退票法进行退票。做到认真核对，不退无效车票和禁退车票；按照“关、点、填、交、核、登”的交班六字法进行交班。做到票、款、账相符，报表内容准确、填写规范。

②自动售票机操作员

请领钱箱、票卷和凭条纸卷，做好交接登记，并按操作规程安装。做到登记详细，操作准确；启动、调试自动售票机。做到操作正确，确保设备正常运行。

引导旅客正确使用自动售票机，处理旅客在自助购票过程中出现的问题。做到热情服务、耐心讲解。

监控自动售票机的使用情况，及时更换钱箱、票卷和凭条纸卷。做到更换及时、操作正确，确保自动售票机的正常使用。巡查自动售票机的工作状态，发现异常情况及时处理。无法处理时，通知设备维护员，并做好记录。做到巡查到位、处理及时、记录完整。

结账并退出售票程序，打印结账凭条，按规定上缴票款、票据。做到操作正确、交接及时。

③候车区客运员

引导旅客文明有序候车。做到主动热情、秩序良好。巡视候车区域，掌握旅客候车动态，做好重点旅客的细微服务，处理服务过程中的各类问题。做到全面服务、重点照顾。

执行首问首诉负责制，解答旅客问询，受理旅客投诉。做到用语文明，处理及时。

检票前，检查确认自动检票机、广播和导向揭示系统联动状态良好，做好旅客上车前的准备工作。做到检查及时，准备到位。引导旅客有序检票进站。做到旅客通行方便、快捷，无误放、漏检。

做好旅客遗失物品登记、缴交工作。做到公布及时、处理正确。做好药箱管理。做到登记规范、补充更换及时。

遇动车组列车晚点时，做好宣传解释工作，稳定旅客情绪。做到耐心解释，用语规范。责任区内出现突发情况，及时汇报，妥善处理。做到沉着果断，措施得当。

④站台客运员

维持站台秩序，及时清理站台障碍物和闲杂人员。做到"一车一清"。迎送动车组列车时，距站台边沿 2 m 处立岗，面向列车，目迎目送，列队成线，加强安全防护。做到姿势规范，防范及时。

按规定程序组织引导旅客乘降，宣传安全事项，照顾重点旅客。中途站应提前组织旅客在站台排队等候。做到乘降安全有序。

与列车长办理交接事项，处理相关客运业务。做到交接及时清楚、处理得当。妥善处理突发情况。做到及时汇报、处理得当。

⑤出站口客运员

按时上岗，维持出站口秩序，做好旅客出站宣传工作，及时清理出站口障碍物和闲杂人员。做到通道畅通，旅客通行方便、快捷。

做好自动检票机和补票机管理。做到使用正确，报修及时。做好到补票据票款管理。做到票、款、账相符，无票据票款丢失。发现旅客违章乘车时按章处理。做到纠正违章态度和蔼，处理问题实事求是。妥善处理突发情况。做到及时汇报、处理得当。

⑥综控室客运员和计划员

熟练掌握客服系统集成管理平台的导向揭示、广播、检票、监控、求助、寄存等各系统的功能及操作规程，正确使用客服系统设备设施。做到使用正确，确保系统运行状态良好。

根据上级文电、命令、指示及时调整客服系统计划。做到调整及时，确保信息准确、完整。接到相关文电、命令时，通过集中管理平台将有关内容传达给相关人员，做好交接登记。做到准确无误，无漏传、错传。

监控设备运行状态，发现故障及时报修，并做好报修台账的登记，确保设备正常，系统畅通。做到监控到位，保修及时，登记完整。

a. 广播管理

编制广播计划，上报值班员审批，并监控计划自动执行情况，确保广播信息及时准确，漏播、不晚播、不错播。做到编制准确，上报及时，监控到位。

根据客运组织计划变更信息，及时调整广播计划，必要时进行人工广播。做到播报准确，音量适宜。

遇动车组列车晚点及时通告，晚点超过 15 min，代表站长播放致歉词，每次间隔不超过 30 min。做到通告及时、播放正确。

遇有特殊情况正确启动广播应急系统。做到启动及时，播音正常。

b. 导向揭示管理

对每日生成的导向揭示计划自动执行情况进行监控，必要时进行人工干预，确保服务信息的准确性。做到监控到位、干预及时、信息准确。

及时更新所有对外揭示,确保服务信息的及时性和准确性。做到更新及时,信息准确。

c. 监控管理

对站区实施有效监控。做到监控到位,不留死角。

发生异常情况,及时汇报处理。在监控权限范围内回放、浏览摄像视频信息。做到汇报及时,处理得当。

d. 求助管理

处理旅客求助。做到响应迅速,处理及时。

无法自行处理时,根据实际情况通知相关岗位进行处理。做到通知及时、处理得当。

e. 计划管理

检查、核对席位库情况,复核命令执行情况,发现问题及时汇报处理,确保数据准确无误做到核对认真,处理及时。

加强票额管理,正确掌握动车组列车编组和运能,根据客流情况,提出加开、停运动车组列车和票额调整的建议。做到掌握全面、建议合理。

接收调度命令,做好核对、登记并及时传达到相关岗位。做到准确登记,传达及时。

做好各项数据的统计、分析、上报工作,建立台账资料,掌握客流变化规律。做到统计精确,分析全面,上报及时。

⑦给水员

按规定作好安全防护措施,及时立岗接车。做到立岗姿势端正、措施得当。按规定路线进入股道,清理股道中障碍物,检查给水设备是否完好,发生设备故障时,及时报修。做到作业规范、报修及时,确保设备设施作用良好。

使用钥匙将动车组列车注水口挡板门打开,并将上水管接头与动车组列车注水口连接。做到操作规范、连接正确。使用无线遥控操作上水控制机启动注水程序(有自动给水设备时,以下同)。做到启动及时,操作准确。

动车组列车给水结束,给水员锁闭注水口挡板门,检查水管回卷情况,发生上水管接头未自行脱落及水管未及时回卷的现象,应迅速进行手动操作;给水组长全列巡查,确保注水口挡板门处于锁闭状态和水管回卷到位。做到检查细致、反应迅速。

当出现停电或系统发生电气故障,丧失自动给水功能时,启动手动给水方式。做到反应迅速,启动及时。

给水作业完毕,给水组长通过对讲机向客运报告。做到报告及时,双方确认。注意查看列车背面安全情况,防止旅客或闲杂人员从背面爬车、钻车,横跨股道。确保旅客人身安全和动车组正点运行。做到措施到位,防范及时。

特殊情况未给水或补水不足时及时通报站台客运员,并做好登记。做到报告及时,登记完整。给水作业完毕后,在规定岗位立岗送车。做到立岗及时、姿势端正。

(3)班后交接

检查本岗位设备备品、卫生保洁质量、物品定置管理等情况,向值班员汇报重点旅客信息。做到卫生达标,设备良好,备品定位。

对岗交接,对本岗位设备及重点旅客信息等事项办理交接。做到交接清楚,责任明确。

参加班后完工会,汇报本岗位工作情况,听取值班员对本班工作的总结。做到准时参加,汇报工作实事求是。

(三)客运专线车站客运业务资料配置标准(见表 4-1)

表 4-1 客运专线车站客运业务资料配置标准

顺号	名　称	客运室	综控室	售票处	保管期限	备注
1	《铁路旅客运输规程》	△	△	△	有效	
2	《铁路客运运价规则》	△	△	△	有效	
3	《铁路旅客办理细则》	△	△	△	有效	
4	《铁路旅客运输管理规则》	△	△	△	有效	
5	《铁路客运专线技术管理办法(试行)》(高铁配备 300～350 km/h)	△	△	△	有效	
6	局《客运专线车站旅客运输服务作业标准》	△	△	△	有效	
7	客运记录	△			年度	
8	电报	△			年度	
9	旅客遗失物品登记簿	△			年度	
10	客运专线规章文电汇集簿	△	△	△	有效	
11	动车组列车编组表	△	△	△	有效	
12	全国铁路客运接算站示意图	△	△	△	有效	
13	市内交通图	△			有效	
14	岗位责任制	△	△	△	有效	
15	交接班簿	△	△	△	有效	
16	客服设备运行状态记录簿		△		有效	

第二节 高速铁路旅客运输组织

一、高速铁路客运规章

(一)车票的作用

车票是铁路旅客运输合同的乘车凭证,同时也是旅客加入铁路旅客意外伤害强制保险的凭证。

铁路旅客运输合同是明确承运人与旅客之间的权利和义务关系的协议。起运地承运人与旅客订立的旅客运输合同对所涉及的承运人具有同等约束力。

铁路旅客运输合同从售出车票时起成立、至按票面规定运输结束旅客出站时止,为合同履行完毕。旅客运送期间自检票进站起至到站出站时止计算。铁路旅客运输合同的订立,明确了承运人和旅客双方的基本权利和义务。

(二)乘坐动车组列车的相关规定

1. 旅客不能按票面指定的日期、车次乘车时,应当在票面指定的日期、车次开车前办理一次提前或推迟乘车签证手续,特殊情况经站长同意可在开车后 2 h 内办理。持动车组列车车票的旅客改乘当日其他动车组列车时不受开车后 2 h 内限制。团体旅客不应晚于开车前 48 h。

2. 旅客在发站办理改签时,改签后的车次票价高于原票价时,核收票价差额;改签后的车次票价低于原票价时,退还票价差额。

旅客办理中转签证或在列车上办理补签、变更席(铺)位时,签证或变更后的车次、席(铺)

位票价高于原票价时，核收票价差额；签证或变更后的车次、席(铺)位票价低于原票价时，票价差额部分不予退还。

3. 持通票的旅客在中转站要求换乘动车组列车时，补收乘坐动车组列车区间原票票价与动车组列车票价差额。

4. 乘坐动车组列车的旅客如中途下车，未乘区间车票失效。

5. 动车组列车车票当日当次有效，全程在铁路运输企业管内运行的动车组列车车票有效期内由企业自定。

6. 动车组丢失车票的处理：

车票是有价证券。是不记名的乘车凭证。乘坐动车的旅客丢失车票应另行购票。

(1)旅客丢失车票应另行购票。在列车上应自丢失站起(不能判明时从列车始发站起)补收票价，核收手续费。

(2)列车上补票时，注明丢失。由于站车工作人员工作失误，造成旅客车票丢失时，站车均应填发代用票，在记事栏内注明“因某某原因丢失”，将款额剪断线全部剪下随丙联上报。

(3)旅客丢失车票另行补票后又找到原票时，列车长应编制客运记录，连同原票和后补车票一并交给旅客，作为旅客在到站出站前退还后补车票的依据。列车长与车站办理交接时，车站不得拒绝。处理站在办理时，填写退票报告，并核收退票费，列车长编制的客运记录随退票报告联一并上报。

(三)不符合乘车条件的处理

为了维护旅客的运输秩序，保障旅客正常旅行，铁路规定了旅客乘车条件，列车对乘车旅客应验票，对必须持证购买的减价票和各种乘车证的旅客应当核对相应的证件。验票应打查验标记。对违反乘车条件的旅客和人员，区别情况，妥善处理。

1. 对有意违反乘车条件的旅客和人员，除按以下规定办理外，铁路运输企业有权对其身份进行登记，并必须加收已乘区间应补票价50%的票款，核收手续费。

(1)无票乘车时，补收自乘车站(不能判明时自始发站)起至到站止车票票价。持失效车票乘车按无票处理。

(2)持用伪造或涂改的车票乘车时，除按无票处理外并送交公安部门处理。

(3)持站台票上车并在开车20 min后仍不声明时，按无票处理。

(4)持用低等级的车票乘坐高等级列车、铺位、座位时，补收所乘区间的票价差额。

(5)旅客持半价票没有规定的减价凭证或不符合减价条件时，补收全价票价与半价票价的差额。

2. 对由于某种原因造成不符合乘车条件的旅客和人员，应按下列规定办理，并核收手续费：

(1)应买票而未买票的儿童按规定补收票价。身高超过1.5 m的儿童使用儿童票乘车时，应补收儿童票价与全价票价的差额。

(2)持站台票上车送客未下车但及时声明时，补收至前方下车站的票款。

3. 下列情况只核收手续费，但已经使用至到站的除外：

(1)旅客在票面指定的日期、车次开车前乘车的，应补签。

(2)旅客所持车票日期、车次相符但未经车站剪口的，应补剪。

4. 旅客携带品的范围

为了照顾旅客旅行生活的便利，旅客可以将旅行中所需的必须物品如提包、背包、行李等带入乘坐的客车内，但该物品的需要旅客自行负责看管，除了非因铁路自身原因导致物品遗失、损毁等由铁路依据相关办理。为了维护站车的良好运营秩序，确保旅客的运输安全，方便旅客进出站、上下车以及保持良好的乘车环境，必须对旅客携带品的范围进行限制。同时为了满足广大旅客的知情权，铁路运输企业应在售票厅、候车室和旅客列车内以及利用相关媒体加强对旅客携带品的宣传，以杜绝旅客将违禁物品带进站、车。

5. 旅客乘坐高速铁路携带品的范围：

(1)免费携带品重量的限制

旅客免费携带品的重量建立在广泛的调查基础之上，通过我国一般乘坐高速铁路的旅客正常旅行时随身携带物品的重量并考虑客运车辆正常的负载能力，在保证旅客列车安全正点的基础上，对旅客携带品的重量做以下规定：成人允许免费携带 20 kg，儿童(包括免费儿童)10 kg。

(2)免费携带品体积的限制

旅客免费携带品体积的规定，依据高速客车摆放携带品的行李架与座位下所有空间的总容积，按照客车定员数，计算每位旅客平均占有容积，然后对该容积进行分解为长、宽、高的尺寸加总得出的旅客携带品的体积限制：乘坐动车组旅客携带品每件物品外部尺寸长、宽、高之和不超过 130 cm 携带品由旅客自行保管，对超过规定的携带物品，应提前办理托运手续。但鉴于目前高铁车站并未开通相应的行包托运办理业务，旅客可根据所持客票当中的发到站内容，到相应的既有线车站办理。

残疾人旅行时代步的折叠式轮椅可免费携带并不计入上述范围。

6. 禁止携带的物品和部分限量携带的物品：

下列物品不得带入车内：

(1)国家禁止或限制运输的物品；

(2)法律、法规、规章中规定的危险品、弹药和承运人不能判明性质的化工产品；

(3)动物及妨碍公共卫生(包括有恶臭等异味)的物品；

(4)能够损坏或污染车辆的物品；

(5)规格或重量超过上述规定的物品。

车站和列车要做好禁止携带品的宣传，严禁旅客非法携带易燃、易爆、毒害性、腐蚀性、放射性、传染病病原体等物品及枪支、弹药、管制刀具等可能危害公共安全的物品进站乘车。不得随身携带管制刀具以外的菜刀、餐刀、大型水果刀、工艺品刀、剪刀、钢(铁)锉、斧子、锤子等利器、钝器。旅客应自行取出并接受进一步检查。对拒绝接受安全检查或坚持携带上述物品的旅客，铁路安检工作人员依法禁止其进站乘车。

禁止携带物品目录如下：

(1)枪支、械具类(含主要零部件)，包括：公务用枪(手枪、步枪、冲锋枪、机枪、防爆枪等)、民用枪(气枪、猎枪、小口径射击运动枪、麻醉注射枪等)，其他枪支(仿真枪、道具枪、发令枪、钢珠枪、催泪枪、电击枪、消防灭火枪等)，具有攻击性的各类器械、械具(警棍、催泪器、电击器、防卫器、弓、弩等)。

(2)爆炸物品类，包括：弹药(各类炮弹和子弹等)，爆破器材(炸药、雷管、导火索、导爆索、爆破剂、手雷、手榴弹等)，烟火制品(礼花弹、烟花、鞭炮、摔炮、拉炮、砸炮、发令纸以及黑火药、烟火剂、引线等)。

(3)管制刀具，包括：匕首、三棱刀(包括机械加工用的三棱刮刀)，带有自锁装置的弹簧刀以及其他的类似的单刃、双刃、三棱刀等。

(4)易燃易爆物品,包括:易燃、助燃、可燃毒性压缩气体和液化气体——氢气、甲烷、乙烷、丁烷、天然气、乙烯、丙烯、乙炔(溶于介质的)、一氧化碳、液化石油气、氧气、煤气(瓦斯)等,易燃液体——汽油、煤油、柴油、苯、乙醇(酒精)、丙酮、乙醚、油漆稀料、松香油及含易燃溶剂的制品等,易燃固体:红磷、闪光粉、固体酒精、赛璐珞等,自燃物品——黄磷、白磷、硝化纤维(含胶片)、油纸及其制品等,遇水燃烧物品——金属钾、钠、锂、碳化钙(电石)、镁铝粉等,氧化性物质和有机过氧化物——高锰酸钾、氯酸钾、过氧化钠、过氧化钾、过氧化铅、过醋酸、双氧水等。

(5)毒害品,包括:氰化物、砒霜、鼠毒强、汞(水银)、剧毒农药等剧毒化学物品以及硒粉、苯酚、生漆等。

(6)腐蚀性物品,包括:盐酸、硫酸、硝酸、氢氧化钠、强氧化钾、蓄电池(含氢氧化钾固体或注有碱液的)等。

(7)放射性的物品,包括:放射性同位素等。

(8)传染病病原体,包括:乙肝病毒、炭疽病毒、结核杆菌、艾滋病毒等。

(9)《铁路危险货物品名表》所列出上述物品以外的其他物品以及不能判明性质可能具有危险性的物品。

(10)国家法律、行政法规规定的其他禁止乘客携带的物品。

7. 限制携带物品:

为方便旅客的旅行生活,限量携带下列物品:

(1)气体打火机 5 个,安全火柴 20 小盒。

(2)不超过 20 mL 的指甲油、去光剂、染发剂。不超过 100 mL 的酒精、冷烫精。不超过 600 mL 的摩丝、发胶、卫生杀虫剂、空气清新剂。

(3)军人、武警、公安人员、民兵、猎人凭法规规定的持枪证明佩带的枪支子弹。

(4)初生雏 20 只。

8. 旅客违章携带物品的规定:

(1)在发站禁止进站上车。

(2)在车内或下车站,对超过免费重量的物品,其超重部分应补收四类包裹运费。对不可分拆的整件超重、超大物品、动物,按该件全部重量补收上车站至下车站四类包裹运费。

(3)发现危险品或国家禁止、限制运输的物品,妨碍公共卫生的物品,损坏或污染车辆的物品,按该件全部重量加倍补收乘车站至下车站四类包裹运费。危险物品交前方停车站处理;必要时移交公安部门处理。对有必要就地销毁的危险品应就地销毁,使之不能危害并不承担任何赔偿责任。

没收危险品时,应向被没收人出具书面证明。

(4)如旅客超重、超大的物品价值低于运费时,可按物品价值的 50% 核收运费。

(5)补收运费时,不得超过本次列车的始发和终点站。

对违章携带的物品补收运费时,一律填写客运运价杂费收据,注明日期、发到站、车次、事由、件数、重量。

(四)旅客遗失物品的处理

1. 对旅客的遗失物品应设法归还原主。如旅客已经下车,应编制客运记录,注明品名、件数等移交下车站。不能判明时,移交列车终点站。

2. 客流量较大的车站应设失物招领处。失物招领处对旅客遗失物品应妥善保管，正确交付。遗失物品需通过铁路向失主所在站转送时，物品在 5 kg 以内的免费转送；超过 5 kg 时，到站按品类补收运费；但对不得带入车内所列的物品及食品不办理转送。

(五)铁路员工乘坐动车组管理

1. 持有各种铁路乘车证的铁路员工乘坐动车组时，应到车站办理签证手续，按签证号乘车。

2. 乘坐动车组列车的铁路员工，乘车证只能办理动车组二等车的签证。

3. 铁路员工办理公免签证时必须证件齐全。不办理动车组列车异地公免签证。

4. 持有签证的铁路员工应与动车组旅客一并经专用通道进站上车，服从车站组织。车站和列车发现铁路员工未签证强行进站或乘坐动车组列车时可查扣其证件，并及时报告铁路局。

5. 动车组列车工作及添乘人员不得占用旅客座席，列车上不办理有席位补票。

二、高速铁路动车组乘务组织

(一)旅客列车乘务组的组成和人员要求

1. 乘务组的组成

铁道部《动车组列车旅客运输管理暂行办法》规定列车乘务组由列车长、列车员、乘警、随车机械师和司机组成。列车上保洁、餐饮公司由社会专业公司承担时，其员工视同列车乘务组成员。列车乘务组人员应当各司其职，在为旅客服务上，接受列车长统一领导。

客运乘务组根据交路实际需要一般采用轮乘制或包乘制。客运乘务组由一名列车长和两名列车员组成，动车组重联时，按两个乘务组配备。编组 16 辆的动车组对以上运行时间较长的动车组可适当增加客运乘务人员。

客运乘务组承担服务旅客、处理票务、检查列车保洁、餐饮工作质量等工作。发生影响旅客安全问题时，客运乘务组应当立即采取有效措施，保护旅客安全。

2. 人员基本要求

(1)客运人员应当具备高中及以上文化程度，能够熟练使用计算机和站车相关设备设施，掌握服务类常用英语会话，具有良好的语言文字表达能力和服务技巧，身材匀称、五官端正，女性身高一般不低于 1.60 m，男性身高一般不低于 1.70 m。

(2)客运人员应当按照规定岗位职责进行岗前培训，经考试合格取得上岗资格，由铁路局统一颁发上岗证，持证上岗并应当定期进行脱产培训。

(3)上岗前应当经过铁路安全知识、应急演练和设备操作培训。培训考核证由铁路局负责。

(4)餐饮、随车保洁人员应五官端正、身材匀称。餐饮、保洁人员上岗前应委托站段进行铁路安全知识培训，经考试合格后，由站段审核发证，持证上岗。上岗时应穿着统一服装、佩戴工号牌。

(5)餐饮、保洁乘务组人员应当保持相对稳定。遇有人员变动应当通知列车担当铁路局客运处。

(6)遇特殊情况需要餐饮、保洁人员便乘接车时，应当由铁路局客运处填发“餐饮保洁人员便乘单”乘车。

(7)持“餐饮保洁人员便乘单”乘车的人员不得与旅客争抢座位。

3. 列车内服务设施

动车组列车要在多功能室配置急救药箱，药箱按规定配备必要的非处方药品、器械和材料，并建立旅客用药登记制度。

列车多功能室只能用于照顾伤、病旅客，列车乘务人员不得占用，不得储物或改做他用。

动车组列车应配备笔记本电脑、站车客运信息无线交互系统、手持终端机、电子移动补票机，补票机要规范管理，保持性能良好，票据的使用、管理按照《铁路运输收入管理规程》中有关规定办理。动车组列车乘务人员配备对讲机。

列车乘务人员在列车运行中应当注意对列车安全设备的管理，制止搬动、触碰安全设备等不安全行为。严禁任何人在列车运行中打开气密窗，禁止任何人进入司机室。

动车组列车始发、终到站要加强对需要进站上车作业的餐饮、保洁人员和车辆的安全管理。制定有效地管理办法并签订安全协议。餐饮、保洁人员及车辆必须凭证进出车站。

(二)人员配备与隶属关系

(1)动车组运行应配备本务司机、随车机械师、客运乘务人员和乘警；运用所应配备地勤司机、行安设备检修人员、地面检修维护人员、动车组车内保洁人员等。

(2)动车组本务司机、地勤司机隶属机务段管理，地勤司机派驻运用所。司机须经铁道部组织的动车组司机理论培训，并经路局组织相应的实作培训，考核合格，持《铁路岗位培训合格证书(CRH)》上岗。

(3)随车机械师、存放点车辆调度、地勤机械师隶属车辆段管理，随车机械师、地勤机械师须经铁道部组织的动车组随车机械师或检修运用人员理论知识培训，并经铁路局组织相应的实作培训，考核合格，持《铁路岗位培训合格证书(CRH)》上岗。

(4)客运乘务人员(列车长、列车员)隶属客运段管理。客运乘务人员须经铁路局组织的动车组设备使用培训，熟悉动车组车厢内上部服务设施的操作和设备操作注意事项，并经考核合格，持《铁路岗位培训合格证书(CRH)》上岗。

(5)公安乘务民警隶属公安处乘警支队，值乘民警须熟悉动车组车厢内安全和消防设施、设备的操作及注意事项。

(6)行车安全设备检修人员分别隶属既有专业体系管理。ATP、LKJ2000检修人员隶属电务段，接触网检测设备检修人员隶属供电段，CIR设备检修人员隶属铁通公司，各检修人员须经铁路局组织的动车组理论、实作培训，考核合格后，持《铁路岗位培训合格证书(CRH)》上岗。

(7)动车组车体外皮清洗(含人工清洗、洗车机操作)、库内吸污人员隶属车辆段管理；车内保洁、随车保洁人员隶属客运段管理，动车组司机室保洁隶属机务段管理；车站吸污人员隶属车站管理。

(三)客运乘务管理

1. 乘务作业

客运乘务组人员应于列车始发(含折返站)开车前30 min列队在列车停靠站台接车(上车)。

站车交接CRH_2型在7号车厢(一等座车)位置办理。CRH_5型在列车运行前端一等座车位置办理。

车站开始放行后，列车长在7号车厢、列车运行前端一等座车处与车站办理业务交接手续和处理相关业务事项，其他列车人员按照分工对车门乘降情况监视，及时处理乘降问题。

2. 关门及开车

车站应于开车前 1 min 开放出站信号机，并执行机车联控。联控用语为：车站值班员呼叫："动车××次，×站×道出站信号好了，(去××方向)。"

动车组司机应答："动车××次×道出站信号好了，(去××方向)，司机明白。"

(1)CRH_5 型动车组

列车长在确认旅客上下完毕后(两组动车组重联时，前进方向后组动车组列车长确认本组旅客上下完毕，向前组动车组列车长汇报。前组动车组列车长在确认全列旅客上下完毕后)。使用对讲机呼叫

"动车××次司机，旅客上下完毕，请关门。"

动车组司机应答："动车××次司机明白。"

动车组司机操作控制开关关闭车门，操作台关门显示正确，确认出站信号开放，口呼"车门关闭、信号开放"，确认开车时间，然后启动列车。

(2)CRH_2 型动车组

列车长在确认旅客上下完毕后(两组动车组重联时，前进方向后组动车组列车长确认本组旅客上下完毕，向前组列车长汇报。前组动车组列车长在确认全列旅客上下完毕后)，使用对讲机呼叫"动车××次机械师，旅客上下完毕，请关门"。随车机械师操作控制开关关闭车门。

动车组司机确认操作台关门显示正确、出站信号开放后，口呼"车门关闭、信号开放"，确认开车时间，然后启动列车。

3. 到达及开门

(1)动车组列车必须做到一次对标停车，无特殊原因禁止再次移动列车。

(2)CRH_1、CRH_2、CRH_5 型动车组停稳后，司机、随车机械师立即操作控制开关打开站台一侧车门。

(3)CRH_2 型动车组停稳后，动车组随车机械师(两组动车组重联时为前进方向前组随车机械师)，立即操作控制开关打开站台一侧车门(值乘司机不通知随车机械师)。

4. 立岗位置

CRH_2 型动车组随车机械师必须在客运营业站到达、开车前 5 min 在站台侧乘务员室准备开、关车门作业(乘务员室门须保持开启状态)。开车前列车长(两组动车组重联时为前进方向前组动车组列车长)在随车机械师位置前后、适当地点立岗，以便于确认旅客上下车完毕后及时通知随车机械师。站车交接在列车长立岗车厢处办理。

5. 运行时间在 3 h 以内的列车，一般只播放迎送词、服务设施介绍、安全提示、站名和背景音乐。运行时间超过 3 h 的列车，可在不干扰旅客休息的前提下，适当的增加播放内容。列车旅客信息服务及影音播放系统播放的内容应有客运部门提供，由车辆部门录入。

6. 动车组列车上每 400 km 应安排一次查验车票，单程不足 400 km 的至少安排一次。查验中发现无票旅客按有关规定办理补票手续。

7. 列车终到(含折返站)旅客下车完毕后，客运乘务组要对全部车厢进行巡视，检查有无旅客遗失物品。并在指定位置与车站客运值班员办理交接(在配属段终到时还须与地勤列车长办理交接)。完毕后，在站台集合列队退乘。

8. 动车组列车运行途中发生治安或其他突发事件时，乘警必须立即赶赴处理。需要对旅

客取证时乘务员要做好相关配合工作。

9. 动车组列车全列全程禁止吸烟。列车全体乘务人员(含列车长、乘警、机械师、列车员、餐饮和保洁人员)发现旅客吸烟时均有义务进行劝阻和制止。

三、高速铁路动车组餐饮管理

动车组列车餐饮经营必须坚持“以人为本、旅客至上”服务理念，运用全新的经营管理和服务模式，为旅客提供质优价廉、品种丰富的餐饮食品，满足不同层次旅客的需求，打造客运专线动车组列车餐饮服务品牌。

1. 基本要求

(1)动车组列车餐饮服务由专业餐饮经营单位承担。为动车组提供餐饮服务的单位必须通过 ISO9000 或 HACCP 质量认证。列车销售的食品、饮品应当为全国名优产品，并有“QS”标志。

(2)承担动车组列车餐饮服务的单位必须严格遵守国家食品安全法律法规以及铁道部、铁路局(集团公司)有关规定，建立健全食品采购、加工、运输、存储、销售等环节的管理和考核制度，客运段要加强对餐饮服务单位经营过程的监督管理，确保餐饮安全和质量。

(3)动车组列车上销售的食品和商品必须由餐饮经营单位统一采购、配送，实行明码标价、一货一签，并有“CRH”标记。餐饮经营单位销售人员应将上车食品和商品的出库单交列车长保管备查。

(4)车站要对餐饮经营单位配送工作提供便利，餐饮经营单位要按车站指定路径进出，加热后未售出的食品严格实行定时报废制度。在动车组列车上，报废的食品在未处理前应醒目标明“报废”字样存放。

(5)餐饮经营单位服务人员负责动车组运行中餐车的清洁卫生。餐车展示柜布置应当丰富美观，其他商品、备品存放不得侵占通道和影响安全。动车组列车到站、开车时，餐饮服务人员应当在餐车门内规定位置立岗迎送旅客。

(6)动车组列车供应的食品、饮品应当品种丰富，价格合理。餐饮经营单位应当经常征求旅客对饮食服务的意见，并根据旅客意见调整供应品种、品质，改善餐饮服务质量。

(7)动车组列车餐车内的餐饮相关设备由餐饮经营单位负责日常使用、保养，确保设备运用状态良好。

(8)动车组“六乘人员”的用餐由餐饮服务单位提供，按各局规定标准收费。乘务餐应当保证份量充足、营养搭配合理。

2. 餐饮供应

(1)制订科学合理、营养健康、绿色环保的餐饮品种体系，针对不同区域、不同季节、不同时段、不同层次旅客的需求，提供规范标准的餐饮产品。

(2)餐饮品种应品类丰富、口味多样、方便快捷，能够根据旅客的要求及时调整。

(3)餐食成品的各项主辅料搭配要定量化，设置科学合理的上下限标准，并在外包装中标明。

(4)餐饮营养搭配合理，各种营养素含量符合国家有关标准。

(5)餐饮应质价相符、物有所值，满足旅客旅行中的基本餐饮需求，要充分考虑铁路票价和乘客的消费水平，提供高、中、低档不同的供应方案。对于旅客必需的餐饮品种，要坚持保本微利原则，对于非必需的餐饮品种，可根据市场情况提供差异化服务。乘务餐不得高于成本价。

(6)餐食原料绿色化，不提供以野生保护动、植物为原料的食品。餐具环保化，一次性餐盒必须可降解或可回收。餐食应符合列车环境要求，禁止销售存在旅客人身安全隐患、影响列车环境卫生的食品。

3. 食品要求

(1)实行烹调加工的配送食品，冷藏温度持续不高于 10 ℃，供餐前应经充分加热，加热后中心温度应持续不低于 60 ℃；无适当存放条件的，存放时间不得超过 2 h。

(2)预包装食品应标明生产厂名、厂址、生产时间、保质日期和食用方法，符合国家卫生标准。

(3)一次性餐、饮具必须符合《一次性可降解餐饮具通用技术条件》(GB 18006.1—1999)标准，达到绿色环保要求；餐饮具必须洗净消毒，符合《食(饮)具消毒卫生标准》(GB 14934—1994)。

(4)为旅客提供餐饮服务的动车组应配备必要的食品储存、加热、冷藏或热藏、水池、餐(饮)具消、保洁等设施、设备，并做到安全无害、清洁卫生。餐饮具、食品应定位存放，避免生熟混放、混用。

4. 餐饮包装

(1)餐饮外包装必须标明餐饮成分、食用方法、保质期、生产日期、质量安全图示等标示。

(2)包装材料必须选择可重复使用、可回收利用或可降解的材料，确保印制或粘贴的标识标签无毒，且不直接接触食品。

(3)CRH 商标的使用要严格按《商标使用许可协议》施行。CRH 商标应印制在产品外包装的显著位置，未经许可，餐饮服务运营商不得标注自有商标/标识。

5. 销售服务

(1)销售服务规范，销售方式新颖，销售工具先进，销售价格透明，服务态度温馨，就餐环境宜人。

(2)车上销售人员不少于 3 人，最多不得超过 5 人。

(3)销售人员聘用条件符合《动车组列车旅客管理办法》(铁运〔2007〕23 号)的要求。餐饮配送和销售人员应经过铁路知识和专业技能培训，持证上岗。

(4)销售人员要树立热情、文明、自信的专业形象。服装得体大方，语言文明礼貌。

(5)车上餐饮经营必须备有发票。

(6)移动售货在列车始发 10 min 后方可开始，终到前 10 min 停止。不得叫卖、兜售，不允许使用对讲系统，不干扰旅客。服务过程中主动避让旅客。售货小推车应印有 CRH 商标，具有良好的防撞、刹车性能。不得影响旅客侧身通行。

(7)餐车经营要确保环境整洁，秩序良好。餐饮宣传品摆放位置合适，不得粘贴。列车终到前，服务人员要及时整理餐车，恢复原貌。餐车备品符合国家环保要求，印有 CRH 商标。

(8)未经同意，不得在动车组列车上发布任何广告。

(9)运行途中的饮用桶装水由销售人员负责更换，折返站饮用桶装水由餐饮服务运营商负责配送。

(10)餐食垃圾必须采用专用回收工具和容器，及时分类回收，达到全密封，不渗漏，杜绝交叉污染。列车终到后将回收物交接到指定地点，进行集中处理。

四、高速铁路动车组保洁管理

1. 基本要求

(1)动车组列车保洁工作由与铁路局(集团公司)签订保洁合同的专业保洁工承担,保洁公司应当具有 ISO9000 质量认证。

(2)保洁公司负责动车组列车保洁工作,客运站段负责保洁质量验收与考核。

(3)保洁作业应当爱护动车组列车设备,保洁使用的清洁剂类用品应当是经过认证机构认证的产品。客运、卫生监督、车辆等有关部门应当对保洁工作中涉及卫生环境质量和爱护站车设备等进行检查指导。

(4)动车组列车要通过广播、图形标志、电子显示屏、文字提示等形式向旅客广泛宣传环境保护和禁止吸烟规定,提示旅客不得随意丢弃杂物,爱护公共卫生。

(5)卫生防疫部门要按规定对动车组列车服务场所进行消毒、杀虫、灭鼠工作,客运部门、保洁公司要给予配合。

(6)餐饮、保洁单位应当遵守动车组列车有关管理制度,加强对现场服务质量的监督检查。餐饮、保洁单位管理人员登乘动车组监督检查时,应持有"动车组餐饮、保洁专用添乘证",供站车查验,监督检查应有检查记录。"动车组餐饮、保洁专用添乘证"由铁道部运输局填发,限登乘本公司担当的动车组。

2. 动车组车厢卫生和防疫要求

(1)车厢内微小气候、空气质量、噪声、照明符合国家《公共交通工具卫生标准(GB 9673—1996),禁止吸烟。

(2)空调通风设施应定期清洗消毒,定时强制通风,保持空气清洁。

(3)车厢内公共卫生设施性能良好,能够正常使用,车内卫生清洁,无积尘、无积垢、无杂物,座椅头枕片定期更换。

(4)厕所通风良好、无臭味,达到便池便器清洁、无积便尿垢,座便器应配备一次性垫圈。

(5)动车组应达到无鼠、蟑、虫、害的卫生要求,餐饮、食品售货场所需配备防鼠、防虫设施和药品。

(6)动车组必须取得公共场所卫生许可证,食品经营单位必须取得食品卫生许可证。动车组乘务人员、配送食品的从业人员及保洁人员均须持有效健康证明,并注明卫生知识培训合格。

(7)动车组应建立突发公共卫生事件处理预案和组织管理网络,配备急救药箱,保证药品器械齐全有效,做到专人保管,做好实用登记并及时补充药品器械;动车组应有兼职红十字卫生员,负责动车组运行途中身体异常旅客和乘务人员的现场急救处理。

(8)铁路卫生监督机构实行出库始发列车全列检查和折返始发、终到、中途重点检查制度。站车卫生监察进行现场监督检查,采取填写"旅客列车动车组卫生监督检查表",进行符合率判定并提出监督意见的方法。对违反《旅客列车动车组卫生监督管理暂行办法》的行为,依据有关卫生法律法规规定的法律责任予以行政处罚。

3. 动车组保洁工作模式及内容

(1)库内保洁

库内保洁指动车组在库内完成车体内外的全面保洁,包括动车组各车厢内各部位全面清洁,不含动车组驾驶室内保洁。

①餐车内部：清洁厨房空调口、天花板、微波炉、烤箱、服务台、垃圾桶、车内门缝、备份箱格、装饰板、化妆镜、餐台、餐桌、座椅、厨房地板。

②卫生间及洗脸间：清洁卫生间门、外壁板、厕所内壁板、天花板及厕所镜子、厕所垃圾桶、厕所纸架、厕所地面、厕所用品用具存入格；清洁洗手池、马捅、垃圾箱、垃圾投掷门和垃圾箱门、地板。

③车厢内：清洁列车内壁板、天花板、空调口、遮阳板、玻璃镜、窗台、小桌板、行李架、座椅扶手、座位靠背袋清理、门帘、地面卫生、座位方向调整、窗帘拉放。

④一等车车内地毯：保持地毯整洁、干净。日常运行中发现明显污脏的重点部位时及时清洗。

⑤列车外皮洗刷：清洗全列车门门框、窗框、车外皮及车梯。

⑥座椅干洗：原则上每季度对动车组无座椅套的座椅全面干洗两次，保持座椅整洁、干净。日常运行中发现明显污脏的个别座椅时，应在折返保洁时作为车内整备内容，及时干洗。

⑦备品整备：将动车组各车厢需配备的洗手液、香芯（芳香球）、卫生卷纸、面巾纸（盒装）、垃圾袋（分类配送）、清洁袋（放于座椅背袋）、靠头巾（套）、桶装饮用水、一次性垫圈（或卫生间消毒巾）、旅客须知、服务手册、报刊等备品进行规范整备。

⑧座椅转向列车始发前进方向，窗帘拉放至统一位置。

⑨清洁工具备品定位摆放、垃圾按指定点投放，保洁污水处理。

⑩库内保洁必须在列车进入车库起的 2 h 之内全部完成。列车进库之前，基地保洁领班应该将当天的保洁人员做好配比和具体安排；车库清洁期间，保洁领班或组长应该在保洁清洁质量的同时，控制好每道保洁工序的时间，并且做好现场调度和整合。

(2)折返保洁

折返保洁指动车组在折返站停车期间实行折返保洁。在规定时间内，对车厢迅速进行基本清扫和整理。

①卫生间：清洁卫生间内洗手池、便池、厕所壁棚、厕所镜、台面、洗手液瓶、纸架地板；清理垃圾（包括吧台垃圾）；清洁空气。

②车厢内：清洁地板、倒垃圾、清理座椅靠背袋、整理车容。

③其他：座椅转向列车始发前进方向，窗帘拉放至统一位置。

④清洁车窗上沿以下的车外皮、车梯，清洁工具备品定位摆放，规范投放垃圾、保洁污水处理。

(3)途中保洁

途中保洁指动车组运行途中由专业保洁人员随车开展保洁，保洁员随车对车内的环境卫生做到随脏随清。

①备品整备：将动车组需配备的洗手液、香芯（芳香球）、卫生卷纸、面巾纸（装）、靠头巾（套）、垃圾袋（分类配送）、清洁袋（放于座椅背袋）、一次性垫圈（或卫生间消毒巾）、防尘脚垫、旅客须知、服务手册、报刊等备品进行补充和规范整备。

②卫生间：收集处理厕所垃圾；清洁洗手池、便池、清洁厕所镜子、台面、洗手液瓶；清洁厕所垃圾桶、厕所纸架、厕所地板；清洁空气。

③车厢内：清扫地板、倒垃圾、洗脸间台面及地面。

④收集车内垃圾在指定车站投放。

(4)动车组保洁作业时间标准：库内保洁作业在列车出库前 1 h 完成；折返保洁在列车开

车前 10 min 完成，最短作业时间不得少于 5 min；途中保洁在列车运行中全程进行。

①库内保洁作业时间标准：列车入库前 30 min，保洁人员做好开工前准备，各就各位，定人定岗。列车进入车库后，保洁人员迅速进入各自岗位，对列车内外同时清洁，平均每列车清洁作业 1.5 h 以内。

②折返保洁作业时间标准：在列车到站前 10 min，保洁人员做好准备，定人定岗。列车停稳及旅客下完后，保洁人员要快速进入列车内，按照折返保洁标准做完保洁。

列车运行途中保洁公司安排保洁人员按照途中保洁要求提供随车保洁。其中卫生间、洗脸间的清理随时清扫。

(5)动车组保洁作业规定

①动车组保洁作业应纳入动车运用检修作业计划统一管理，服从动车运用所调度指挥，在规定的时段内完成。保洁人员作业前应向动车运用调度接受作业计划，作业完毕及时报告并办理相关签认手续。

②车体外部人工清洗时必须确认车顶接触网断电。应严格执行接触网断电作业制度，作业时由保洁人员提出断电申请，由动车运用所接触网供断电工负责断电操作。

③车体外部人工清洗不得使用高压冲洗设备，并避免直接用水冲洗电气部件、转向架及车体裙摆散热隔栅。冲洗动车组外墙时，应确认动车组侧门关闭，避免门滑道进水。

④采用自动清洗机作业时，应严格执行设备操作规程和安全规定。在轨道桥及高架地沟线作业时，须经二层作业平台或移动作业平台上、下动车组，使用梯子等清洁动车组外墙时，梯子端部必须包扎软质材料，避免碰伤动车组外墙。

⑤严禁操作动车组配电柜、司机室驾驶设备等与保洁作业无关设备。

⑥使用吸尘器等电器工具，应保证设备自身良好，使用客室外置电源插座，禁止擅自接电。保洁电器的技术规格须由运用所审核、备案，电器功率应控制在插座许用功率以内。

⑦清洗剂应使用中性偏碱性(pH 值为 7～8)，不得含磷、硅、亚硝酸盐物质，具有良好的乳化、润湿和去污性能，对油漆无损伤。严禁使用强酸、强碱和不明化学性质的清洗剂。

⑧保湿擦拭时应使用棉布等柔软材料，禁止使用钢丝球、刀片等锋利尖锐工具铲刮污垢。厕所便器、洗面盆等处污垢，可蘸少许清洁剂擦拭，客室内墙板、顶板、玻璃、门窗、小桌等，应使用半干半湿的软毛巾擦拭，污垢处可蘸少许清洁剂擦拭，清洁后及时消除残迹；洗面盆、冲便器、门等处的感应器外表面必须使用干燥的软布擦拭。

⑨车内地面清洁时，原则上应采取吸尘器、墩布等清洁工具，地面垃圾较多时，方可使用扫帚清扫，使用墩布前应将水拧干，严禁用水直接冲刷地板、通过台、厕所墙板、密接风挡。

⑩座椅和地毯等处纺织品上污垢的清洁，须在专业厂家指导下制定并执行专门的清洁工艺，使用专用的清洗剂。

⑪禁止敲击动车组车门、内外墙板及各类设备设施。登高作业不得踩踏座椅、小桌、洗手盆等设备。

⑫禁止向洗手盆及便器内投放杂物、排放污水。车上清扫出的垃圾，必须袋装化，在作业完毕后保洁部门统一运出处理，不得随意抛撒，不得遗留在动车所内。

⑬保洁作业结束后必须将打开的各处盖板、小门复位、关闭，并检查、确认工具和设备已撤出车辆限界之外，确保动车组移动安全。

⑭因保洁作业造成的外墙划伤、设备损坏等应由保洁部门承担相应的修复费用，动车运用所负责组织修复。

第五章　高速铁路车站安全管理

第一节　客运安全管理

高速铁路旅客运输安全工作必须坚持“安全第一，预防为主”的方针，全面加强车站安全基础管理，树立高速铁路车站安全、快速、便捷、优质的品牌形象。

一、基本要求

客运专线时速 300 km 及以上的动车组列车不得超员运输。有动车组停靠或通过的车站，应当对跨线候车室窗户或天桥加强管理，并有“禁止抛物”等相应的安全提示。

列车注水口处设有加锁式挡板门的动车组，上水人员在给列车注水结束后，应当锁闭挡板门并进行再确认。

站车要通过广播、图形标志、电子显示屏、文字提示等形式向旅客宣传安全常识、环境保护和禁止吸烟规定，提示旅客不得随意丢弃杂物。

动车组始发、终到站要加强对需要进站上车作业的餐饮、保洁人员和车辆的安全管理，制定有效的管理办法并签订安全协议。餐饮、保洁人员及车辆必须凭证进出车站。

动车组应接入固定站台并停于固定位置。站车有关工种应当紧密配合，组织旅客按照车厢号在标明车门位置处排队等候，有序乘降。

二、车站安全

车站必须建立有效的安全、消防组织机构，建立健全各项客运安全管理制度，对安全关键点有联防联控措施，非正常情况有应急处置预案。

（一）危险品检查

1. 车站对乘坐动车组列车的旅客及其所携带的行李物品必须进行安全检查，安检工作由公安部门全面负责管理。

2. 车站使用危险品检查仪实施安检工作。安检管理单位（部门）应保证设备技术状态良好，使用正常。安检人员必须经过岗位培训合格后持证上岗，执行职务时应佩戴《安全检查证》。《安全检查证》按照铁道部规定式样，由公安部门制作和发放。

3. 旅客拒绝接受检查或携带物品疑似为危险物品，但受客观条件限制无法认定其性质的，旅客又不能提供该物品性质和可以经旅客列车运输的检测证明时，车站有权拒绝其进站。

（二）旅客乘降安全

1. 客运人员在列车进站前要严格执行站台立岗制度，站车有关工种应当紧密配合，有序组织乘降。在客流较大时，要加强站台乘降组织力量。中途站应提前组织旅客在站台排队等候，并提示旅客不要越过安全线，发现旅客侵入安全线要立即制止，消除安全隐患。

2. 车站在确保旅客绝对安全和动车组列车正点运行的前提下，可根据实际情况确定停止旅客检票进站时间。站台客运人员要加强巡视，防止旅客抢上抢下、随车跟跑、攀爬车体，确保旅客安全。

3. 加强安全宣传，防止旅客踏空掉下站台或陷入站台与车体之间的缝隙内。做到扶老携幼，照顾重点。旅客持有较长杆状物品乘降时，要向旅客宣传将物品处于平行状态，防止触电伤害。

（三）站台安全

1. 站台客运人员必须及时清理站台，制止闲杂人员在站台逗留，做好“一车一清”工作。

2. 非作业车辆严禁进入站台，作业车辆必须在站台边缘内不少于 3 m 处指定区域与站台平行停放并派人看守。

3. 车站要在关键场所设置安全警示，防止旅客伤害事故发生；遇雨雪天气，应及时清除站台冰雪积水，采取防滑安全措施。

三、劳动安全

为进一步加强劳动安全关键点的安全控制，预防职工伤亡事故的发生，应建立健全劳动安全关键点卡控体系，制定劳动安全措施。

（一）基本要求

1. 在上班前不得饮酒，在执行职务时，不得与别人闲谈或做与本职无关的工作。工作前，要充分休息，保证工作时精力充沛、思想集中。

2. 在任何工作开始之前，均应首先检查使用的机械、设备和工具及工作有关事项，按规定穿好防护服。如有不安全现象，必须消除或采取安全措施后，方可进行。

3. 在任何情况下，均不得在机车、车辆、机械设备等下面或有倒塌危险、有毒气体和过分湿潮的地点附近休息、饮食、乘凉和避风雨。

4. 严格遵守铁路运输秩序。在任何情况下，均不得飞乘、飞降机车或列车。禁止在移动中的机车、车辆前方抢越线路。

5. 在接近线路通行或横跨线路，必须执行“一站、二看、三通过”的制度，应注意瞭望，确认无机车、车辆移动或列车驶近时，方准通行。在任何情况下，均不得抢越线路或在线路中心行走，严禁在道心、钢轨、枕木头上站立、坐卧休息，也禁止走道心和枕木头。

6. 遇恶劣天气时，要提高自我保护意识，严禁用衣帽、围巾遮盖耳目、妨碍视听。

7. 在有电区（有接触网区域）工作或横过接触网时，所持工件、物品应与接触网保持 2 m 的距离。

（二）上 水 员

1. 作业前按规定穿好防护服，戴好防护帽。

2. 上水员要在股道中规定位置立岗接送动车组，确认动车组停稳妥后，方准开始给动车组上水并于动车组开车前 3 min 完毕作业。

3. 上水员在作业中，身体要保持不侵入机车车辆限界，注意邻线机车、车辆运行，严禁坐卧钢轨、枕木头。

4. 相邻岗位作业人员相互监督，发现危及行车安全及人身安全的情况，要及时提醒和制止。

5. 作业中严禁以车代步，严禁在机车车辆前抢越通过。

6. 电气化区段上水人员不得向上洒水。

7. 遇冰、雪天气，需穿防滑草鞋防摔倒。

(三)站台客运员

1. 班前必须充分休息好。严禁班前及班中饮酒和私自换班、替班,班中不准擅离工作岗位,按规定着装,佩戴有关防护用品及用具。

2. 接送列车时应站在站台规定的安全线内,横跨股道时应走地下通道或人行天桥。

3. 在作业中或站台接送旅客时,严禁接打手机或者查看信息、戴耳机、耳塞。

4. 严禁摸黑开关电气设备,防止触电。

(四)机动车驾驶员

1. 站内驾驶车辆,司机必须携带驾驶证、行驶证。不准驾驶与驾照不相符的车辆。

2. 严禁酒后驾驶车辆,驾驶室内不得超额坐人,不得在行驶时吸烟、饮食、攀谈、打手机或做其他有碍安全行车的事情。

3. 严禁超速行驶,站台行驶限速 10 km/h,地道内行驶限速 5 km/h。

4. 下地道行驶靠右行驶,通过地道、下坡转弯时要连续鸣笛,打转向灯及远近光灯予以警示,防止车辆冲突和撞人,禁止在斜坡上停车。

5. 汽车进入站(库)内时,随车人员应乘坐在驾驶室内。在站台上及库内倒车、调头作业时,须有专人进行引导防护。

6. 驾驶员离车前取下钥匙,拉紧手刹,变速器设在相应挡位,切断电路,锁好车门。

7. 汽车发现异状或故障未修复前禁止上道。

四、消防安全

高速铁路车站的消防安全管理贯彻"预防为主,防消结合"的方针,坚持"铁路局统一领导、业务部门加强管理、专门机关指导监督"的原则,实行岗位防火责任制和标准化管理。要认真贯彻执行上级有关消防工作的规定和工作部署,制定车站消防管理规章制度及火灾事故应急预案,定期开展消防安全检查,及时发现和整改火灾隐患,开展消防安全教育培训,提高火灾预防和处置能力。

消防安全标准如下:

(一)旅客候车室

1. 室内隔断、座椅和其他家具应采用难燃性材料。

2. 安全出口不少于 2 个,出口处不宜设置铁围栏。

3. 疏散门开启应向外。

4. 候车室门不应设置旋转推拉式大门。

5. 室内疏散通道不应堵塞、加锁。

6. 室内消火栓配件齐全、整洁无杂物。

7. 应急广播系统完好。

8. 落实危险品检查,安全检查仪设备处于良好运行状态。

(二)计算机房(室)

1. 主机房、基本工作间装饰材料应选用非燃材料或防火材料。

2. 照明线宜穿管敷设,或在吊顶内穿钢管明敷。

3. 主机房采用活动地板可由钢、铝或其他阻燃材料制成,活动地板表面应是导静电的,严禁暴露金属部分。

4. 机房内电源切断开关应靠近工作人员的操作位置或主要出入口。

5. 电子计算机房内存放废弃物应采用防火盖的金属容器。

6. 电子计算机房内严禁吸烟，并设有“严禁吸烟”的标志。

7. 电子计算机房应有防鼠、防虫措施。

（三）商业网点

1. 经营场所的消防工作由经营单位负责，出租由承租方负责，出租单位管理。

2. 禁止在安全出口、疏散楼梯摆放摊位柜台、堆放物品，严禁挤占、堵塞、调整消防安全布局。

3. 候车室内餐饮场所禁止使用液化石油气罐。

4. 配备相应数量、能扑救A类火灾的灭火器材，灭火器材放置在明显、便于取用的地点。

5. 候车室内设置醒目的“防火标志”，严禁吸烟、严禁使用明火。

（四）共性部分

1. 站区内进行电焊、气割等动火作业，须经站区主管消防领导批准，并办理动火证后方可作业，作业人员应严格遵守操作规程，做好防护。

2. 站区内开办的旅社、饭店和其他公共娱乐场所应配置足够的灭火器材、应急照明和疏散指示标志齐全完好、消防通道和安全出口畅通，并具有铁路公安消防部门批准的消防许可证。

3. 安装或维修电线、电器必须由持专业合格证人员负责安装、维修，严禁私接乱安电线、电器。

4. 工作人员离岗，认真查看及时关闭电器开关，禁止在电器附近放置易燃物品。

5. 严禁铜、铁丝或其他物品代替保险丝。

6. 室外消火栓由水电部门定期维修，车站工作人员认真签字，保存记录，并做好测试。

7. 不得埋压、圈占消火栓，不得损坏、拆除、挪用、丢失消防设备器材。

8. 灭火器配置基准，每个配置点最少配置不应少于2具，最多配置不宜多于5具。

9. 手提式灭火器宜设置在挂钩、托架上或灭火器箱内，其顶部离地面高度应小于1.5 m，底部离地面高度不宜小于0.15 m。

10. 新进站人员（集体工、临时合同工）须经过车站消防安全培训，考核合格方准上岗。

11. 站区内水泵房、消防控制室人员须经过专业培训，持证上岗，坚守岗位并做好测试记录，发现异常应立即通知产权单位维修处理。

第二节　路风管理及票据现金安全

路风系指铁路的行业风气，是铁路的性质、宗旨和经营方向在运输企业和职工中的综合表现。路风工作是铁路精神文明建设、党风廉政建设和企业经营管理的组成部分。加强路风工作，对于提高职工队伍素质，提升运输服务质量，促进铁路发展，推进和谐铁路建设，具有重要作用。

一、路风管理

路风监察人员执行职务时，应持“路风监察证”，必要时佩戴“路风监察”臂章。铁道部路风监察证和臂章发至铁路局专职路风监察人员。

路风监察人员执行职务时，免予签证登乘各次列车（国际列车、进港直通车按有关规定办理），不受车种、席别限制；准予使用铁路电报、电话，在乘务员公寓食宿。路风监察人员执行职务时，被检单位要支持配合检查人员工作，并提供便利。任何单位或个人不得拒绝、阻碍或打击报复。

（一）路风问题分类

路风问题系指铁路单位和从业人员凭借职务或工作便利条件营私谋利，或违背职业道德，服务质量低劣，给旅客货主造成经济损失或精神、身体伤害，在路内外造成不良影响和后果的行为。主要包括以车谋私、以票谋私、乱收费乱加价、勒卡索要、粗暴待客、违规经营、违规贩运等七类。涉及车站客运工作人员的有以下规定：

1. 以票谋私

指凭借职务或工作之便，利用车票谋取私利的行为。

（1）违反售票纪律，利用批团体票、机动票、合同订票或切块、囤票等不正当手段为他人提供车票从中谋取私利。

（2）利用职务或工作之便，内外勾结倒卖车票。

（3）列车工作人员为旅客代办车票收取好处费，或收钱不补票，收长途钱补短途票，侵吞票款；为旅行团体代办车票提供方便，获取好处或不正当利益。

（4）私带无票人员、行包和货物，安排越席及其他不符合乘车条件人员。

（5）内外勾结霸座卖座、接送无票人员进出站上下车、装运超过票记重量、件数的行包货物从中谋取私利。

2. 乱收费乱加价

（1）违反国家、铁道部规定的运、杂费收费项目和标准，收取或变相收取不合理费用。

（2）在运输代理和客货延伸服务中，只收费不服务，多收费少服务，擅自设立收费项目、提高收费标准，或不提供合法票据。

（3）车站或票务管理部门不送票收取送票费，将车票票额切块给宾馆、饭店、旅行社等加价收费，自办售票点超标准收费，车站售票窗口或计划室搭收其他费用。

（4）车站或票务管理部门从客票代理销售点的乱收费乱加价中分成。

3. 勒卡索要

凭借职务或工作之便，采取刁难、要挟或威胁等手段，敲诈勒索旅客货主。

4. 粗暴待客

（1）对旅客货主语言污秽，行为粗鲁。

（2）有意设置障碍，刁难旅客货主。

（3）殴打旅客货主或限制旅客货主人身自由。

（4）严重侵害旅客货主人身权利构成违法犯罪的行为。

5. 违规经营

以提前进站、提供车票等手段误导旅客进茶座、休息厅等场所收取费用，或在代办转乘车船、住宿、旅游等业务中违背承诺，欺诈旅客。

6. 违规贩运

凭借职务或工作之便，利用列车搞营利性捎买带或携带禁运、限运物品。

路风问题分为重大路风事件、严重路风事件、一般路风事件和路风不良反映。

（二）路风问题分类与定性

1. 构成下列路风问题之一的，定为重大路风事件：

(1)以票谋私金额 3 000 元以上。

(2)乱收费、乱加价金额(从行为发生之日起累计计算,下同),客运在 100 000 元以上。

(3)私带无票人员、行包、货物,安排越席及其他不符合乘车条件人员,按已乘(运)区间票价(运价)计算,同时收取好处费的合并计算,金额在 3 000 元以上。

(4)其他造成特别恶劣影响,使路风路誉遭受严重损害的行为。

2. 构成下列路风问题之一的,定为严重路风事件:

(1)以票谋私金额 1 500 元以上不足 3 000 元。

(2)乱收费、乱加价金额,客运在 50 000 元以上不足 100 000 元。

(3)私带无票人员、行包、货物,安排越席及其他不符合乘车条件人员,按已乘(运)区间票价(运价)计算,同时收取好处费的合并计算,金额在 1 500 元以上不足 3 000 元。

(4)殴打旅客货主造成轻伤,或侵害旅客货主人身权利情节严重。

(5)其他造成恶劣影响,使路风路誉遭受很大损害的行为。

3. 构成下列路风问题之一的,定为一般路风事件:

(1)以票谋私金额 500 元以上不足 1 500 元。

(2)乱收费、乱加价金额,客运在 30 000 元以上不足 50 000 元。

(3)私带无票人员、行包、货物,安排越席及其他不符合乘车条件人员,按已乘(运)区间票价(运价)计算,同时收取好处费的合并计算,金额在 500 元以上不足 1 500 元。

(4)殴打旅客货主造成轻微伤,或侵害旅客货主人身权利情节严重。

(5)敲诈勒索旅客货主情节轻微。

(6)贩运物品一次价值在 3 000 元以上不足 5 000 元,或情节较重。

(7)违规经营造成很坏影响。

(8)其他造成很坏影响,使路风路誉遭受较大损害的行为。

未构成路风事件的路风问题,定为路风不良反映。

重大路风事件和严重路风事件由铁路局认定,铁道部审批;一般路风事件由铁路局认定;路风不良反映由站段认定。上级对下级定性不准或处理不当的路风问题可予纠正,必要时可直接认定。跨单位的路风问题,由上级机关协调处理。对定性与处理有争议的,由上级机关裁决。铁道部裁决为终结性裁决。

(三)处分与处罚

处理路风问题坚持实事求是的原则,以事实为依据,准确定性,恰当处分;坚持从严执纪的原则,对发生路风问题的单位、个人不姑息迁就、袒护包庇;坚持惩前毖后、治病救人的原则,实行惩戒与教育相结合。

对尚未构成解除劳动合同条件的路风问题责任者的行政处理,由企业依据本单位奖惩办法给予行政处分。行政处分分为:警告、记过、记大过、降级、撤职。在给予处分的同时,可由单位调整其工作岗位,对因处分情形未能完成工作任务的,由单位按相应的考核办法进行经济考核。

对构成解除劳动合同条件的,由用人单位依法解除劳动合同。

对路风问题责任单位的处罚:①通报批评。②经济处罚。③在企业经营业绩考核中扣分。④取消有关荣誉称号和评先资格。

路风问题责任单位或责任者,由企业分别给予下列处理:构成路风不良反映的,给予决策者或直接责任者警告至记过处分,情节轻微的,可免予处分;构成一般路风事件的,给予决策者或直接责任者记过至撤职处分;构成严重路风事件的,给予决策者或直接责任者记大过至撤职处分;构成重大路风事件的,给予决策者或直接责任者撤职处分。对乱收费乱加价的责任单位,在收缴其非法所得的同时,可按乱收费乱加价数额给予一至两倍的罚款。

两人以上共同发生路风问题,对主要责任者和其他责任者区别其作用和责任分别处分。涉及谋私的路风问题,主要责任者按谋私总额处分,其他责任者按个人谋私数额分别处分。

一人发生两种以上应当受到处分行为的,要合并处理。按应受数种处分中最高处分加重一档给予处分;如果其中一种处分是撤职的,即给予撤职处分。

1. 有下列情形之一的,从轻或减轻处分:

(1)主动交代问题或自查自纠的。

(2)主动退回非法所得的。

(3)主动挽回损失、影响或有效阻止不良后果发生的。

(4)主动检举他人问题,经查证属实或有其他立功表现的。

2. 有下列情形之一的,从重或加重处分:

(1)拒不配合调查或伪造、销毁、藏匿证据的。

(2)隐情不报,压而不查,查而不处的。

(3)个人一年内发生两次以上路风事件的。

(4)唆使、纵容下级或从属人员发生路风问题的。

(5)阻挠路风监察人员执行公务或打击报复举报人的。

从轻、从重处分是指本办法中的处分幅度以内,给予较轻或较重处分。减轻、加重处分是指本办法中处分幅度以外,给予减轻或加重一档处分。

在查处路风问题中,发现责任者的行为已构成违法犯罪的,有关单位应移交公安、司法机关处理。

路风问题责任者受到刑事追究或行政处分的,仍按本办法追究单位的路风管理责任。

对发生严重路风问题和频发路风问题的单位追究有关领导责任。发生严重以上路风事件或一年内发生两起以上一般路风事件,给予站段负有领导和管理责任的人员行政警告至撤职处分;发生重大路风事件或一年内发生两起以上严重路风事件,给予铁路局负有领导和管理责任的人员行政警告至撤职处分。发生被中央级新闻媒体批评造成恶劣影响的严重以上路风事件,视情节给予铁路局负有领导和管理责任的人员组织处理或行政处分。

单位或个人对处罚决定不服的,可在接到处罚决定的次日起 15 日内向做出处罚决定的部门提出复查申请,做出处罚决定的部门应在 30 日内做出结论。仍然不服的,可向上一级提出复查申请,上一级应在 60 日内做出结论。复查期间,原处罚决定照常执行。

二、票据安全

(一)铁路运输收入

铁路运输收入是指铁路运输企业在办理客货运输业务和辅助作业中,向旅客、托运人、收货人核收的票款、运费、杂费等运输费用的总称。铁路运输收入分为客运收入、货运收入、铁路建设基金、代收款。

(二)铁路客货运输票据的范围和性质

铁路办理客货运输使用的各种车票、行李票、包裹票、货票、客货运杂费收据、定额收据、有价表格等统称为铁路客货运输票据。

铁路客货运输票据是国家批准的专业发票,属有价证券,是铁路运输企业核算运输收入的原始凭证,铁路客货运输票据的各联任何单位不得增减。

(三)运输费用的核收

铁路运输企业在办理客货运输业务时,必须使用铁道部规定的铁路客货运输票据核收运输费用。使用计算机制票的,必须使用铁道部统一制、售票软件计算运输费用。不得使用铁路客货运输票据核收铁道部规定以外的任何费用。

运输费用的核收方式分为现付、到付、后付、预付四种。

运输费用的结算方式分为现金结算和非现金结算两种。

(四)收款的处理

站、段必须建立健全铁路客货运输票据及报表的"三检"(自检、互检、总检)复核制度,防止发生差错。

发站复核发现计算错误时,应及时办理补退款手续,并发电报通知到站及本企业收入管理部门,发生的补退款,列原运输收入项目。

到站发现发站原收运输费用计算错误造成少收款时,应发电报通知发站及其上级收入管理部门查询答复后办理补款,补收款(不含铁路建设基金)列其他收入。

收入管理部门审核铁路客货运输票据发现的多、少收款超过客货运规章规定的补退费用限额时,应填发"票价订正通知书"、"补款通知书"、"退款通知书"按权责发生制列账,通知原收款站、段办理补退。因特殊情况原收款站、段办理补退款有困难时,可委托有关站、段办理,凭有关函电证明报收入管理部门销账。

发、到站补收的铁路建设基金必须列原运输收入项目。

多、少收款超过 180 天无法处理时,少收款由责任者赔偿,责任者无力赔偿或少收款属单位责任的,由单位负责赔偿,在责任单位营业外支出科目列支。多收款转运营财务部门列营业外收入。

(五)运输收入事故分类与等级

1. 运输收入事故的种类分为现金事故、票据事故和坏账损失。

2. 运输收入事故的等级分为一般事故、大事故和重大事故。

(1)一般事故:损失金额不足 1 万元。

(2)大事故:损失金额 1 万元及其以上,不足 10 万元。

(3)重大事故:损失金额 10 万元及其以上。

3. 金额的计算

现金、银行票据和坏账损失按实际损失计算。代用票按每组 1 000 元计算。计算机软纸票按每张 1 000 元计算。

行李票、包裹票、客运杂费收据等未印金额的票据按每组 500 元计算。

各种货票、货运杂费收据等未印金额的票据按每组 1 000 元计算。

对使用过的到达铁路客货运输票据事故的金额按上述相应票据计算。

对使用过的发送铁路客货运输票据事故的金额能确定运输收入实际损失的,按造成的运输收入实际损失计算,不能确定实际损失的按上述相应票据计算。

第三节　高速铁路旅客运输安全管理

一、始发安全管理

1. 列车长坚持落实好每趟与车站的联系、沟通、协调制度，掌握旅客乘车人数情况及有无重点旅客乘车，做到均衡地组织旅客乘降，与车站做好重点旅客的交接工作。

2. 动车组乘务人员做好始发旅客乘车的引导工作，提示并协助旅客将大件行李妥善保管。

3. 始发做好对重点旅客的安排，为重点旅客安排座位、安置行李，掌握重点旅客有无特殊需求。

4. 终到站前协助重点旅客提前到车门处等候，并将重点旅客和行李护送到站台，保证为重点旅客提供不间断全程服务。

5. 动车组始发前 5 min，广播员要利用直播加强宣传工作，提示送人旅客及时下车，杜绝安全隐患的发生。

6. 列车长在动车组发车前，严格落实由列车长负责接到车站通知，确认旅客乘降完毕后，通知司机、机械师关闭车门制度。

7. 列车长始发、终到应在 7 号、一等座车立岗，并与车站值班员办理交接事项。

8. 为确保动车组旅客安全乘降，1 车乘务员在开车前 3 min(在车上)通知列车长旅客上下完毕情况，列车长接到通知后立即(在车上)通知机械师关闭车门。

9. 为确保旅客安全乘降，到站前重点做好对旅客的唤醒提示服务，加强到站前的巡视，杜绝隐患的发生。

10. 为确保旅客安全乘降，动车组列车到站前司机、机械师确认列车停靠站台，正确开启车门，以免发生旅客误降。

11. 动车组车门发生故障时，应立即采取临时安全防护措施并通知机械师处理，列车乘务人员应手动开关车门，确保旅客安全乘降。

二、途中安全管理

1. 开车前 5 min，提示持站台票的送客人员及时下车，提示旅客核对日期、车次，以免上错车。

2. 列车开车前，提示站在车门口的旅客不要靠近车门，以免车门挤伤。

3. 列车开车前，宣传提示上车旅客注意脚下，防止摔伤。

4. 列车开车后，广播进行禁烟宣传。

5. 列车开车后，广播提示旅客取送开水安全，以免烫伤。

6. 列车开车后，广播提示旅客不要随意碰触紧急停车按钮、手制动机、紧急制动阀等安全设备。

7. 列车开车后，提示旅客将大件行李放在大件行李存放处。

8. 列车运行中，广播提示旅客行走安全以及对带小朋友旅客的安全提示。

9. 列车运行中，广播提示旅客不要倚靠车门、不要在车门附近站立。

10. 列车终到前，广播提示旅客注意脚下，防止摔伤。

11. 列车晚点超过 30 min 时，广播向旅客致歉。

12. 紧急用梯是在动车组运行途中因故障不能继续运行时，将乘客从动车组上转移到地面时使用。但乘客下车时，要确保地面上的安全。

13. 过渡板是在动车组运行中因故障不能继续运行时，将乘客从故障动车组上转移至相邻线路的列车时使用。使用时须安装扶手。

14. 每辆车客室内四角各设置 1 个逃生窗，每个逃生窗旁均设有 1 把紧急破窗锤，在紧急情况下可取下破窗锤破窗逃生。

15. 列车车门发生故障时，应立即采取临时安全防护措施并及时通知机械师处理，列车乘务人员应手动开关车门。

16. 旅客在卫生间发生紧急情况时，启动求救信号装置，卫生间外会发出蜂鸣声。

三、乘务员出退乘安全管理

1. 动车组乘务员出乘前必须保证充足的休息时间，保持出乘精力充沛。

2. 动车组乘务员出乘时必须按规定时间到派班室点名、报到，穿着规定的服装，由列车长带领集体入站接车。

3. 入站接车时必须队列整齐，走规定的进站路线。

4. 走行中要举止端庄、仪态优雅，精力集中，严禁闲聊说话，防止滑倒摔伤。

5. 交接班或退乘时，在指定地点集合列队，由列车长带领走规定的出站线路，集体出站退乘。

6. 遇雾、雪、雨等恶劣天气，乘务员出退乘应严格遵、帮、关规定，确保人身安全。

7. 电气化区段作业、行走及通过道口时，应严格落实有关安全规定。

四、电器设备安全管理

1. 餐车电器设备安全

(1)电气化厨房设备的安全操作，直接影响到人身安全、设备的可靠性及使用寿命。因此，设备操作人员必须经过操作培训，并经考试合格后才能进行上岗操作。

(2)运用中随车机械师应对电气化厨房设备进行定时巡视，发现使用人员未按安全操作规定使用设备时，应及时予以制止和纠正。

(3)餐车电气化厨房设备在使用操作前，应确认电源控制柜技术状态，各设备开关是否在正常位，指示灯显示是否正常后，方准操作使用。

(4)运用中和列车入库停留，在无人操作设备时，应及时将各设备开关放置在关闭或零档位，切断电源控制柜总电源，锁闭电源柜，做到人走断电，防止发生意外。

(5)电气化厨房设备必须在明显位置粘贴有操作说明和安全操作规程。

(6)动车组列车餐车内使用的电器，不能超过列车规定的额定功率。餐饮公司不得擅自增大用电设备的功率而产生过载。

2. 电茶炉(见图 5-1)安全操作规定

图 5-1　电茶炉

(1)电茶炉必须由经过培训考试合格的人员进行操作，其他人员不得使用和看管。

(2)必须严格执行交接制度。接班人员需确认各部状态良好后，方准进入正常操作。

(3)操作时，首先确认电茶炉供水系统各截门、水阀状态良好，位置正确，电茶炉不缺水干烧。

(4)正常情况下，应将控制开关放置在正常使用位，同时严密监视电茶炉水位。当水位过低或听到报警时，应立即切断电源。

(5)发生设备故障时，应首先切断电源及时向随车机械师反映情况，不得擅自拆卸电茶炉配件和打开控制箱。经确认故障排除后，方准继续使用。

(6) 应经常保持电茶炉清洁，严禁用水冲刷炉体。不得在茶炉上堆(存)放各种杂物。需保持排水系统清洁通畅。

3. 微波炉(见图 5-2)安全操作

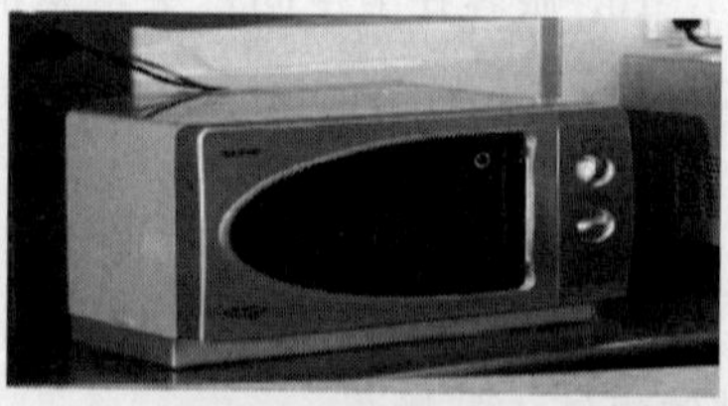

图 5-2　微波炉

(1)微波炉烹调时不得使用金属网架及其他金属和带金、银边的器皿，仅可使用陶瓷、耐热塑料等器皿。

(2)烹调前应先放入转盘支撑及玻璃转盘，再将盛好食物的器皿放在玻璃转盘上进行烹调。

(3)不得直接加热装在密封容器内的液体和其他食物，以免发生爆炸。使用保鲜纸遮盖食物烹调时，需将保鲜纸一角掴上，使蒸汽可以逸出。

(4)当食物在塑料、纸或其他可燃材料制成的简易容器中加热或烹调时，应随时注意，防止起火。

(5)烹调少量食物时，要多观察，防止过热起火。不得使用微波炉煎、炸食物。微波炉内无食物时，不得使微波炉工作，以免损坏设备。

(6)从微波炉内拿出食物和器皿时，应当使用锅夹或戴上隔热手套，以免高温烫伤。

(7)烹调过程中发生冒烟或起火现象时，应立即切断电源，不得立即打开炉门，避免遇空气加大火势。

(8)微波炉内禁止加热不符合微波炉烹饪要求的食品。不得加热和存放任何物品。

(9)微波炉炉门或门封损坏以及设备出现异常时，需及时与车辆乘务员反映情况，不得继续使用。

4. 电冰箱安全操作规程

(1)电冰箱必须由经过培训并考试合格的人员进行操作。

(2)必须严格执行交接制定。接班人员需确认各部状态良好后，方准进行正常操作。

(3)应避免频繁启动电冰箱，每两次启动冰箱时间间隔不得少于 5 分钟，使用中避免长时间开启冰箱门。

(4)箱内存放物品，应在内腔四周留出不少于 3cm 的空隙。存放物品时，应轻拿轻放，轻开轻关。

(5)冰箱不得冷藏过热物品。需存放过热物品时，应先在箱外自然冷却达到室温后，方准放入箱内。

(6)蒸发器若冰层较厚，不得用敲击方法解开冰块，必须停机，待冰块完全融化后，再启动使用。

(7)应定期清除冰箱内污物，保持冰箱排水孔畅通。

(8)发生设备故障时，应首先切断电源并及时通知随车机械师，不得擅自拆卸冰箱配件和打开控制箱。经确认故障排除后，方准继续使用。

五、消防知识

1. 常用灭火器

常用灭火器主要有：泡沫灭火器、干粉灭火器。

2. 灭火器压力表指针指示不同区域代表的意义

绿区：压力正常，可以使用；红区：压力不足，不能使用；黄区：压力过高，指针在 2.5 kPa 以下还能使用，指针在 2.5 kPa 以上不能使用。

3. 灭火器的使用方法

拔掉保险销；握紧喷嘴，对准火焰根部；压下压把，干粉即可喷出。

4. 干粉及水型灭火器的主要成分、喷射距离及喷射时间

干粉灭火器的主要成分是：磷酸铵盐；水型灭火器的主要成分是：碳酸氢钠。

2 kg 的灭火器的喷射距离：3 m；喷射时间：8 s。

5 kg 的灭火器喷射距离：3.5 m；喷射时间：13 s。

5. 手提式水雾灭火器的适用范围

手提式水雾灭火器的适用范围：手提式水雾灭火器可扑灭 A 类（可燃固体）、B 类（可燃液体）、C 类（可燃气体）及一般电器火灾。保质期 3 年。扑灭电器火灾时，灭火距离不少于 1 m。灭火后处理现场时，必须切断电源。

6. 干粉灭火器的适用范围

干粉灭火器可扑灭 A 类（普通的固体材料火）、B 类（可燃液体火）、C 类（气体和蒸气火）及带电物质火。

7."三懂三会"的内容

三懂：懂得本岗位火灾危险性；懂得预防火灾的措施；懂得扑救火灾的方法。

三会：会报警；会使用灭火器；会扑救初起火灾。

8. 灭火的基本方法

灭火的基本方法有：冷却法、窒息法、隔离法、抑制法。

六、红十字应急救护

中国铁路红十字会遵循保护旅客的生命和健康、提高运输质量、责任培养的宗旨，发扬"人道、博爱、奉献"的精神，开展面对站车旅客救护培训，普及卫生救护知识和防灾避险技能，在自然灾害突发事件中，组织服务员、旅客开展自救互救、给旅客提供服务和帮助。

目的：①抢救生命，降低死亡率；②防止病情继续恶化；③减轻病痛，减少意外损害，降低伤残率。

原则：①沉着、心细、分清轻、重、缓、急；②先处理危重病人，再处理轻伤病人；③观察现场，确保自身安全；④充分运用现场可支配的人力、物力。

（一）现场急救

1. 判断意识

先判断伤病员神志是否清醒。在大声呼唤、轻拍肩膀时伤病员睁眼或有肢体运动等反应，表示伤病员有意识。如伤病员对上述刺激无反应，则表明意识丧失，已陷入危重状态（图5-3）。

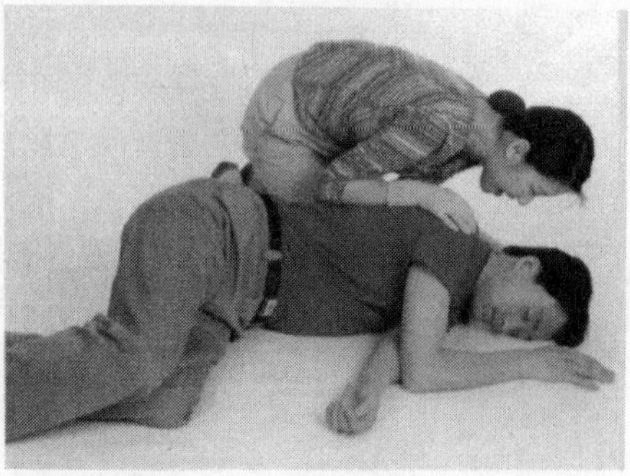

图 5-3　判断意识

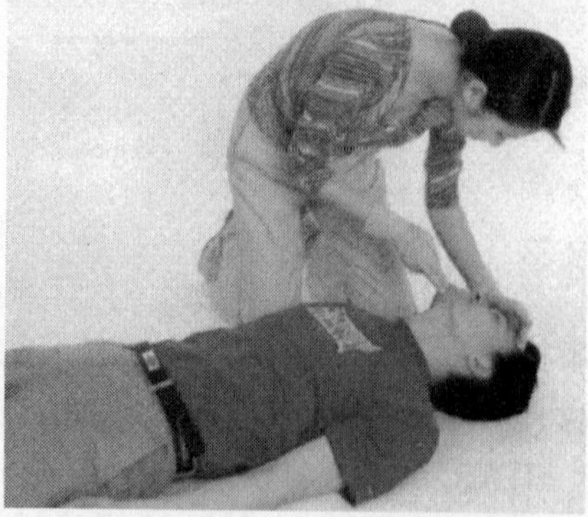

图 5-4　打开气道

2. 气道

保持气道畅通对于呼吸是必要条件。如伤病员有反应但不能说话、不能咳嗽，可能存在气道梗阻，必须立即检查和清除(图 5-4)。

3. 呼吸

评估呼吸活动。正常人每分钟呼吸 12～18 次，危重伤病员呼吸变快、变浅乃至不规则，呈叹息样。在畅通气道后，如伤病员呼吸停止，立即施行人工呼吸(图 5-5)。

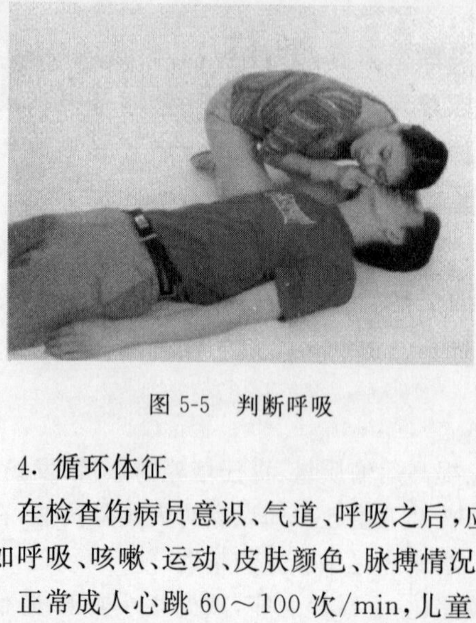

图 5-5　判断呼吸

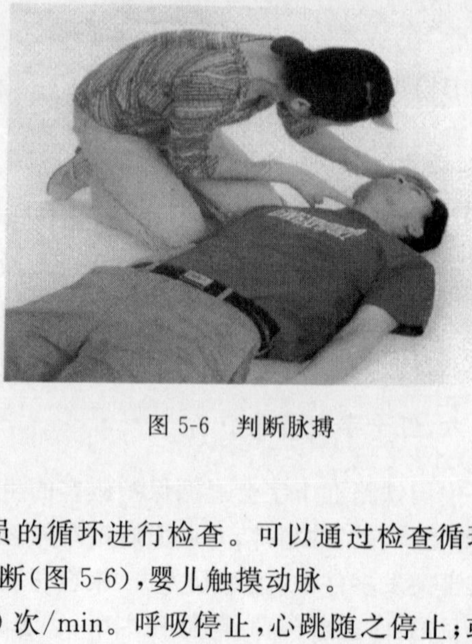

图 5-6　判断脉搏

4. 循环体征

在检查伤病员意识、气道、呼吸之后，应对伤病员的循环进行检查。可以通过检查循环体征如呼吸、咳嗽、运动、皮肤颜色、脉搏情况来进行判断(图 5-6)，婴儿触摸动脉。

正常成人心跳 60～100 次/min，儿童 110～120 次/min。呼吸停止，心跳随之停止；或者心跳停止，呼吸也随之停止；心跳呼吸几乎同时停止也是常见的。心跳反映在腕部的桡动脉和颈部的颈动脉。

严重的心脏急症如急性心脏梗死、心律失常以及严重的创伤、大失血等危及生命时，心跳或加快，超过 120 次/min；或减慢，40～50 次/min；或不规则，忽快忽慢，忽强忽弱，均为心脏呼救的信号，都应引起重视。

5. 瞳孔反应

瞳孔又称“瞳仁”，位于黑眼球中央。正常时双眼的瞳孔是等大圆形的，遇到强光刺激能迅速缩小。用手电筒突然照射瞳孔即可观察到瞳孔的反应。当伤病员脑部受伤、脑出血、严重药物中毒时，瞳孔可能缩小为针尖大小，也可能扩大到黑眼球边缘，对光线不发生反应或反应迟钝。有时因为出现脑水肿或脑疝。使双眼瞳孔一大一小。瞳孔的变化揭示了脑病变的严重程度(图 5-7)。

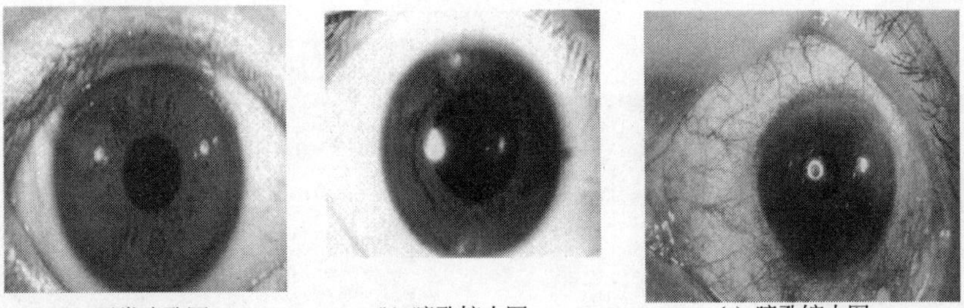

(a) 正常瞳孔图　(b) 瞳孔扩大图　(c) 瞳孔缩小图

图 5-7　瞳孔反应

当完成现场评估后。再对伤病员的头部、颈部、胸部、腹部、骨盆、脊柱、四肢进行检查，看有无开放性损伤、骨折畸形、触痛、肿胀、表情淡漠不语、冷汗、口渴、呼吸急促、肢体不能活动等变化为病情危重的表现；注意检查有无活动性出血，如有立即止血。

6. 紧急呼救

当站车发现了危重伤病员，经过现场评估和病情判断后需要立即呼救，并及时向专业急救机构及相关部门报告。立即派出专业救护人员、救护车到现场抢救。

(二)外伤急救

绷带包扎伤口注意事项：

1. 术者面向伤员，左手拿绷带头。右手拿绷带卷(见图 5-8)，将绷带的外面贴近皮肤，自左向右、从下到上缠绕。

图 5-8　左手持绷带头，右手持绷带卷

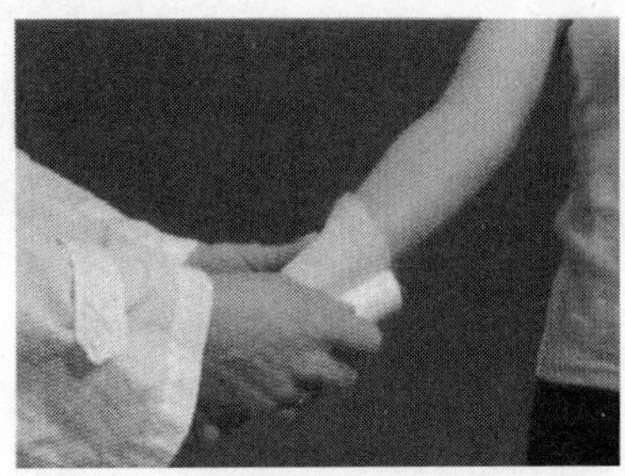

图 5-9　起点

2. 要掌握“三点一走行”，即绷带的起点(见图 5-9)、着力点(见图 5-10)、止点(见图 5-11)和走行方向顺序。

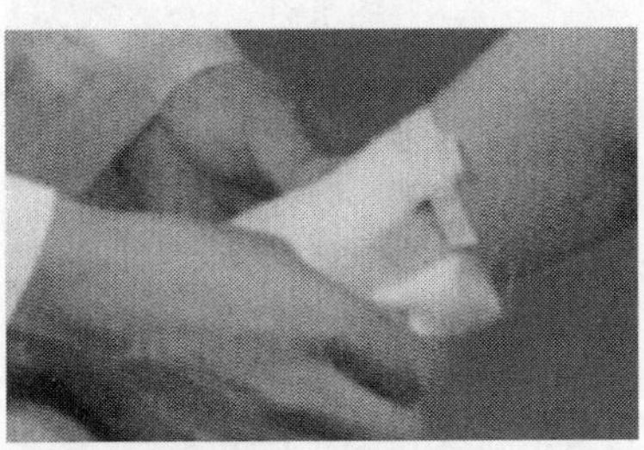

图 5-10　着力点

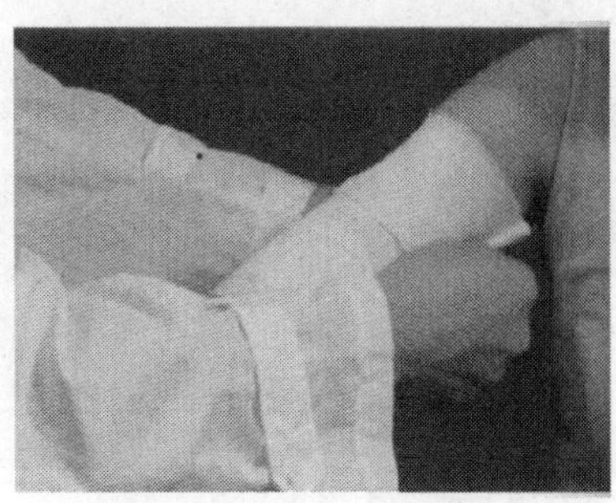

图 5-11　止点

3. 包扎时要注意松紧适度，以免过松滑脱，过紧压迫组织致组织坏死。

4. 肘部要弯着包扎，膝部要伸直包扎，以保持肢体的功能位置（图 5-12～图 5-21）。

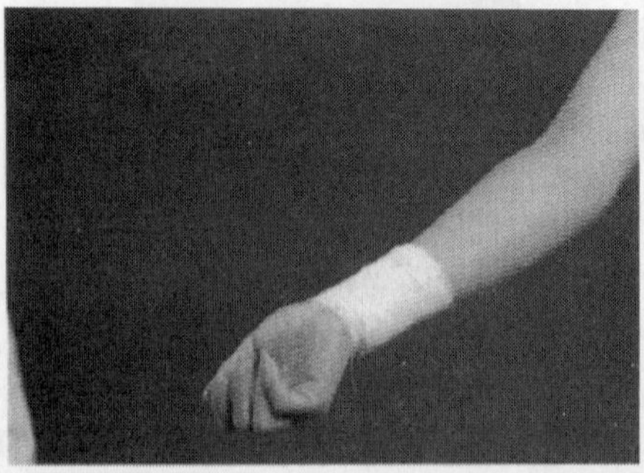

图 5-12 环形包扎示意图

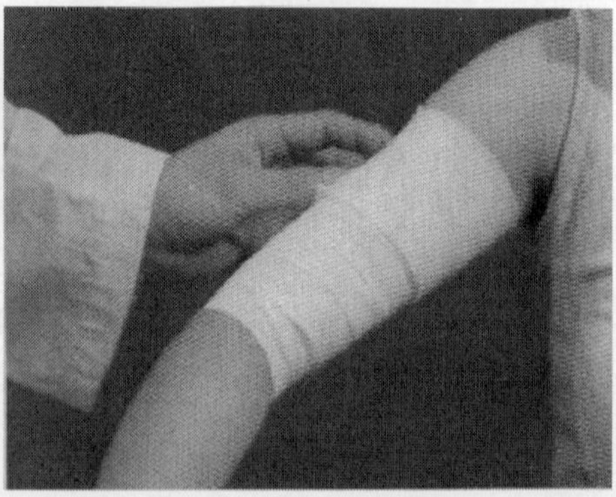

图 5-13 螺旋包扎示意图

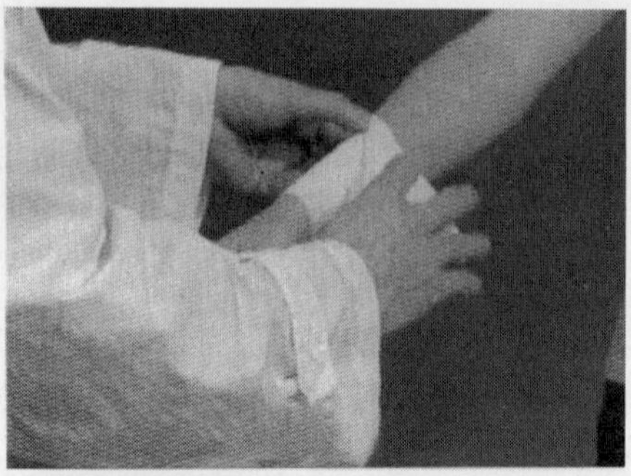

图 5-14 环形反折包扎示意图

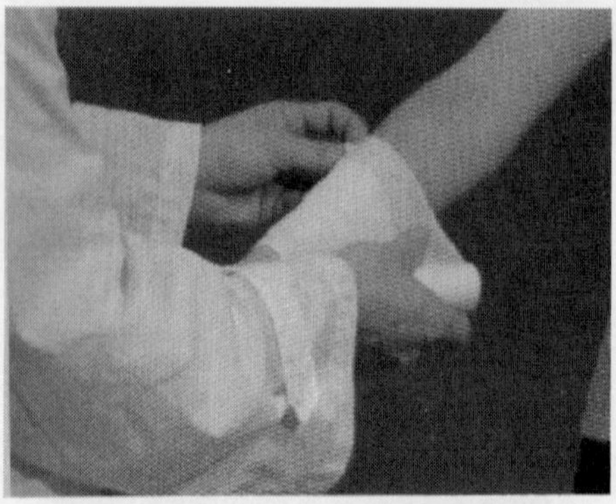

图 5-15 螺旋反折包扎示意图

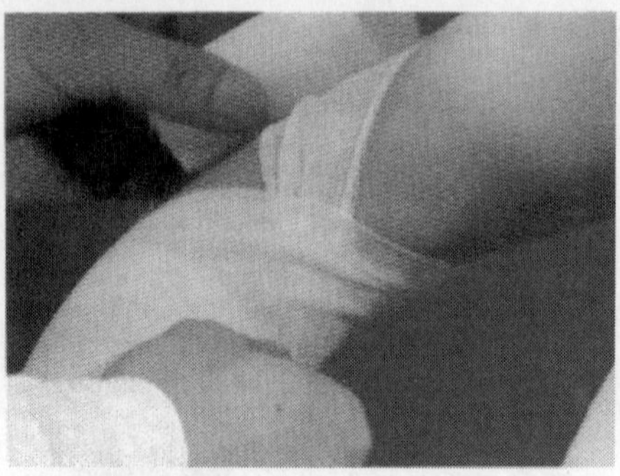

图 5-16 十字形包扎示意图

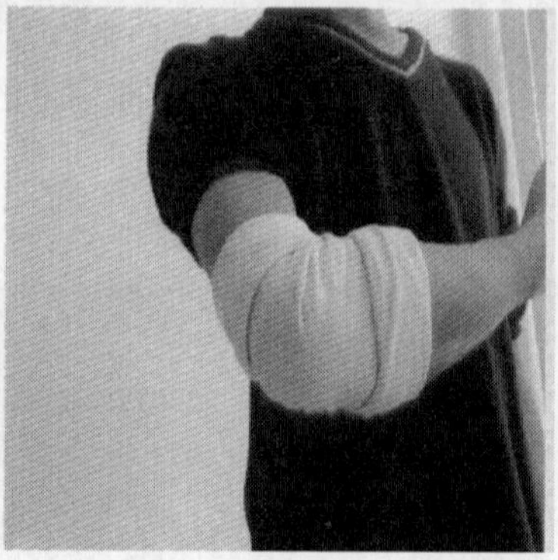

图 5-17 肘关节

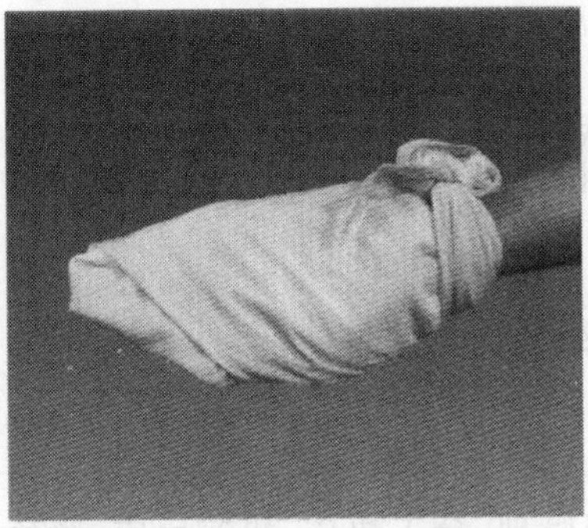

图 5-18　全手

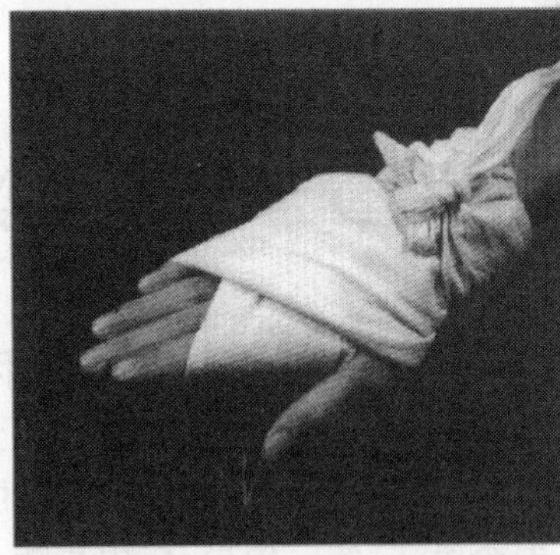

图 5-19　手部

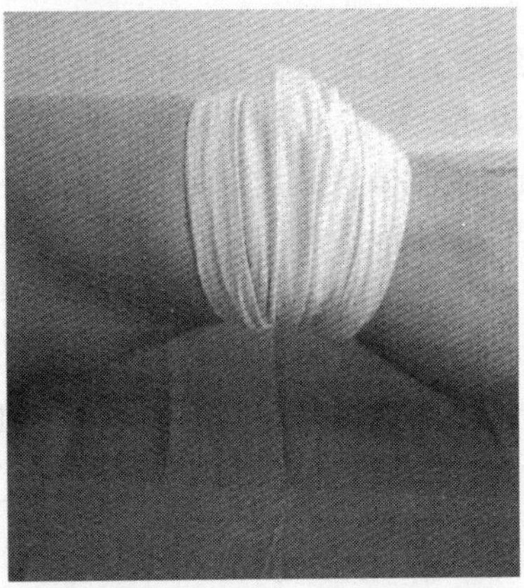

图 5-20　膝关节部

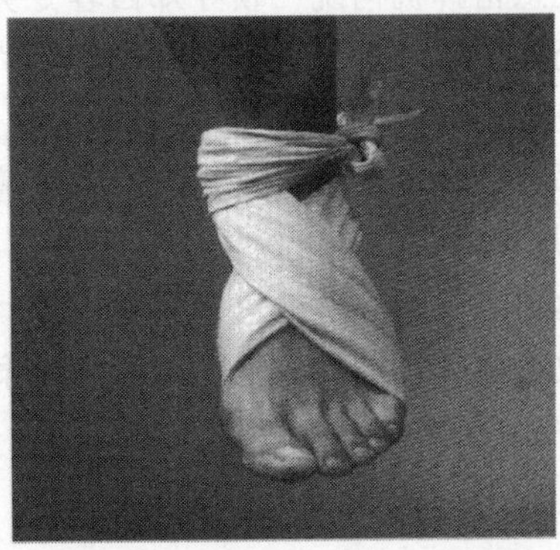

图 5-21　足部

第六章　非正常情况下的应急处置办法

第一节　郑西客运专线应急预案

为不断提高对郑西客专突发事件的应急处置能力，保证郑西客专的运行安全有序，按照以人为本、安全第一、统一领导、集中指挥、归口负责、分级管理、分工协作、快速反应、紧急处置的原则，郑州铁路局制定了郑西客运专线应急预案。

一、应急指挥机构的职责

应急指挥机构统一领导郑西客专突发事件行车组织应急处置工作，协调有关站段之间的应急处置工作，需要其他部门协助时，负责与相关部门沟通。引发其他事故灾难时，决定启动相关应急预案，向铁道部应急机构请求支援和报告。负责有关重大、紧急事项的决策。

郑西客专突发事件及相关设备故障信息由应急领导小组办公室(调度所)负责统一接收、处理，并及时上报应急领导小组。

达到本预案应急响应条件，及时启动本预案；超出本级应急救援处置能力时，请求上一级应急救援指挥机构启动上一级应急预案。根据郑西客专突发事件影响程度和影响范围，将突发事件应急响应分为Ⅰ级、Ⅱ级、Ⅲ级。

二、应急响应等级

(一)Ⅰ级应急响应标准

1. 动车组发生火灾、爆炸、脱轨等性质严重的事故；双线或其中之一线，发生线路中断，影响动车组开行；动车组在车站或区间被迫停车，无法继续运行，影响后继列车开行。

2. 专运、重点列车经由郑西客运专线运行，因信号设备发生故障耽误列车运行；信号设备故障发生 20 min，设备故障仍未恢复或现场仍未查明原因；其他原因造成信号设备不能正常使用，需要立即组织对信号设备进行抢修。

3. 动车组发生故障造成中断行车，经抢修在 2 h 内无法恢复运行；跨局动车组发生故障需出动热备动车组。

4. 铁道部决定需要启动Ⅰ级应急响应的其他情况。

(二)Ⅱ级应急响应标准

1. 因暴雨造成能见度小于 50 m；水害造成中断行车 2 h 以内或限速 45 km/h 以下。

2. 各类设备故障，造成 1 列动车组晚点满 4 h，或 2 列以上晚点满 2 h；动车组车底循环交路不正常，大面积晚点超过 1 h；暴风雨雪等恶劣天气，影响站车正常旅客运输组织和动车组开行的情况；动车组晚点造成旅客群体性事件；动车组迫停在区间(特别是高架桥、隧道内、高坡地段)需要疏散旅客或组织旅客下车换乘。

3. 动车组发生故障不能继续运行满 1 h；局管内动车组发生故障需出动热备动车组。

4. 站内、区间发生行车冲、脱、挤及以上行车事故。

5. 路局决定需要启动Ⅱ级应急响应的其他情况。

（三）Ⅲ级应急响应标准

1. 动车组列车大面积晚点满 30 min；动车组列车故障不能继续运行，需要组织旅客在车站内换乘列车；动车组列车晚点超过 1 h，并需为旅客免费供餐时；候车旅客发生滞留，情绪不稳，旅客滋事，批量旅客要求退票、改签等；天气不良，影响站车正常旅客运输组织和动车组正点运行的情况；旅客发生意外伤害或突发疾病，危及生命安全的突发事件。

2. 车站决定需要启动Ⅱ级应急响应的其他情况。

三、郑西客专动车组列车发生火灾爆炸应急处置办法

动车组在运行中发生火灾，由列车长统一指挥，组织列车乘务人员疏散旅客，扑灭火灾；动车组在车站发生火灾或起火列车进站后，火灾扑救工作由车站站长组织指挥；公安消防队到达后，由公安消防队统一指挥。

（一）报　　警

火灾报警器报警或乘务人员、旅客报警时，列车长、乘警、客运乘务人员和随车机械师要立即携带灭火器赶到报警车厢，确认火情，迅速扑救。

乘务人员发现动车组列车发生火灾时，应立即向列车长、司机报告。司机接到起火确认信息后，应立即将火灾情况向列车调度员报告，并通知邻近车站、后续列车和邻线列车。

（二）火灾处理

在确认火灾的情况下，立即组织旅客向邻车疏散，同时用灭火器扑救（宜先用水型灭火器），如有旅客被火围困或受伤，应立即使其脱离险境；起火车厢旅客疏散完毕后，乘务人员要关闭通道阻火门。在扑救火灾时，注意保护现场。乘警要采取多种措施维护现场秩序，视情况需要设置警戒区，灭火后禁止无关人员进入现场（对持机要证件，抢救机要文件的人员除外），不得擅自移动火场中的任何物品，对火灾痕迹和物证，应采取有效措施，妥善保护。

车内电气设备、旅客行李物品发生火情或车厢内冒烟（无明火）不危及本列车安全时，列车长要指定专人密切监视起火、冒烟部位，列车可按规定限速运行至就近车站处置。当车厢内发生爆炸燃烧，火势迅速蔓延危及本列车安全时，列车长迅速通知司机停车，停车位置应注意避开桥梁、隧道。迫不得已时，可按下停车按钮紧急停车。列车长、司机迅速报告调度员，调度员迅速通知后继列车，封锁邻线区间。停车后，迅速将旅客疏散到安全地带。列车停在复线时，打开运行方向左侧车门，禁止旅客在有线路一侧下车。

因车内电器发生火灾，列车长、机械师、乘警应立即赶赴现场，查明原因，视情况通知司机切断总电源。重联动车组列车需要分解时，司机、机械师负责对着火重联车组进行分解隔离，将起火车组分离至少 50 m 以外，以切断火源，防止火势蔓延。列车分解后，机械师、司机要按《技规》要求设置防护，对分解车组采取防溜措施。

（三）应急处置分工

1. 列车长作为总负责人，全面指挥和组织协调工作。全面指挥，组织灭火扑救。组织其他工作人员迅速从列车两侧将灭火器集中至起火现场扑救。组织工作人员疏散旅客，抢救伤员，防止发生混乱。发动和组织旅客开展自救互救。向司机报告人员伤亡情况和是否需要救护车。

2. 司机采取紧急停车措施，负责协助机械师重联分离、设置防护，做好事故报告和调度命令传达工作。

3. 乘警负责现场警卫、疏散旅客、调查取证工作。维护列车秩序和现场。情况紧急时，发动和组织旅客正确逃生。在扑救火灾、疏散旅客的同时，积极抢救伤员。了解事故详细情况，做好调查询问笔录，搜集相关证据。向司机报告火灾原因的初步判断和是否需要消防车。

4. 机械师负责列车重联分离、设置防护、救援等工作。在列车长指挥下，迅速切断着火设备的电源。在司机指挥下设置防护。正确指导乘务人员和旅客利用车门紧急开关开门和从逃生窗逃生。向司机报告动车组损坏情况。

5. 列车员及其他乘务人员(含餐饮、保洁人员)按事先分工安排，负责灭火、信息传递、疏散旅客、关闭阻火门、维护稳定车内秩序，保护现场。听从列车长指挥，迅速参加扑救。在未停车前将旅客疏散到安全车厢，有阻火门的，应当关闭阻火门，迅速封锁车厢，防止旅客在列车运行中跳车发生意外事故。列车广播要向旅客做好有序撤离、自助互助宣传，稳定旅客情绪，以免发生混乱。本着"以人为本、救人为先"的原则，积极抢救伤员。组织旅客正确利用车门和逃生窗逃生。积极向公安机关提供线索，协助搞好现场调查，尽快查明事故原因。

(四)站车协同

发生火灾的动车组牵引到车站时，列车乘务组要接受车站统一指挥。协同配合，做好火灾扑救和善后处理工作。

(五)善后处理

火灾扑灭后，列车长、随车机械师共同检查车辆状况，确认安全后，报告列车调度员尽快开车。

动车组列车发生火灾事故，按《铁路交通事故调查处理规则》规定报告。应急情况下的主要报告内容应有：

1. 事故发生的时间、地点、区间(线名、公里、米、停车位置)、线路条件、事故相关单位和人员。

2. 发生事故列车车次、动车组型号、编号、火灾部位、所属段别、牵引辆数、运行速度。

3. 事故概况及原因的初步判断。

4. 人员伤亡情况及动车组损坏情况。

5. 是否需要救护车、消防车。

四、郑西客运专线动车组列车突发事件旅客疏散方案

动车组列车发生火灾、爆炸，迅速组织旅客首先向未着火车厢疏散，及时关闭着火车厢两端端门(或阻火门)。如有旅客被围困，动车组停车后，列车乘务人员迅速组织旅客使用安全锤砸破紧急逃生窗，或从紧急出口有序逃出车厢，列车长立即通知司机，并向郑西客运专线(以下简称郑西客专)动车调度台报告。

调度所向有关单位和部门下达救援命令，封锁区间。如列车停在车站，组织旅客向车站安全区域疏散。如列车迫停在区间，应向列车运行方向左侧疏散旅客。特别注意，如迫停在隧道内、高架桥上时，迅速报告客运专线调度员，组织乘务人员做好旅客的防护工作，客专调度员应迅速指派邻站人员和公安，组成救援队前往救援，帮助旅客脱离险境。

在区间向车下紧急疏散旅客时，列车长和机械师应安装疏散舷梯或紧急渡板(根据车型不同)。组织乘务人员利用车内广播和便携式喇叭告知旅客听从引导和指挥，注意脚下障碍物，防止跌倒摔伤，防止发生踩踏。

做好现场的紧急救护工作，统计旅客伤害情况，及时向郑西客专调度台、局客调、客运处、

客运段报告。

五、郑西客专客运非正常情况应急处置办法(试行)

(一)动车组在长大隧道、桥梁发生故障或停电的应急处置措施

1. 动车组在长大隧道、桥梁发生故障或突然停电时,客运乘务人员要立即通知机械师到场处理。

2. 因动车组故障或停电,造成空调无法使用,可启动应急通风功能。站停时空调装置故障超过 20 min,且应急通风功能失效或无法满足要求时,允许打开站台侧 4~8 个车门进行通风。在随车机械师的指导下,列车长组织客运乘务人员、餐饮保洁人员、乘警等在打开的车门处及时安装防护网,并派人值守,严禁旅客下车,确保安全(故障排除或恢复供电后及时拆除安全防护网,关闭车门)。

3. 遇夜间停电时,随车机械师启动应急照明,严禁使用明火照明。列车乘务人员在车厢内加强宣传、巡视,做好旅客的解释、安抚工作。

4. 列车故障或停电后,列车长应会同随车机械师,查明原因立即向上级汇报。如不能及时修复,应通过司机立即通知就近车站并报告列车调度员,听候命令。需要防护时,服从司机统一指挥。

5. 列车长、乘警要加强车厢巡视,做好安全宣传和治安管理工作稳定车内秩序,严防不法分子乘机破坏,做好重点旅客的安全保护和服务,同时要向旅客做好正面解释工作,稳定旅客情绪。

(二)动车组列车发生旅客人身伤害或疾病时的应急处置措施

发生旅客意外伤害、疾病时,列车长利用列车上配备的急救药箱,进行初步救治,同时应立即通过广播寻找旅客中的医务工作者帮助救治。

旅客伤害、病情严重,必须临时停车送医院抢救或已经死亡时,列车长需及时通知司机向调度员请示在最近前方站临时停车,下交伤病或死亡旅客。

按照“以站保车”的原则,前方最近临时停车站接到下交旅客的通知后,应立即联系救护车,并安排人员做好救护伤病(或死亡)旅客的各项准备工作。

列车长应编制客运记录将受伤(或死亡)旅客,连同车票、携带品一并交车站处理,列车乘务人员不下车参与处理。

旅客在列车上受伤、发生疾病无同行人或旅客在列车上死亡时,列车长还应会同公安人员勘察现场,收集旁证物证,调查受伤死亡原因,采集见证人证词不少于两份,对参加抢救的医生的姓名、单位、电话进行登记,根据有效证件确定伤亡者姓名、单位、住址。为保证动车组恢复正点运行,列车可暂不移交相关材料,三日内向受理车站补交。

旅客人身伤害事故系斗殴治安或刑事案件所致,列车乘警应在客运记录上签章,列车长同时拍发事故速报。事故速报内容:①事故种类,②发生日期、时间、车次,③发生地点、车站、区间里程,④伤亡旅客姓名、性别、国籍、民族、年龄、职业、单位、地址、车票种类、发到站、票号、身份证号码,⑤事故及伤亡概况。

(三)动车组发生旅客食物中毒时的应急处置措施

列车发生疑似食物中毒旅客时,列车长应立即赶赴现场,统一领导食物中毒事件的处理工作。及时了解中毒旅客主要症状,掌握中毒旅客人数、发病时间等情况,初步判断毒物根源或怀疑导致中毒的食物。利用列车上配备的急救药箱,采取催吐、导泄等应急救治措施,进行初

步救治。同时通过广播寻找医生帮助抢救治疗，控制病情。

遇有中毒旅客必须临时停车送医院抢救时，列车长向调度员报告情况，请求临时停车命令；接到调度命令后，应编制客运记录，做好站车交接准备。列车乘务人员不下车参与处理。发生三人以上有疑似食物中毒症状时，除按上述要求救治外，列车长还应立即向前方停车站通报，并向铁路防疫部门和客调汇报；怀疑投毒导致食物中毒时，还应同时向铁路公安机关报告。

报告内容要简明扼要，表述清楚，包括：日期、时间、车次、运行区段、发病时间、地点、病人主要症状、发病人数（包括危重人数及死亡人数）、可能引起中毒的食物等，要求车站组织采取的措施。

在抢救安置中毒旅客的同时，乘务人员要做好解释工作，稳定旅客情绪，防止造成混乱。乘警负责保护现场，维持秩序，并收集、保留、封存造成食物中毒或者可能导致食物中毒的食物及其原料、器具，将病人的呕吐物样品一并留存，待卫生防疫人员进一步调查。

如不能排除食物中毒是列车供应食品所致，要停止列车食品供应，立即采取措施追回已售出的可疑食物或通知旅客禁止继续食用，防止事态扩大。封存食品经检验合格后才可以使用。确认导致食物中毒的食物是因配餐或某站出售的食物造成的，应及时报告调度员，调度员及时通知相关部门迅速处置。

列车长、乘警应及时调查旅客中毒原因，收集证据材料，了解旅客发病症状、进食史，做好记录，形成第一手资料，以便协助卫生防疫等部门调查处理。

列车长要及时将记录和有关材料移交车站，以便车站尽快做好善后处置。

（四）动车组发生行车中断的应急处置措施

发生线路中断，列车不能继续运行时，列车长应及时与司机、列车停留地车站联系，需要时与列车调度员联系，掌握晚点时间、原因、预计到达时间等情况，并组织列车乘务人员启动应急措施。

列车乘务人员应按部、局规定用语向旅客说明列车晚点的时间和原因，并通过广播向旅客致歉，随时向旅客通报预计晚点时间等确切信息。遇旅客问询时，应耐心细致回答，不得使用“不知道”、“不清楚”等语言或不耐烦表现，以免引起旅客不满。

在列车长的统一指挥下，列车乘务人员各负其责。列车员、保洁员按分工在责任车厢内，餐饮人员在酒吧车做好安全、服务工作。列车长应加强车厢巡视。

列车长时间停留引起旅客情绪不稳时，应主动走访旅客，在保证旅客安全的前提下，尽最大努力为旅客提供便利，尤其要加强对重点旅客的服务。停留期间必须坚持“安全第一”的原则，如在区间停留，列车长、司机要尽快与列车受阻地点最近的车站取得联系，向调度报告列车受阻情况。报告内容包括：时间、车次、地点、灾害情况、列车现状（列车编组、旅客人数、去向、重点旅客等），有车辆破损或人员伤亡时应根据需要请求救援。列车停留地受灾害威胁，不能保证列车和旅客安全时，还应请求调度命令将列车运行至安全区间或将旅客疏散到安全地带，需要组织旅客撤离列车时，列车长按疏散程序疏散旅客。

列车长应随时与司机、调度员联系，了解掌握列车停留、开行的具体时间，随时向调度员汇报车内情况及请求协助解决的问题，并及时将列车相关信息通报旅客。

列车不能继续运行时，对中途下车要求退票、换乘的旅客和铁路组织绕道运输、返回的旅客列车和有关车站要根据《铁路旅客运输规程》有关规定，及时为旅客办理退票、改签手续，并耐心细致地做好解释工作。转运旅客在车站停留期间的安全和服务工作由转运车站牵头，列车予以配合。

(五)动车组列车车门发生故障的应急处置措施

自动开关门装置故障时,由司机通知随车机械师,由随车机械师负责处理相关故障。

列车发车前车门出现故障,列车长应立即通知司机和随车机械师。

列车在运行中车门发生故障,乘务员发现或接到旅客报告后,应立即采取临时安全防护措施,并通知机械师及时关闭故障门。

(六)动车组运行中车辆发生异常时的应急处置措施

1. 异音应急处理措施

听到车辆走行部有拖、拉、击打声、上下振动声、连续摩擦声等异音时,乘务员应立即汇报列车长,通知随车机械师。

列车长、随车机械师应立即赶到现场,迅速判断,不需要立即停车时,由司机通知沿途车站加强监控。

2. 异状应急处理措施

遇有车辆突发剧烈上、下跳动;车体剧烈摆动;连接处明显下垂;走行部有剧烈连续的摩擦震动声等异状时,乘务员立即通知列车长、随车机械师。列车长、随车机械师迅速赶到现场检查确认。威胁列车运行安全时,应立即使用紧急按钮通知司机停车,并向调度报告。

3. 异味应急处理措施

遇有车辆发出烧焦,橡胶、塑胶熔化等产生的异味时应立即通知列车长、随车机械师。列车长、随车机械师要迅速赶到现场检查确认,根据异常气味情况,采取相应措施并及时处理。

(七)动车组旅客或行李物品掉落站台的应急处置措施

发生旅客跌落站台与车体之间的缝隙,或行李物品掉下站台时,列车乘务员应立即通知司机,并通知车站客运值班员对旅客施救或使用专用工具取出行李物品。完毕后,按规定程序关门。如物品掉落站台,确认不危及列车安全时,可待列车出发后由车站处理。

(八)动车组接入无站台股道或列车尾部未靠站台的应急处置措施

遇特殊原因,列车需要无站台停车或列车尾部未靠站台停车,车站应及时组织接车人员携带应急梯(列车乘务员也应提前将应急梯安放到位),提前在动车组停靠一侧等候,待列车停稳后,将应急乘降梯安放在车门口,并保证安放牢固、平稳。

列车乘务员要先确认邻线有无列车通过、有无危及人身安全障碍物后,在车站工作人员协助下,组织旅客乘降。车门开启后要先行下车立岗。

动车组到站前,车站要做好站台闲杂人员和移动物品的清理工作,确保安全。旅客上下完毕,车站及时将应急梯撤除,人员撤离。

(九)动车组发生旅客坠车时的应急处置措施

列车运行中,因旅客自身或其他原因造成旅客在区间坠车时,在不影响动车组安全的情况下,不停车处理,列车长向调度员和段总值班室报告,并通过司机通知就近车站派人寻找。

如因车门故障发生旅客坠车事件,随车机械师要迅速处理故障,车长和乘警要加强防护,采取安全措施,寻找证人、同行人调查坠车旅客情况,采集有效证言,查找坠车人携带品。

列车长按照旅客人身伤害事故处理的有关程序办理相关事宜。

(十)发现精神病患者乘坐动车时的应急处置措施

乘务员发现无人护送的精神病旅客时,立即报告列车长、乘警。列车长指定专人看护,乘警协助处理。

有人护送的精神病旅客,乘务员向护送人介绍安全注意事项,并予以协助。不准其单独行动，精神病人离座时必须有同行人护送。

对无人护送（或无票）的精神病患者，列车长应编制客运记录移交旅客到站或换乘站处理。

发现间歇或突发精神病旅客在乘车途中病情发作时，要立即向列车长、乘警报告。列车长、乘警根据实际情况派人看护，病人狂躁威胁他人人身安全时，乘警应对其采取强制制约措施。

（十一）动车组发生旅客误乘、越站、席别重号等的应急处置措施

因中间站站停时间短，为防止旅客越站，列车员必须在到站前 5 min 内提示责任车厢内的下车旅客提前做好准备，到下车门等候下车。

发生旅客误乘、越站，列车员应做好安抚工作，稳定旅客情绪，密切关注旅客的动态，防止发生旅客使用紧急制动装置造成二次停车，同时立即向列车长报告。

列车长接到旅客误乘、越站的信息后，热心为误乘、越站旅客当好参谋，妥善安排临时席位，并编制客运记录交前方停车站。

车站应提供重点服务，帮助旅客确定返回的车次、时间，指定最近列车免费送回。

如上车旅客的车票发生重号，列车长应妥善处置，安抚旅客，根据乘车人数通知单上席位情况，征得旅客同意后，调整旅客席位，并及时将重号情况上报铁路局。

（十二）发生列车晚点的应急处置措施

1. 广播致歉：动车组晚点超过 15 min 时，列车长要及时与司机联系，了解晚点原因和列车运行情况，并及时通过广播向旅客致歉。通报晚点原因时严格按部、局规定的通报用语解释，每次广播致歉间隔为半小时。

2. 车长巡视：列车长不得以任何理由回避旅客，要加强对车厢的巡视，做好旅客的宣传解释工作，并掌握旅客动态，安抚旅客情绪。

3. 耐心解释：列车乘务人员要努力做好宣传解释工作，不能以不知道、不清楚回答旅客问询，不发牢骚，不讲不利于铁路的话，禁止使用可能激怒旅客的语言。当旅客提出赔偿要求时，列车长要根据现行法规和铁路规章对列车晚点无赔偿的规定进行解释。

4. 优质服务：列车长要组织乘务人员做好优质服务工作防止因服务工作不到位引起矛盾焦点的激化。

5. 报告情况：凡发生晚点，列车长要在第一时间向段值班室、车队汇报情况；晚点超过 30 min的，列车长要及时与客专调度员和有关站联系，报告车内情况和请求协助解决的问题。

6. 干部接车：列车晚点后，凡发生旅客情绪激动或终到晚点旅客在列车上不下车的，列车长要按章交站方处理，段和车队要派干部接车。

7. 交站处理：局管到站在掌握动车组晚点到达的信息后，值班站段领导要到站台接车，同时通知驻站公安及时上岗，和列车协调配合，处理因晚点造成的各类问题。

六、动车组列车大面积晚点应急处置办法

站车应采取有效措施，及时疏散滞留旅客，防止旅客拥挤、踩踏造成人员伤亡事故。公安部门要增加警力，维护站车正常秩序。可根据现场实际情况，灵活采取以下应急处置措施：

（一）售票组织

1. 迅速增开足够数量的窗口，快速为旅客办理退票、改签。根据旅客要求，可优先为滞留的动车组旅客办理既有线旅客列车座、卧票改签。

2. 根据情况适时禁售、限售晚点动车组车票。注意调整自动售票机与窗口保持同步。

3. 禁售、限售站台票。

4. 既有线加开临客时，做好售票调整工作。

5. 产生局部影响或逐步恢复常态时，根据情况，动态调整售票、退票、改签措施。

(二)客服组织

1. 通过客服系统及时将有关信息向旅客公告。

2. 站长、客运主任亲自到候车厅等关键处所检查现场情况，组织各岗位按规定耐心处理旅客提出的问题和困难。

3. 保证站、车旅客饮食、饮水供应，耐心做好旅客的安抚工作，稳定旅客情绪。车站派人主动与滞留动车组列车联系，了解列车需求，尽力协助解决。

(三)秩序维护

1. 调集驻站公安人员上岗，维护车站秩序。

2. 根据本站人员情况，合理分工，加强对候车室、售票厅、进出站口闸机、地道、天桥、站台等处所的安全防护和引导，维护候车、售票、进站秩序，防止发生混乱。

3. 必要时请求地方政府、部队、武警支援。

(四)滞留列车

1. 列车长应迅速向车站了解晚点原因，并立即向调度和客运段报告车内情况。晚点超过15 min时，向旅客致歉，间隔30 min播报一次。

2. 列车长主动与车站联系，并告知车站需要配合和支持的有关工作。

3. 列车长及时召开"三乘"会议，成立应急小分队，做好安抚工作，稳定车内秩序。

4. 努力保证旅客餐饮供应，供应不足时及时与车站联系，向客调报告，请求支援。

5. 按规章规定处理受阻旅客有关事宜。

第二节　车站应急处置

一、售票系统突发故障时车站的应急处理

1. 车站在遇到售票系统突然发生故障导致中断售票业务时，车站站长(副站长)要立即到达现场，负责指挥客运组织及故障处置工作，车站要利用各种渠道及方式，做好乘坐动车组旅客解释、疏导工作，指派专人在售票厅等旅客主要聚集地维持秩序。

2. 车站立即开启应急动车组售票专用窗口，使用代用票发售当日各次动车组列车无座席位。根据售票及客流情况，可安排乘坐本局担当动车组的旅客直接上车补票。

3. 车站安排专人负责及时通知当日本局担当的各次动车组列车长，通报车站售票系统故障及采取的相应措施。列车长接到通知后，立即到岗到位，与车站配合，确保旅客乘降安全，及时安排旅客办理动车组补票业务。

4. 车站售票系统发生故障后，要立即通知车站技术保障部门采取排障措施，并及时向路局信息处、客票管理所汇报。车站技术保障及铁路局各级信息管理部门要本着"快速处置、及时恢复"的原则，迅速查明故障原因和故障点，排除故障，最大限度地缩短故障延时。

5. 售票系统故障排除后要立即首先恢复发售动车组车票业务，确保乘坐动车组的旅客顺利购票乘车。

二、车站遇暴风雨雪等恶劣天气时的应急处理

1. 车站接到暴风雨雪等恶劣天气预报后，站长及时组织工作人员迅速到岗，加强站场巡视，检查客运服务场所的揭示牌、广告牌，挂钟等服务设施是否牢固，并安排人员准备沙袋等防洪设备。

2. 遇暴风雨雪等恶劣天气时，车站要及时向铁路局值班室、客运处汇报受灾情况以及旅客滞留情况。

3. 当候车室、地道等区域出现浸水时，车站组织力量及时采取堆垒沙袋设防等方式防止雨水灌入。保洁工作人员应及时清理积水，并在候车室、天桥、地道等区域设置防滑警示，加强宣传，防止旅客滑倒摔伤。

4. 暴雨天气导致候车室、地道内积水时，车站应及时启动积水强排措施。

5. 因暴风雨雪等恶劣天气造成列车停运、晚点时，车站应迅速将列车停运原因、恢复运行时间等信息及时通过广播、揭示向旅客宣传，安抚稳定旅客情绪，并备足现金，增开签字、退票窗口，积极有序组织旅客办理退票、改签手续。

6. 车站要积极做好旅客的食品、饮水供应工作。必要时，及时与地方交通部门联系，做好旅客分流疏散工作。

三、导向揭示、广播、检票、站台安全门(屏蔽门)等系统严重故障，不能正常使用时的应急处理

1. 车站导向揭示故障时的应急处置程序

(1)客运人员要立即报告综合控制室，由综合控制室向相关维修部门、站长汇报，相关维修部门要立即组织维修。

(2)车站要加强广播宣传，在候车室、地道、天桥等安全关键位置设立活动揭示牌，加强组织力度，确保旅客乘降安全。

2. 车站广播系统故障时的应急处置程序

(1)客运人员应立即报告综合控制室，由综合控制室向相关维修部门、站长汇报，相关维修部门要立即组织维修。

(2)充分利用客运导向揭示、手提喇叭等工具，及时向旅客宣传列车运行、到发及候车室、站台安排等情况。

(3)客运人员坚守岗位，在候车室、进出站口、站台等安全关键位置加强组织力度，确保旅客乘降安全、有序。

3. 车站自动检票系统故障的应急处置程序

(1)客运人员应立即报告综合控制室，由综合控制室向相关维修部门、站长汇报，相关维修部门要立即组织维修。

(2)客运人员立即加强力量实施人工验票。同时，停止持铁路乘车卡的旅客直接进站，并组织持铁路乘车卡出站的旅客办理扣款或补票等手续。

4. 车站安全门(屏蔽门)系统故障时的处置程序

(1)客运人员应立即报告综合控制室，由综合控制室向相关维修部门、站长汇报，相关维修部门要立即组织维修。

(2)当安全门(屏蔽门)发生故障，滑动门不能正常打开时，客运人员应立即用钥匙解锁，或由列车乘务人员操作滑动门开门把手，迅速打开滑动门。

(3)当滑动门不能手动开启时,客运人员立即用锁匙打开应急门,或由列车乘务人员推压开门推杆打开应急门。

(4)当安全门(屏蔽门)故障未修复时,要在故障滑动门上张贴提示标志;安全门(屏蔽门)玻璃破裂时,应采取加固、围蔽等防护措施,同时客运人员做好安全防护。

第三节 动车组应急处置

一、动车组列车发生火灾爆炸事故客运站车应急处置办法

动车组发生火灾事故,应按照“统一指挥、快速反应、正确处置、站车协同、尽快开车”的原则进行应急处置。

1. 统一指挥

动车组在运行中发生火灾,由列车长统一指挥,启动《动车组火灾事故应急预案》,向列车调度员或邻近车站值班员及有关部门报告,组织列车乘务人员疏散旅客,扑灭火灾;动车组在车站发生火灾或起火列车进站后,火灾扑救工作由车站站长组织指挥;公安消防队到达后,由公安消防队统一指挥。

2. 快速反应

动车组火灾报警器报警或乘务人员、旅客报警时,列车长、乘警、客运乘务员和随车机械师要立即携带灭火器赶到报警车厢,确认火情,迅速扑救。

3. 正确处置

在确认火情的情况下,立即组织旅客向邻车疏散,按下火灾报警按钮并通知司机,同时用灭火器扑救(宜先用水型灭火器),如有旅客被火围困或受伤,应立即抢救;起火车厢旅客疏散完毕后,关闭通道阻火门。司机接到确认起火信息后,应立即将火灾情况向列车调度员和邻近车站报告。当车内电气设备、旅客行李物品发生火情或车厢内冒烟(无明火)不危及本列车安全时,可不停车,按有关规定限速运行至就近车站处理;当车厢内旅客携带易燃易爆危险物品发生爆炸燃烧,火势迅速蔓延危及本列安全时,应立即停车。区间停车时,司机应指挥随车机械师、列车长设置列车防护。

4. 站车协同

车站接到动车组火灾报告后,立即启动《车站处置动车组火灾事故应急预案》,做好扑救准备,同时向消防队报警。车站接入起火动车组后迅速组织扑救,疏散旅客,抢救伤员;动车组在区间被迫停车时,车站应组织人员、消防器材立即赶赴现场救援。

5. 尽快开车

火灾扑灭后,列车长、随车机械师共同检查车辆状况,确认安全后,报告列车调度员尽快开车。

二、动车组启用非动车组热备车底客运应急处置办法

1. 客运处

客运处长(副处长)、相关科长、客运处应急办公室人员接到通知后,立即赶赴现场,指导站、车应急处理,并派人添乘热备车。

2. 客票管理所

(1)客票管理所主任须迅速到达客票管理所。局客票管理所值班人员根据相关命令要求,

立即对停运的动车组列车进行停售票控制。

(2)打印停运列车已发售的列车席位并电传相关车站。

(3)立即通知车站计划、售票部门做好新车次票额的调换及退票的准备工作。

(4)及时与局调度部门沟通,第一时间确定新开列车的车次,对新车次进行复权维护。

(5)根据调度命令对新车次进行维护,确保基础信息准确无误。

(6)根据列车编组及时生成新车次席位,通知车站核对列车票价并确定无误后对旅客调换。

3. 车站

(1)接通知后,车站站长、值班站领导必须亲临现场指挥应急处理。

(2)热备车出库后,立即为热备车上水。

(3)接到非动车组热备车底替换动车组的开车命令后,立即停售停运的动车组车票,告知旅客动车组停运事宜,组织收回动车组旅客原票,换发新票并退还票价差额。旅客要求改乘其他列车时,车站应及时办理,尽量可能改签为有席位车票。退票、改签不收手续费。

(4)对要求继续乘非动车组型热备车旅行的旅客,车站要将旅客车票更换完毕。车站要立即增加紧急改签窗口,快速为旅客改签热备车车票,退还票价差额,不收退票费。一等座车旅客优先改签卧铺票。热备车的票价按其车型适用票价办理。

(5)向旅客做好宣传解释工作,根据实际情况,做好安抚旅客工作。

4. 客运段及列车

(1)启动热备车时,客运段长(或副段长)、相关车队长添乘热备车,指导列车长应急处理。

(2)根据旅客改签后的车票,安排好旅客席、铺位,照顾好重点旅客。

(3)热备车乘务班组要配备必要的规章资料,妥善处理旅客票务。

(4)加强列车服务,做好宣传解释工作,稳定旅客情绪,解决各类矛盾。

三、动车组列车运行中发生旅客伤、病的应急处置

1. 迅速通知列车长及乘警到达现场了解伤、病过程及原因。通过列车广播寻找医务人员积极救治,同时做好证言材料收集。

2. 列车移交重伤和死亡旅客时,列车长要及时向客运段报告。

3. 旅客受伤,发生急病需要下车进行救治时,由列车长通过司机报告列车调度员,通知前方停车站提前做好伤病旅客交接救治准备工作。需要临时停车时,列车长通过司机报告列车调度员,请求临时停车。

4. 列车调度员接到报告后,应安排在三等以上的车站停车,并通过司机告知列车长,列车长做好移交准备工作。

5. 旅客受伤、急病需要交站救治时,列车长要及时编制客运记录,与受理车站办理交接,旅客受伤时还应及时拍发电报。如来不及编制客运记录,列车长应简明扼要介绍情况,提供所在车队、班组、姓名及联系方式等基本情况,先行办理伤员交接,车站不得拒绝。列车应于 3 日内将证言材料和客运记录补交受理车站。

6. 车站接到动车组列车移交伤、病旅客的预报后要积极做好接车准备。车站对列车移交的伤、病旅客应当及时送附近或有救治条件的医院救治。

四、动车组列车运行途中发生自然灾害或非正常情况,造成列车晚点的应急处置

1. 列车长应与司机或列车停留地车站、铁路局调度联系,掌握晚点时间、原因、预计到达

时间等情况。

2. 列车长及时向铁路局调度、客运段值班室(派班室)汇报列车晚点有关情况及请求协助解决的问题。

3. 列车长要及时向旅客通报列车晚点信息,并代表铁路致歉。

4. 列车长组织全体乘务人员各负其责,加强车内巡视,做好安全、服务等各项工作,稳定车内秩序。

5. 动车组晚点超过 15 min,列车长要向客运段报告,车站值班干部要向站段长报告,做好应急处理的准备。

6. 始发站晚点 30 min 以上时,车站应及时通知旅客,旅客在发站乘车前要求退票时,车站应及时办理退票;始发站所在局客运处长或客运段长须添乘该列车,并在列车上组织做好解释、安抚工作。

7. 始发站晚点 1 h 以上的逢用餐时间,在车站候车的旅客由车站免费为旅客供餐;途中晚点 1 h 以上的逢用餐时间,由列车长报途经局客调,客调安排车站向列车提供食品,列车免费为旅客供餐。车站为候车旅客或为列车提供食品时,要做好记录,列出品名、数量、单价清单,以备清算。向列车提供的食品,要实行份装制,便于列车员分发,站车办理交接,由列车长签认。

8. 晚点 30 min 以上终到的动车组,终到站站长、公安段长(派出所长)要到站台接车,组织应急处置。

9. 线路中断列车不能继续运行时,对中途下车要求退票、换乘的旅客和铁路组织绕道运输、返回的旅客,依据《铁路旅客运输规程》有关规定,及时为旅客办理退票、改签手续,并做好耐心细致的解释工作。

五、列车上发现传染病人时的应急处置

1. 传染病人的初步判断:一是车上有医务人员时由医务人员初步判断;二是没有医务人员时由列车长根据国家或地区发布的传染病疫情和症状表现进行初步判断。

2. 列车上的病人经初步判断为传染病人(或疑似传染病人)时,列车长应立即向本段值班室、列车运行所在局客调或停车站报告有关情况,同时留下联系方式,等待专业部门的处置指导。

3. 接到报告的单位(人员)要及时向所在地的卫生主管或防疫部门进行通报,请求对列车上的处置进行指导。同时逐级上报上级有关部门。

4. 列车长组织有关乘务人员,按照卫生主管或防疫专业部门的指导意见或指令要求做好车上临时处置、站车交接和后续处理工作。

六、动车组列车运行途中发生紧急停车应急处置

1. 动车组列车运行途中发生紧急停车时,列车长、机械师应立即用车载电话与司机联系,了解列车停车原因。必要时利用列车广播向旅客简要说明原因。

2. 如为车上人为原因造成列车停车时,列车长、乘警及机械师要根据司机提供情况,及时赶往有关车厢、地点查找施行人,调查情况和原因。

3. 客运乘务员及随车保洁人员立即对分工车厢巡视,安抚稳定旅客情绪。

4. 经司机、随车机械师确认影响动车组停车的因素消除,具备开车条件后,应尽早开车,恢复列车运行。

5. 有关人员(司机、机械师、列车长及乘警)要做好紧急停车的情况记录和调查取证资料的整理保管,退乘后及时向所属单位汇报。

6. 动车组列车空调失效超过 20 min 时,按《郑州铁路局旅客列车空调失效应急处置实施细则》(郑铁客〔2011〕84 号)进行紧急处置。

七、动车组列车运行途中旅客打架斗殴应急处置办法

1. 动车组列车乘务人员发现旅客打架斗殴时,要及时制止,防止事态扩大。

2. 立即报告列车长和乘警及时赶赴现场,做好调查和调解工作。

3. 协助乘警调查了解事件原因及经过,收集旁证材料。

4. 旅客受伤时,列车先进行救治,按规定将伤者交前方站医治,斗殴双方相关人员交车站公安处理。

八、在站办理旅客乘降业务的动车组列车接入非高站台乘降时的应急处置

1. 特殊情况,车站需要变更线路将动车组列车接入非高站台时,车站行车人员必须立即报告车站客运主管站长(值班领导),并提前通知客运室广播室做好接车准备。

2. 车站客运主管站长(值班领导)要及时启动车站动车组非高站台旅客乘降应急处理程序,并亲自到现场进行组织指挥,集中车站的各方人力协助客运人员做好旅客应急乘降工作。

3. 司机得到列车进入非高站台通知后,要立即通知列车长。列车长应广播提醒旅客到站后按照列车工作人员的引导下车。

4. 列车乘务人员及时取出列车上配置的应急梯和过渡板,做好准备。

5. 列车到达停稳后,站车共同配合,组织旅客安全乘降。遇列车到达停于不靠站台的线路时,停车后不得使用集控打开车门。列车长要赶往列车中部,与车站客运值班员取得联系,确定旅客乘降方案。并根据确定的乘降方案及开门位置,由随车机械师或客运乘务员操纵手动打开车门,使用应急梯、过渡板及车站提供的应急乘降设施,组织上下车旅客到指定位置集中乘降,确保旅客人身财产安全。

九、动车组列车运行途中停电应急处置

1. 列车运行中发生车厢照明突然停电时,客运乘务员要立即通知随车机械师到场处理。检查各车厢的应急电源开关是否处于闭合位,保证应急电源装置正常工作,并迅速查找原因修复故障、恢复供电。

2. 列车因故障不能满负载供电时,随车机械师要根据实际情况,立即通知列车长,暂时停止使用部分电器。列车长要按照随车机械师要求组织列车员关闭用电量大的设备,尽量减少用电负荷,以保证蓄电池不过放,必要时可保留应急灯和监控系统用电,其他负荷全部关闭。

3. 列车长、乘警应及时到场,加强安全宣传和治安管理工作,稳定车内秩序,严防不法分子乘机破坏,做好专运人员和重点旅客的安全保护及服务,同时向旅客做好正面解释工作。

4. 停电车厢应派乘务员坚守岗位,加强车厢巡视,做好安全宣传,严禁使用明火照明。

5. 列车长应会同随车机械师,查明原因立即向所属段汇报。

十、动车组列车突发异常情况应急处置

1. 动车组列车运行过程中,乘务人员发现或接到旅客反映动车组走行部发出异常声响、车辆突发剧烈上、下跳动、车体剧烈摆动或有烧焦，橡胶、塑胶熔化等异味时：

(1)列车员要立即向列车长汇报。

(2)列车长应立即向随车机械师和司机报告，并随同机械师赶往现场，查看情况，由随车机械师根据具体情况向司机报告，司机可根据随车机械师报告的故障情况采取立即停车或其他相应措施，同时转报列车调度员。

(3)列车重联运行时，前后组列车长应相互通报情况。乘务人员加强车内巡视，维护车内秩序。

(4)根据现场异常情况，采取相应措施及时处理，列车长要做好逐级上报工作。

2. 动车组列车发生旅客误按紧急报警按钮时：

(1)列车列车员应立即了解情况，根据乘车信息系统显示，及时报告列车长，通知随车机械师，将紧急按钮复位。

(2)列车长立即与司机联系，说明报警或停车原因。

(3)乘警长、列车长及列车员要及时调查事情经过，做好记录，并形成详细的书面报告。

(4)列车长要及时了解报警或停车后车厢旅客情况。若发生旅客伤害事故，按有关规定处理。

(5)列车长要逐级汇报事件发生原因和处理经过。

十一、动车组列车行车事故应急处置

1. 发生行车事故后，列车长要及时召开“六乘”会议，并迅速组织有关人员进行事故处理，做好事故现场列车和旅客的安全防护工作，扑救火灾、抢救伤员，分工负责、密切配合。

2. 列车长负责全面各项工作，及时与客调联系，第一时间向所属段汇报工作；列车的现场保护、取证由乘警负责；列车的安全防护、分离列车(列车重联时)工作由值乘机械师和司机负责；餐服长负责旅客饮食供应、餐料补充、饮用水工作；各车厢乘务员、保洁人员做好稳定旅客工作、提供各项服务、照顾好重点旅客；乘务员要加强广播宣传稳定旅客情绪。

3. 事故发生后，全体乘务员要本着“以人为本”的原则，抢救伤员。列车重联时，按照先摘后组，后摘前组的方法将着火车组分解分离。列车分离后，机械师应迅速做好列车(包括列车分解后区间遗留的车辆)防护工作。并组织进行扑救，及时与上级取得联系，核实伤亡人数。

4. 对旅客遗失物品，车长、乘警要进行登记和保管。

5. 必要时乘务员、保洁人员应迅速将旅客疏散到安全地带。

6. 线路中断停止运行的列车，列车长应在旅客车票背面注明原因、日期、返回站并加盖名章，作为旅客免费返回、办理退票、换车或延长有效期的凭证。

7. 动车组列车运行中发生路外伤亡事故，司机应立即采取停车措施。司机接到准许随车机械师下车检查调度命令后，通知随车机械师和列车长。列车长负责车上监护，同时广播告知旅客临时停车，列车员巡视车厢，解答旅客问询，安抚旅客情绪，制止旅客不安全行为。

十二、动车组列车车门故障应急处置

1. 迅速反应、及时报告。动车组列车发生车门故障，集控无法打开(关闭)车门时，列车员要及时向列车长报告车门情况，列车长应迅速通过对讲机与司机及随车机械师联系，了解故障原因，及时修复。

2. 迅速判断、统一指挥。当车门故障无法在短时间内恢复集控开关时，由列车长迅速统一指挥,各工种人员按照具体分工,手动开启(关闭)车门,保证旅客安全乘降。同时广播宣传,告知旅客下车门所在位置,提前做好下车准备。列车乘务人员应提前在车内宣传,引导旅客在下车门等候。

3. 分工负责、组织乘降。当动车组全列车门在站停时无法集控开关时,在列车长的统一指挥下,按照车门分工进行手动开启(关闭)车门。

4. 查找原因,及时维修。司机和随车机械师应迅速查找造成车门故障的原因,及时维修,尽快恢复车门正常使用,保证动车组列车安全正点运行。

5. 组织乘降,安全有序。当发生车门故障时,列车员要做好车内旅客安抚,稳定旅客情绪,坚守岗位,接到列车长通知手动开启车门的命令后,各工种人员按照车门分工手动打开车门,并在车门口组织旅客安全有序乘降,做好扶老携幼、安全宣传,避免挤伤、摔伤,保证旅客安全。如故障未排除,各工种人员按照车门分工确认旅客乘降完毕后,再手动关闭车门。

6. 及时汇报,做好观察。列车长要及时向所属段汇报情况,并做好记录,同时通知列车员坚守岗位,做好车门观察。

十三、动车组列车遇大风、冰雪天气应急处置

1. 及时准确,反馈信息。遇高速线路有积雪或遇大风情况,列车执行限速运行。当列车晚点时,列车长要及时通过车载电话与机车司机联系,了解晚点原因和列车运行情况,列车长应及时采取应急措施,处理好相关事宜。动车组晚点 15 min 时,列车长要将列车晚点区段、推算运行时刻和了解到的情况及时向车队报告。晚点 20 min 时,列车长要向所属段报告列车有关情况。及时主动地通过广播向旅客致歉,如实通报晚点原因。造成列车晚点超过 30 min,列车长要及时与所属局客调和停留站联系,报告车内情况(实际乘车人数、重点旅客及需要中转旅客人数等)和请求协助解决的问题,听取指示。

2. 列车长加强对车厢的巡视,做好旅客的宣传解释工作,并掌握旅客动态。乘务人员要加强车厢巡视,努力做好宣传解释工作。对需中转换乘其他列车、民航航班及有紧急公务、商务的旅客,要认真详细、准确地了解,并做好统计,并按规定与车站办理交接手续。

3. 列车长要将旅客需求情况,及时向所属段汇报。现场有新闻记者时,处理要谨慎,要及时将有关情况汇报所属段。

4. 当旅客提出赔偿要求时,列车长要根据现行法规和铁路规章对列车晚点无索赔程序进行阐述。旅客提出退票时,要依照铁路规章耐心做好解释工作,不予退票,列车不给旅客出具任何证明,必要时列车长可编制客运记录交站处理。

十四、动车组列车防恐和安全防范应急处置

列车上发生火灾爆炸、投毒、劫持、暴力、破坏等案件,按照《动车组列车火灾爆炸应急处置细化措施》和《动车组列车治安案件应急处置细化措施》及《动车组列车发生旅客食物中毒应急处置细化措施》进行处置。

1. 及时汇报。发生火灾爆炸、投毒、劫持、暴力、破坏等案件,列车长要按照应急处置预案程序,及时反馈,保证信息畅通。向所属段汇报。

2. 妥善安排。列车乘务员应积极配合乘警工作,由列车长负责列车突发事件的应急处理、稳定旅客情绪等工作。

3. 分工负责。分工负责,密切配合,保证旅客列车安全。乘警做好调查取证,了解爆炸、

火灾发生的原因、经过。严防犯罪分子乘机作案。发生劫持、暴力事件时，除做好调查事情经过外，还要与列车员一同做好重点嫌疑人的监控工作，防止自杀或逃跑。发生投毒案件时，列车长、乘警要对可疑食物进行封存，提取呕吐物样品，追回售出可疑物，乘警需用数码相机对现场进行拍照搜集证据。列车长要加强车厢巡视，利用列车广播加强宣传，乘务员（包括司机、随车机械师、餐饮人员、保洁人员）要坚守岗位，照顾好重点旅客，作好安抚工作、稳定车内秩序。

4. 坚守岗位。列车员要坚守岗位，未有通知禁止旅客下车（抢救伤员除外）。如有需要抢救的伤员，列车长要尽快与站方取得联系，送就近医院抢救治疗。

十五、动车组列车运行中受电弓故障应急处置

1. 挂在操纵杆方向的接地线由司机负责看护，挂在非操纵端的接地线由列车长指派列车工作人员负责看护。单编组时，由动车组司机负责协助，若单班单司机时，由列车长指派列车工作人员负责协助。

2. 客运乘务员要做好旅客的解释工作和车门的开关，留一非邻线侧车门打开让随车机械师上下，严禁旅客下车。

3. 途中出现受电弓故障，随即启动《动车组列车空调失效（接触网断电）应急处置细化措施》。

十六、动车组列车发生旅客食物中毒应急处置

1. 及时了解。列车发生疑似旅客食物中毒病人时，列车长及乘警应立即赶赴现场，及时了解症状及进食等基本情况，掌握中毒旅客人数、发病时间等情况，收集证言、旁证材料。

2. 准确报告。列车发生食物中毒、传染病等突发卫生事件，列车长要在第一时间向所属段室报告。由段向局疾控所汇报。内容包括：时间、车次、班组、列车长、地点（或站或区间）、主要问题、人员情况、处理办法、后续工作、材料准备情况等。

3. 积极救治。利用列车配备的急救药箱，采取应急救治措施，通过广播寻找医务人员帮助抢救治疗，控制病情进一步发展。发生 3 人以下具有疑似旅客食物中毒症状时，除按上述要求救治外，依据《铁路旅客人身伤害及自带行李损失事故处理办法》（中华人民共和国铁道部令第 12 号）的相关规定处理，需要时编写客运记录交前方停车站处理。发生 3 人以上具有疑似旅客食物中毒症状时，除按上述要求救治外，列车长立即向前方停车站、前方卫生防疫部门通报，并汇报段派班室。怀疑投毒导致食物中毒时，还应同时向铁路公安机关报告。做好相关记载，编写客运记录，作好站车移交的准备工作。必要时列车长与行车调度联系，在前方经过的大站停车抢救。

4. 安抚旅客，保护现场。在抢救安置中毒旅客的同时，列车长要组织乘务人员稳定旅客情绪，保护好现场，做好解释工作。收集、保留、封存造成食物中毒或者可能致食物中毒的食物及其原料、器具，将病人的呕吐物样品一并留存，等待卫生防疫人员进一步调查。

对怀疑导致食物中毒的食物，立即封存，如不能排除食物中毒是列车供应食品所致，要停止列车食品供应活动，设法追回已售出的可疑食物或通知旅客禁止继续食用，防止事态进一步扩大。

5. 认真取证，协助调查。列车长应及时调查发病的原因，收集证据材料，了解旅客发病症状、进食史并做成记录，形成第一手资料。对中毒病人的基本情况做好登记，以便协助卫生防

疫等部门，最终调查确定诊断。

十七、动车组列车空调失效（接触网断电）应急处置

1. 动车组列车因故障经司机、随车机械师双方确认不能维持运行、空调失效超过 20 min 不能恢复时，列车长应及时与司机、随车机械师沟通，视情况做出打开车门决定，并通知司机转报列车调度员。同时向所在局客调和所属段报告。

2. 列车长组织乘务员、餐饮人员、保洁人员安装列车运行方向左侧（非会车侧）2、4、6、8 车的防护网，遵循先停车安装防护网，再手动打开车门的程序。按车门分工负责值守。必须做到"一门一岗"。禁止旅客进入距车门 1 m 范围内。列车长、列车员、乘警长、随车机械师加强车内巡视和车门口的巡视检查，随时处理车内突发事件，做好安抚解释工作，劝阻旅客不要在车门口处停留。

3. 列车长组织安装防护网、打开车门并检查确认后，在手账本上记录相关内容（×点×分与司机×××、随车机械师×××联系、司机×点×分汇报调度）。列车长、司机、随车机械师要在《动车组旅客列车空调失效打开车门通风通知单》（见表 6-1）上签认。列车长保管留存。

表 6-1　动车组旅客列车空调失效打开车门通风通知单

……次动车组司机、随车机械师： ……年……月……日……………次在……………处，因……………………，空调失效超过 20 分钟不能恢复，已于……时……分，打开……号门通风并安装防护网，特此告知。 列车长（签字）： 随车机械师签字：　　　　动车组司机签字： ……日……时……分　　　　……日……时……分

4. 列车空调失效，列车长应及时向旅客通报情况并致歉，要组织乘务员加强车内巡视和安全宣传，深入车厢向旅客做好解释和服务工作，帮助旅客解决临时困难，稳定旅客情绪，避免因旅客不满而激化矛盾，同时照顾好重点旅客。

5. 乘警应做好治安管理工作，加强车内巡视，稳定车内秩序，确保秩序良好。

6. 逐车寻找车内医务人员，准备好急救药品，随时救治因车内空气不畅引起的各类急病。

7. 加强服务工作，尽最大努力满足旅客饮水、饮食需求。

8. 因停电卫生间冲洗设备不能使用时，列车工作人员应将垃圾袋放置在卫生间备用。

9. 需要组织旅客下车或换乘其他列车时，应在车站站台上进行，列车长应向客调汇报，由客调发布命令指示车站和列车一起组织旅客换乘。必须在站内正线或区间组织旅客下车或换乘时，需经铁路局主管运输副局长（总调度长）批准，同时要做好安全防护，以防发生意外。

10. 涉及需要为旅客办理退票、退差、改签时，按现行规章办理。

11. 空调故障修复须撤除防护网、关闭车门时，由列车长通过无线对讲机通知司机、随车机械师。司机、随车机械师予以配合，遵循先关闭车门，再撤除防护网的程序。

12. 在石太客运专线运行的动车组，因空调失效超过 20 min，列车长视情况决定打开车

门,也应在车厢内运行方向左侧(非会车侧)车门处实施。迫停在设有紧急救援站、横通道的长大隧道内必需向车下疏散旅客时,执行《关于印发〈郑州铁路局动车组列车石太客运专线突发事件旅客疏散程序(试行)〉的通知》(郑客函〔2009〕16 号)规定。

13. 应急备品的配备

石太客运专线动车组列车客运班组应配备不少于以下数量的应急备品:

(1)口笛 3 个;

(2)便携式喇叭 3 个;

(3)强光手电筒 10 个;

(4)GSMR 专用手机 1 部。

14. 长大隧道和紧急救援站位置

(1)长大隧道:三座长大隧道,位于阳泉北—井陉北之间,自西向东:太行山隧道长 27.8 km,南梁隧道长 11.5 km,石板山隧道 7.505 km。

(2)紧急救援站:太行山隧道内设置有两个紧急救援站:1 号紧急救援站设置在 K91+825～K92+375 处,长 550 m。2 号紧急救援站设置在 K77+280～K77+830 处,长 550 m。1 号救援站中部设有逃生斜井并与省道连结。两个紧急救援站各设 9 个横通道,紧急救援站内横通道间距为 60 m 横通道每个长 23 m,并设有防护门。

十八、动车组列车紧急情况下停在隧道、长大桥梁时的应急处置

1. 在长大桥梁临时停车时

当动车组列车在紧急情况下停在大桥上需紧急疏散旅客时,列车长应立即向所属局客调汇报,得到客调同意向车下疏散旅客的指令后,通知本务司机打开列车运行方向左侧车门或按照客调指示方向打开指定的车门(如集控开门失灵时,应手动打开车门),向车下疏散旅客。

2. 在隧道内临时停车时

动车组列车在隧道内临时停车时,列车长应组织列车员、随车机械师、乘警、餐饮人员及保洁人员加强车内巡视和安全宣传,维护车内秩序,防止发生意外。

在需疏散旅客时,列车长应首先向所属局客调汇报请示后(如手机无信号时,应通过司机向上级汇报),方可疏散旅客,避免疏散时发生意外。

(1)普通隧道:打开列车运行方向左侧车门(如集控开门失灵时,应手动打开车门)。

(2)有应急救援横通道的隧道(例如:石太客专的太行山隧道和南梁隧道带有横通道)无论上下行,应打开列车运行方向右侧车门(如集控开门失灵时,应手动打开车门)。

确定打开车门前如有客调指示,按客调指示方向打开车门。

列车在石太客专隧道内停车后,需要向车下疏散旅客时,使用救援应急设备提示旅客注意脚下障碍物,防止出现摔伤或踩踏事故。

十九、动车组列车石太客运专线突发事件旅客疏散程序应急处置

1. 动车组列车石太客运专线旅客疏散应急小组及分工

动车组列车建立由列车长任组长,本务司机、乘警长、随车机械师等为组员的列车应急处理指挥组,负责动车组列车在石太客运专线发生火灾、交通事故、动车组故障或遇有自然灾害等突发事件,需要组织旅客紧急疏散或换乘时实施应急措施。

(1)职责:组织、指挥、带领乘务人员根据情况,启动相应应急处理程序;确定和执行疏散方案,有序疏散旅客;救护伤员;及时向上级报告事件情况;协助处理好疏散后有关事宜等。

(2)分工:列车长统一指挥,在疏散换乘前,向列车乘务人员(含餐饮、保洁)布置疏散、换乘办法,明确职责分工,防止发生混乱,确保旅客安全;乘警负责现场警卫、疏散旅客,维护秩序,发动和组织旅客正确逃生;机械师负责设置防护、救援等工作,指导乘务员和旅客利用车门紧急开关和从逃生窗逃生。

2. 应急处置措施

(1)动车组列车发生火灾事故等情况,危及旅客安全需要疏散时

①动车组列车发生火灾事故等情况,应先迅速扑救,报告车长,及时向邻车疏散旅客,疏散完毕后,关闭两端阻火隔断门。列车长立即通知司机,并向石太客专动车调度台报告。火势蔓延不能控制,应通知司机立即停车。停车后将旅客疏散到安全地带。停在复线时,应打开列车运行方向左侧车门,按分工有序疏散旅客。禁止旅客在有线路一侧下车。

②当必须向地面疏散旅客时:

a. 列车停留在车站,组织旅客向车站站台安全区域疏散。

b. 列车失去动力,迫停在区间,必须向列车运行方向左侧疏散旅客。

c. 列车停留在紧急救援站时,按石太客专动调台指令,向有横通道一侧(石太客专上下行均在右侧)疏散,组织旅客有序进入横通道避险,确认旅客全部进入横通道内后,关闭横通道防护门,等待救援。必要时,可根据指令通过洞内斜井组织旅客逃生。

③紧急疏散旅客时,乘务人员要利用车内广播和便携式喇叭告知旅客听从引导和指挥,注意脚下障碍物,防止跌倒摔伤,防止发生踩踏。

④在疏散的同时,列车长应视情况组织乘务人员做好现场紧急救护工作。统计旅客伤害情况,及时向石太客专动车调度台、郑州铁路局客调、客运处、段报告。

(2)动车组列车发生突发事件,需要换乘列车时

①动车组列车停留在平原地带或短小隧道(上下行在同一条隧道内)时:

a. 动车组列车发生故障不能运行时,列车长应向石太客专动车调度台报告,接受指令。

b. 列车长向列车乘务人员传达调度指令。

c. 如需要换乘,通过列车广播向旅客宣传换乘方法,组织旅客做好自助互助的准备。按照调度员指令,待救援动车组在指定位置停妥后,列车长通知司机打开列车一侧车门。

d. 列车长和乘务人员在车下关键部位立岗防护,组织旅客有序下车,安全换乘。列车长携带通信设备,随时保持联系。

e. 如需要跨越线路时,列车长安排专人进行人身安全防护。

f. 在隧道内疏散旅客时,要利用车内广播和便携式喇叭提示旅客下车后,注意脚下障碍物,防止跌倒摔伤,防止踩踏。

②动车组停留在长大隧道紧急救援站,需要换乘时:

a. 动车组列车发生故障不能运行时,列车长应向石太客专动车调度台报告,接受指令。

b. 列车长向列车乘务人员传达调度员指令。

c. 列车要利用车内广播和便携式喇叭向旅客宣传换乘方法,组织旅客做好自助互助的准备。提示旅客下车后,注意脚下障碍物,防止跌倒摔伤,防止发生踩踏。

d. 列车长通知司机打开有横通道一侧车门，并携带通信设备，随时保持联系。

e. 列车长和乘务人员在车下关键部位立岗防护，组织旅客有序下车，在横通道内等待或到邻线换乘列车。

③石太客专上下行线路全部中断，旅客需要下车换乘时：

a. 列车长通过石太客专动车调度台，确认本列动车组停留的位置，请示疏散方向和疏散方案。

b. 按调度指令确定打开列车一侧车门，组织旅客下车。

c. 按上级指令组织旅客疏散。

d. 组织旅客疏散时，列车长要携带通信设备，随时保持联系，听从调度员统一指挥，做好旅客的换乘工作。

3. 长大隧道和紧急救援站位置

(1)长大隧道：三座长大隧道，位于阳泉北—井陉北之间，自西向东：太行山隧道长 27.8 km，南梁隧道长 11.5 km，石板山隧道 7.505 km。

(2)紧急救援站：太行山隧道内设置有两个紧急救援站：1 号紧急救援站设置在 K91＋825～K92＋375 处，长 550 m。2 号紧急救援站设置在 K77＋280～K77＋830 处，长 550 m。1 号救援站中部设有逃生斜井并与省道连接。两个紧急救援站各设 9 个横通道，紧急救援站内横通道间距为 60 m 横通道每个长 23 m，并设有防护门。

二十、动车组列车发生旅客集体拒绝下车的应急处理

1. 车站在接到因动车组列车晚点旅客集体拒绝下车的信息时，车站站长(副站长)及有关车间干部要立即赶到现场，了解情况，亲自指挥。立即组织部署客运、公安增加人员接车。

2. 公安段(派出所)在接到车站通知后，要立即组织足够力量到现场维持秩序。

3. 动车组列车晚点到达后，车站应组织有关人员向旅客做耐心的解释工作，尽快组织旅客下车出站，对拒绝下车的旅客，全力做劝说工作，请旅客下车到专门地点进行处理。

4. 列车工作人员应协助车站工作人员做好说服解释工作。

5. 因晚点造成旅客没有赶上所乘列车时，车站安排人员及时为旅客按章办理签、退票手续。

6. 旅客因晚点集体拒绝下车事件处理情况，车站应及时向客调汇报，处理完毕向客运处汇报。

二十一、动车组发生旅客滞留列车的处理

1. 发生旅客以滞留列车的方式向铁路要求晚点或空调故障赔偿时，站车工作人员应当以说服劝解、诚恳道歉为主，耐心细致地做好解释工作和相关法律法规的宣传工作，稳定情绪，化解怨气，力争取得旅客的理解和配合。

2. 公安部门要积极配合客运部门，认真开展滞留旅客的说服工作，争取理解和支持。同时，要向旅客宣传法律知识，告知可以通过其他合法渠道和方式维护合法权益，劝说旅客听从车站工作人员的安排到指定地点协商解决，并协助车站工作人员引导旅客下车。

3. 公安部门在协助全力过程中，严禁携带枪支。客运部门在宣传和说服旅客离开车厢

时，现场应有公安人员维持秩序，经反复工作劝离无效时，公安人员应宣布《关于严禁旅客滞留列车维护铁路运输秩序和安全的通知》并组织足够的公开警力，对拒不下车的人员依法采取措施带离车厢。对煽动旅客滞留车厢和扰乱列车治安、破坏铁路运输秩序。用暴力手段对抗执法的个别人员，要认真调查取证，依法追究法律责任。劝阻中要依法依规，有理有节，文明执法。

注：《关于严禁旅客滞留列车维护铁路运输秩序和安全的通知》

1. 滞留列车的旅客必须迅速离开车厢，请你们立即下车，到车站反映解决问题。对拒不下车的，公安机关将依法采取强制措施带离车厢。

2. 对煽动旅客滞留车厢和扰乱列车治安、破坏铁路运输秩序。用暴力手段对抗执法的个别人员，公安机关将追究其法律责任。

3. 希望广大旅客自觉遵守国家的法律法规，不要滞留列车，积极维护铁路稳定，支持公安机关工作，配合铁路部门迅速恢复铁路运输秩序。

第七章　高速铁路列车服务礼仪与服务技巧

第一节　高速列车客运服务礼仪概述

一、服务礼仪

礼仪是文明的象征，属于道德的范畴。礼仪是人们在社会交往中形成的行为规范与准则，是礼节、礼貌、仪式、仪表的总称。它是社会道德、习俗、宗教等方面人们的行为规范，是文明道德修养程度的一种外在表现形式。礼仪不是随便制定的，是以约定俗成的程序、方式表现律己、敬人的过程，涉及穿着、交往、沟通、情商等内容。人类社会要发展就必须弘扬、推行礼仪，这是因为礼仪具有重要的社会功能，既有助于个人，也有助于社会。

铁路客运服务礼仪，主要是指铁路车站、列车在服务工作中向旅客表示敬意的仪式，是服务工作中形成的得到共同认可的礼貌，礼节和仪式，是客运工作人员必须遵循的服务规范。掌握服务礼仪，做到礼貌待客，是做好铁路客运工作的先决条件。塑造铁路客运服务的礼仪礼貌，不仅是服务人员的工作需要，也是个人文化修养的直接表现。

二、高速列车客运服务礼仪

高速列车与既有线客运列车提供的服务相比，不仅在安全、迅速、方便等方面有巨大的飞跃。同时通过先进的硬件设施，给旅客创造了更加舒适、人性化的旅行环境。

高速列车中的客运服务礼仪是整个高速铁路服务礼仪内容当中的一部分，主要是指在列车服务的过程中，当旅客从甲地到乙地产生位移时，通过乘务员服务、列车硬件设施、软件设施之间的配合，最大程度的满足旅客利益和需求的实质。

第二节　高速铁路客运服务概念、分类、特点

一、服务概念

关于服务概念的研究，最早是从经济学领域开始的，后来延伸到了营销管理领域。经济学意义上的服务是指一种可供销售的活动，是一种等价交换的形式，为满足企业、公共团体或者其他公众社会的需要而提供的劳动活动或者无形产品。一般认为，具有非物质性、产生消费的同时性、不可存储性三种性质的交易品就是服务，其中非物质性被认为是服务的最本质特征。

市场营销学界对服务概念研究大致是从 20 世纪五六十年代开始的。先后有大量学者投身于服务管理的研究工作。如菲利普·科特勒(Philip Kotle，1994)对服务定义如下：一项服务时一方能够向另一方提供的任何一项活动和利益，它本质上是无形的，并且不产生对任何东西的所有权问题，它的产生可能与实际产品有关，也可能无关。格朗鲁斯(Gronroos1990)对服务的定义如下：服务一般是以无形的方式，在顾客与服务职员、有形资

源产品或服务关系之间发生的，可以解决顾客问题的一种或一系列行为，在过程中解决消费者的有关问题。

营销管理学中对服务的定义突出以下几个要点：一是服务更多的是一种行为或过程；二是服务必须提供一种利益和满足感；三是对服务的定义是多种多样的，而且是不断发展的。

二、铁路客运服务概念

铁路客运服务的定义沿用了营销学的概念。铁路客运服务是指为了实现旅客位移而由一系列或多或少具有无形性的活动所构成的一种过程，该过程是在旅客与服务人员、硬件与软件的互动过程中进行的，其实质是最大限度的满足旅客的需求并为其创造价值。客运服务是站在消费者的角度，强调旅客在获得和消费客运服务时的一种实际体验和体验的满足程度，侧重于"过程性"和"旅客满足感"。

三、铁路客运服务的分类

铁路客运服务是消费者参与的生产并从中获得体验的过程。对服务进行分类，有助于寻找规律、提炼其原则，研究它们的特点，进行服务产品设计，提高服务水平及质量，服务的分类有不同角度。

1. 按照服务时间和销售时间划分

按照服务时间和销售时间可以将服务分为售前服务、售中服务和售后服务三类。售前服务是指服务时间早于销售时间的服务；售中服务是指服务时间与销售时间同步的服务；售后服务是指服务时间晚于销售时间的服务。

对于客运服务来讲，既有售前服务、又有售中服务和售后服务。其中售后服务占很大比例，旅客通常先买票才上车享受具体的服务；售前服务在旅客运输中存在，例如旅客先上车后买票的情况。

2. 按照与顾客的接触的程度划分

按照服务提供过程中与顾客接触程度可将服务划分为"高密度接触"服务、"中密度接触"服务、"低密度接触"服务三类。"高密度接触"服务是指顾客亲自到服务场所，并且在服务传递过程中积极地配合服务组织和它的工作人员工作；"中密度接触"服务是指在服务中顾客与服务提供者接触程度较低，顾客到服务提供者的场所，但在整个服务传递过程中顾客不必一直在场，顾客同服务者接触的目的或者是建立关系，确定问题，或者是去送需要服务的实物，或者仅仅是为了付款；"低密度接触"服务是指在服务中不涉及顾客和服务提供者之间任何的身体接触，服务时通过电子媒体或分销渠道实现的。

从铁路旅客运输服务流程来看，各个环节旅客接触程度不同。对铁路客运服务来说，即使是同一种服务，提供服务的方式不同，旅客接触程度也不同。例如"售票"服务、列车补票、柜台、窗口售票属于高密度接触服务，电话订票、网络订票、订购票后取票属于中密度接触服务，而自动售票机取售票属于低密度接触服务。

3. 按照服务的生产过程特点划分

按照服务的生产过程特点可将服务分为专业服务、批量服务、服务店铺和批量定制服务四种。专业服务是指批量小而产品类型较多的服务。服务的个性化程度高，服务系统组织以人员为主，如心里咨询师、律师等；批量服务是指产品类型少而生产批量大的服务。服务个性化程度低，服务的标准化和程序化程度都很高，设施设备在服务系统中占有主要地位。如大型超市、机场服务等；服务店铺是指生产批量产品，类型介于专业服务和批量服务之间。服务人的提供需要人员与设施设备的组合。如银行、宾馆、餐馆等；批量定制服务属于批量产品类型都处于较高水平的服务。铁路旅客运输服务基本属于批量服务，服务类型较少，批量大。随着客运专线的修建，运输能力不再是限制因素，铁路运输企业可以不断增加服务类型，提供批量定制服务。

4. 按照提供服务的"主体"划分

按照提供服务的"主体"划分，服务可分为以设备为主和以人工为主两种。以设备为主的服务是指主要靠设施设备来向顾客提供服务。如铁路自动售票机提供的售票服务，以人工为主的服务是指主要靠人力向顾客提供服务，属于劳动密集型服务，这类服务对服务人员的素质要求很高。

5. 按照与企业的关系划分

按照顾客与服务组织的关系可将服务划分为"会员"关系服务、"无正式"关系服务两类。"会员"关系是指服务企业对常顾客提供的比较固定的服务。如铁路对通勤通学旅客提供的月票、年票，以及一些优惠政策；"无正式"关系是指服务企业对偶然性顾客提供的服务。这类顾客一般能享受正常的铁路服务，不能享受"会员"顾客享受的优惠等。

四、高速列车客运服务特点

高铁列车服务跟既有线列车相比，服务方式更加灵活、人性化，主要具备以下特点：

1. 为旅客提供安全、舒适、快捷、准时、优质的服务是高铁列车服务的主要特点。高铁列车乘务员言谈举止的严格规范，服务态度的好坏影响着国内外旅客乘坐中国铁路高速列车的第一印象，从这个角度也可以说高铁的服务水平在一定程度上体现了国家形象，民族素质。

2. 列车乘务服务是反映铁路旅客运输质量的窗口，它直接代表着中国铁路的新形象。在激烈的市场竞争中，高速列车乘务员服务质量的好坏，直接关系到高速铁路，CRH 动车组的专业形象品牌和良好的社会声誉。

3. 乘务工作者服务的对象是来自不同国家、不同地区、不同文化层次、不同职业、年龄、地位、不同风俗习惯的旅客，因为其服务内容的特殊性以及要满足国内外不同旅客的多样需求，从而要求乘务员必须有较高的自身文化修养，掌握丰富的铁路专业知识和高铁服务礼仪规范与服务技巧。

第三节　高速列车客运服务质量概念及质量标准

一、高速列车客运服务质量概念

高速铁路客运服务质量是指旅客在乘车过程中对列车乘务人员提供的服务满足旅客规定和潜在的需要程度。

那么，什么是规定需要呢？规定需要主要是指已经在技术规范或者服务规范中做出规定的旅客要求，如在列车到站前，广播应及时通告(乘务员或电子显示屏)站名、到开时刻、停站时间，并提前组织重点旅客到车门口等候下车。

潜在需要是指没有在技术规范或服务规范中做出的规定，但旅客在接受客运服务时实际存在的需要，既旅客意会而难以明确表达或不言自明的需要，以及某些特殊旅客的特殊需要，如不经常出门的旅客旅行时需要特别明确的向导服务等。

高速列车服务质量,也就是旅客所感知到的质量,始终是我们质量管理的方向。当旅客感知服务质量超出期望时旅客就会感到惊喜,当感知服务质量与期望相等时旅客也会基本满意,但当感知服务质量低于期望时旅客就会不满意,就是服务失败。

二、高速铁路列车客运服务质量标准

高速铁路客运服务质量标准与服务质量直接相关。高速铁路客运服务是以满足旅客需要为基础的,但由于铁路运输自身的经济技术特征和高速铁路客运服务产生和消费特点,使其内容到形式很难充分考虑到每个旅客的需求特点,而只能是根据市场分析和服务群体的需求,对旅客很关键但又无法监控的、带有重复性的服务行为实行标准化管理。以"标准"为依据,可以明确为旅客提供服务质量目标。可以说高速铁路客运服务质量标准涉及了从服务设计,到服务提供、服务控制、从为旅客提供的服务的设备,到服务生产过程中的规章、规范和服务人员的行为规范等方面。这样便于对服务质量的全过程全面管理和控制,进而保证服务质量。

高速铁路列车是为适应市场需求,满足旅客旅行需求而推出的高端旅客运输产品。其服务理念是"以人为本、旅客至上",树立安全、快速、便捷、高雅的优质品牌形象。

铁道部关于动车组乘务人员的品牌形象标准要求主要有以下内容:

(一)乘务人员综合标准

动车组客运乘务人员应当具备大专及以上文化程度,能够熟练使用计算机和列车相关设备设施,掌握常用英语对话,简单手语,具有良好的语言文字表达能力和服务技巧。身材匀称,五官端正,原则上女性身高不低于 160 cm,男性身高不低于 170 cm。

(二)乘务人员业务标准

动车组客运乘务人员应当按照有关要求进行岗位培训,经考试合格取得上岗资格,由铁路局统一颁发 CRH 上岗证,持证上岗并应当定期进行脱产培训。

(三)乘务人员服务标准

服务标准是打造动车组良好的专业品牌形象重要组成部分。服务标准中包含的内容有,动车组客运乘务人员的专业形象、仪容仪表、行为举止、语言规范等标准要求,下面我们就详细介绍这些规范及标准。

高速铁路动车组乘务人员的专业形象是:活力、热情、文明、自信。

1. 仪容仪表规范

仪容仪表规范包含:男、女乘务人员的发型、面容、着装、饰物佩戴。

(1)发型要求

① 男女乘务人员对于头发的共性要求是每天保持头发干净,有光泽,无头皮屑。

② 女性乘务员刘海应保持在眉毛上方,禁止理奇异发型。

③ 任何一种发型都应梳理整齐,使用发胶、摩丝定型。

④ 乘务人员的头发应保持黑色或自然棕黄色,不得使用假发套,不得染彩发,具体见图 7-1。

⑤女性乘务员短发最短不得短于两寸,发长最长不得超过衣领底线。男性乘务员头发两侧鬓角不得长于耳垂底部,发长前面不遮盖眼睛,后部不长于衬衣领;不得剃光头、烫发和剪板寸头,具体见图 7-2。

图　7-1

图　7-2

(2)面容要求

①女性乘务员必须淡妆上岗，乘务备包中应携带化妆包，在工作中遇到脱妆时应注意及时补妆，出乘前必须携带口红、粉底(饼)、眼影、腮红、梳子、定型水、擦鞋器、备用丝袜、香皂、护手霜。补妆应避面在旅客面前，选择洗手间或工作间进行。

化妆过程中要注意选择与自己肤色相近的粉底液(霜)色，使其起到提亮肤色和使整个面部、颈部达到肤色、柔和、均匀的效果，注意避免在脖颈之间出现明显的“分界”。具体见图7-3。

图　7-3

②眉毛的颜色应接近头发颜色，应修剪秀丽、整齐，眉笔应使用黑色、深棕色为宜。眼线应使用黑色、深棕色为宜，眼线不可描的过重。睫毛膏应以黑色、深棕色为宜，不可使用假睫毛。乘务人员的眼影颜色选择应与制服颜色协调。不得涂颜色过于艳丽的眼影。面部的腮红颜色应与口红颜色协调，根据自己的脸型决定腮红的位置。口红的颜色挑选以大红、深红、桃红、玫瑰红为宜，唇线的颜色应与口红颜色一致，不得使用不健康色的口红。

③双手一定要保持清洁健康，指甲修剪整齐美观，指甲保持肉色，可涂透明色指甲油，但不得有脱落现象。涂色指甲长度不超过手指尖 3 mm，不涂色指甲不超过 2 mm，各手指甲长度应保持一样长。

④喷洒香水时以清香、淡雅型香水为宜，不可过香、过浓，可喷口香剂来保持口气的清新。

(3)着装要求

①在穿着制服的时候，要注意自己的仪容仪表，使自己的形象、举止符合于制服应表现出的形象。具体见图 7-4

②制服应在乘务中或其他一些特殊情况时穿着。制服是经过特殊设计的，不允许以任何

方式进行修改。

③工作前后，保持制服干净、烫熨平整无褶皱、无褪色。

④制服上不得佩戴任何饰物；着制服当班时，必须佩戴职务标志。

⑤在非工作时间，除集体活动外，不得穿制服出入公共场合和乘坐列车。

⑥不得将笔插在外衣兜内。

⑦穿着风衣、大衣时，须扣好纽扣，系好腰带；如佩戴丝巾应熨烫平整，统一系好，保持整洁。

⑧春秋季节着马甲时，皮带应系紧、扣好，皮带头不得外露。

⑨裤装必须干净、平整、有裤线，不可有光亮感。

图 7-4

⑩女性乘务人员在着裙装时必须穿长筒袜，做到无跳丝和松弛现象，如有损坏应及时更换。长筒袜的颜色应统一为肉色或浅灰、浅咖啡色，不得出现破洞和抽丝现象。

穿着黑色或深咖啡色皮鞋，女乘务员皮鞋后跟高度不高于 5 cm，鞋跟面的着地直径不小于 2 cm。皮鞋不得有装饰物，做到勤清洁、勤护理、保持干净，整洁上岗。

(4)饰物佩戴要求

①男女乘务人员均可佩戴手表。但手表的款式、颜色简单不夸张，宽度不得超过 2 cm，不得系挂怀表。

②使用发夹、发箍、头花应为无饰物黑色、咖啡色、藏青色。

③女性乘务人员可佩戴一副镶嵌物直径不超过 3 mm 的耳钉，不得佩戴耳环、耳坠等。

2. 行为举止规范

行为举止规范包括面部表情、动作姿态等内容。

(1)微笑

微笑服务要始终贯穿在旅客服务的全过程中。对于微笑的具体要求，应该掌握以下几个要点：

①微笑时应沉着冷静、表情含蓄、得体大方；

②提倡的几种微笑：眼中含笑、用心微笑、健康的笑、阳光般灿烂的笑；

③声情并茂的笑：笑的时候，应当做到表里如一，令笑容与自己的举止、谈吐相辅相成，锦上添花；

④气质优雅的笑：不仅要讲究笑的适时、尽兴，而且更要讲究笑时要精神饱满，气质典雅；

⑤表现和谐的笑：笑的时候，要使各个部位运动到位，不温不火，避免笑得勉强、做作、失真。

在微笑服务的同时，乘务人员的面部表情要做到亲切自然，与旅客有目光接触时要做到目光友善。具体见图 7-5。

(2)鞠躬

鞠躬主要用于迎送旅客，向旅客表示诚挚的谢意或者歉意时的一种肢体语言。

图　7-5

图　7-6

①鞠躬时应面带微笑，双脚并拢，脚尖略分开，双手四指并拢，交叉相握，右手叠放在左手之上，自然垂于腹前，身体向前，腰部下弯，头、颈、背自然成一条直线，上身抬起时，要比向下弯时稍慢些；视线随着身体的移动而移动，视线的顺序是：旅客的眼睛—脚—眼睛。

②迎送客时和行还礼时，身体鞠躬为 30°。具体见图 7-6。

③给旅客道歉时，身体鞠躬为 45°。

(3)站姿

站姿是乘务人员仪态美及外表形象气质的体现，主要做到：

①挺胸收腹，双肩下沉，颈部正直，收下颚，身体自然挺直，面带微笑。

②双脚并拢右脚略向后，脚尖分开成“丁”字形，双手四指并拢，交叉相握，右手叠放在左手之上，自然垂于腹前。

③男性乘务人员可以采取两脚并拢的立正姿势，也可以双手背后，两脚分开与肩同宽的跨立姿势。具体见图 7-7。

(4)坐姿

在乘务工作进行时，坐姿用到的几率不多，但乘务人员仍要注意坐姿的良好及细节要求。

图　7-7

①入座前，腿与座椅应有 30 cm 的距离；就座后，上身挺直，略向前倾，不得斜肩 、倾背、抱胸、曲腰或闭目；不得打趣、玩笑和直接面对旅客整理个人仪容仪表，注意保持专业化坐姿和良好精神面貌。

②女性乘务人员着裙装落座之前，右手轻抚后裙摆(手心向上)，左手自然放在身体一侧，坐下后右脚略向前移，左脚跟上，双膝、双脚并拢，大小腿之间成不小于 90°夹角，双手五指并拢自然放在腿上。具体见图 7-8。

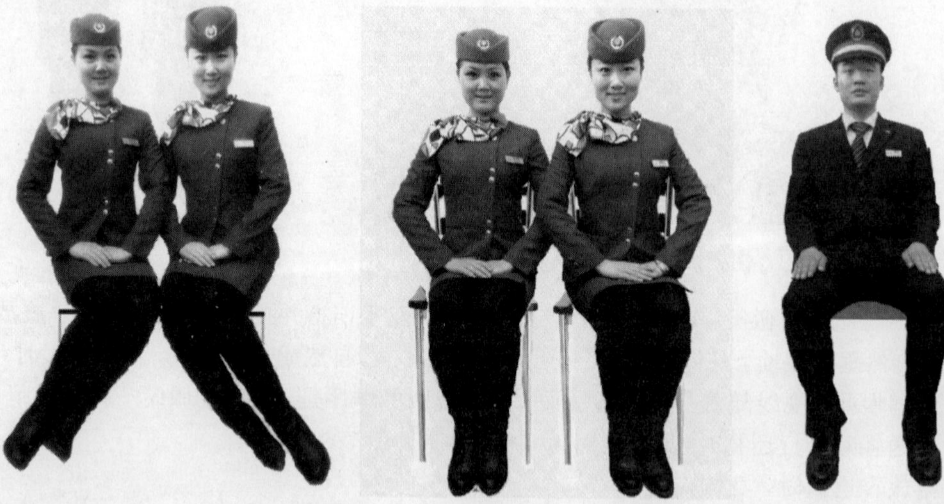

图 7-8

(5)走姿

在车厢里行进的过程中要始终保持精神饱满，方向明确的走姿。做到挺胸收腹，颈部正直，目视前方，身体自然挺直，双臂自然摆动，双脚内侧在同一直线上行走，不左右摇摆，脚步不可过重、过大、过急。女性乘务人员在旅客周围巡视时，双手可自然相握，抬至腰间，始终在工作期间保持良好的体态。具体见图 7-9。

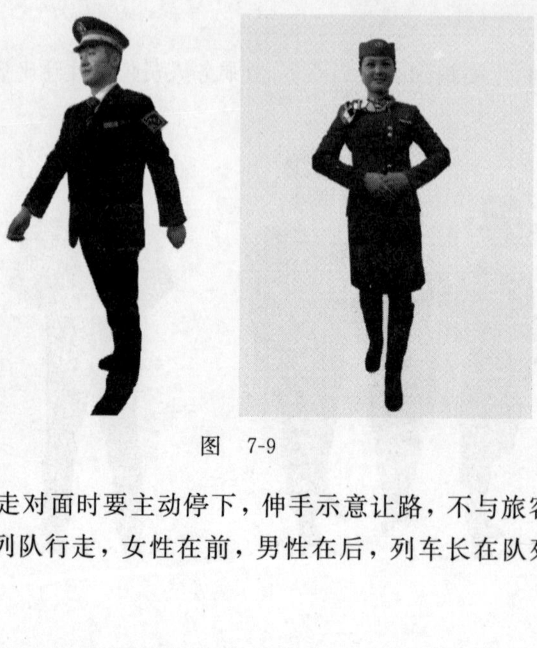

图 7-9

①行进过程中与旅客走对面时要主动停下，伸手示意让路，不与旅客抢道、并行。

②集体进出站时，要列队行走，女性在前，男性在后，列车长在队列左侧中后部同步行走。

③携带箱包行走时，拎（背）包或拉箱时，应队列整齐，步伐一致，箱（包）应在同一侧。具体见图 7-10。

图　7-10

图　7-11

（6）蹲姿

上身尽量保持挺直、立腰；下蹲时，右脚退后一小步，如女士穿裙装，应用手拢一下裙摆，左膝盖稍向内侧斜，然后缓缓蹲下，实行两膝高低不一致的半蹲式；起身后收回右脚。具体见图 7-11。

（7）上举

手臂上举时要做到姿态优雅；必要时，可踮起脚跟以增加身体的高度。具体见图 7-12。

图　7-12

图　7-13

(8)捡拾物品

捡拾物品时,应当先蹲后拾,上身保持挺直,右手捡拾时右腿低,左手捡拾时左腿低。具体见图 7-13。

(9)指示方位

旅客指示方位时避免手臂随便一横,没有方位停顿,方位指示的规范,也要体现出乘务人员良好的素养与形象。

①指示方向要配合手势,将指方向一侧手臂提至腰间,自然稍向上横摆出,等旅客通过后收回。如为旅客安排座位,将手臂斜向下指向座位,同时配合语言。

②指示方位时应五指并拢,小臂带动大臂,根据指示距离的远近调整手臂的高度,身体随手的方向自然转动,目光与所指示的方向一致;收回时,小臂向身体内侧略成弧线自然收回。切忌用单个手指指示方位。具体见图 7-14。

3. 语言规范

语言规范是客运服务质量标准中,非常重要的一项内容,为旅客服务免不了要开口说话,而中国的语言文化博大精深,高铁客运服务当中的语言使用必须做到亲切、得体。

图 7-14

见到旅客第一面时要主动打招呼,声音清晰、温和。问候时要注视旅客的眼睛,使用规范服务用语,语调亲切,语音适中,主动提示旅客方位,热情回答旅客问询。对携带大件行李的旅客作好提示和宣传,并协助放到大件行李存放处。服务语言要做到语调悦耳清脆,内容准确充实,语气诚恳亲切,普通话标准流利,语言表达恰到好处。语言交流要因人而异,做到从言谈举止中迅速把握旅客的心情,明白旅客的话外之音,了解旅客的愿望。用委婉的语气表达否定意思,拒绝旅客时,不要直接向旅客说"不",要使用委婉的语句。尽量避免使用专业术语,解释、介绍等语言简单明了。语言与手势动作协调一致;掌握简单的手语,便于与聋哑旅客交流。对外籍旅客应掌握简单的英语,为外籍旅客提供帮助。

4. 重点旅客服务质量标准

遇有重点旅客乘车,首先向同行人进行安全注意事项的介绍,无同行人的重点旅客,尽力将座位调整到距离车门、卫生间较近的位置,并及时向列车长汇报车内重点旅客情况。运行中主动询问旅客有何需求,引导、搀扶重点旅客使用服务设施。终到站前,提前妥善安排乘降。如始发站以重点旅客登记交接表的形式将重点旅客与车长进行交接,列车长应妥善安置,并指定乘务员重点做好照顾,列车终到站由列车长与车站客运值班员进行重点旅客的交接。

重点旅客包括老、幼、病、残、孕。我们在服务过程中可以采取特别的提醒以及开展具有专注性,针对性的服务,在细节中体现服务的魅力。

例如对于乘车儿童,开车后提示带小朋友的旅客看管好孩子不要在车内跑玩,并进行相关的安全提示。要叮嘱孩子不要触碰电茶炉、车门、灭火器等设备设施,不要将手伸入垃圾箱口。如发现家长忽视对孩子的看管,要及时引导小孩回到家长身边,再次叮嘱提示家长,避免发生意外。加强车内巡视,随时关注儿童旅客的举动,做好相应服务工作。

遇有孕妇乘客上车时要主动帮助提拿、安放随身携带物品，乘务员在前方引导入座，注意调节通风口。应根据需要多提供清洁袋，并及时清理，随时给予照顾。下车时乘务员主动协助提取行李，送至车门。旅行途中，关注孕妇旅客的情况，随时提供帮助。

遇有老年旅客乘车时乘务员应主动介绍车厢服务设备、卫生间的位置。旅途中经常去看望主动问候，工作空余时多与他们交谈消除老人的寂寞，需要饮水时，应送水到座位。如老人需要用卫生间应及时给予搀扶、引导。到达目的地提示老人不要遗忘物品，搀扶其下车，与接站人员做好交接。

遇有盲聋哑旅客乘车时乘务员应主动介绍车厢服务设备、卫生间的位置。旅途中经常看望、主动问候，需要饮水时，应送水到座位。如盲人旅客需要用卫生间应及时给予搀扶、引导。到站前及时提示旅客做好下车准备，不要遗忘物品，并搀扶其下车，与接站人员或车站工作人员做好交接。对于肢体上有残疾旅客的乘车时，由于自身行动不方便，乘务员应主动介绍车厢服务设备、卫生间的位置，帮助残疾旅客将轮椅等用具放置到合适位置。旅途中的服务细节与老年旅客的内容基本一致。

图　7-15

遇有患病旅客乘车时，或是遇到在旅途中突然感觉身体不适的旅客乘务员应主动帮助旅客调整合适的座席，便于同行人照顾。旅途中经常看望、主动问候，为旅客提供及时帮助。具体见图 7-15。

如为精神病旅客，应告之同行人注意事项，如遇旅客有异常情况，及时采取措施，防止伤害其他旅客。

第四节　高速铁路列车客运服务技巧

一、沟通的概念

所谓沟通是人与人之间交换意见、观点、情况和情感的过程或载体，这一过程是通过语言和非语言行为来完成的。我们在日常的工作中经常需要和旅客进行沟通。沟通是一门艺术，需要一定的方法和技巧，但是要注重对对方的尊重，尤其是高速铁路客运服务工作，我们最注重“把旅客的利益放在第一位”的原则，同时这也是我们和旅客沟通的核心内容。沟通要本着相互平等、相互尊重的前提下进行，这样的沟通才能收到良好的效果，因此，沟通双方应注意礼貌礼节。沟通礼仪主要包括语言沟通和见面沟通。

二、语言沟通内容

语言沟通当中要注意以下几点内容的学习与掌握。

1. 礼貌用语范围

礼貌可分为礼貌行为和礼貌用语两部分，礼貌用语是伴随礼貌行为的。礼貌行为是一种无声的语言，如微笑、点头、欠身、鞠躬、握手、双手合十、拥抱、接吻等；而礼貌用语则是一种有声的行动，如使用“小姐、先生”等敬语，“恭候光临”、“我能为你做点什么”等谦语。礼貌用语是服务行业的生命。要提高服务质量,不仅要向客人提供热情服务、周到服务,而且要提供礼貌服务,这二者相辅相成、缺一不可。

2. 礼貌用语使用的原则

语言是社会交际工具,是人们表达意愿、思想情感和媒介的符号。语言也是一个人的道德情操、文化素养的反映。在与他人交往中,如果能做到言之有礼、谈吐文雅,就会给人留下良好的印象;相反,如果你满嘴脏话,甚至恶语伤人,就会令人反感讨厌。

(1)态度要诚恳亲切

说话本身是用来向人传递思想感情的,所以,说话时的神态、表情都很重要。例如,当你向别人表示祝贺的时,如果嘴上说的十分动听,而表情却是冷冷冰冰的,那对方一定认为你是在敷衍而已。所以,说话必须要做到态度诚恳和亲切,才能使对方对你的说话产生表里一致的印象。

(2)用语要谦逊文雅

如称呼对方为“您”、“先生”、“小姐”等,多用敬语、谦语和雅语,能体现出一个人的文化素养以及尊重他人的良好品德。

(3)声音要大小适中

语调应平和沉稳。无论是普通话、外语、方言,咬字要清晰,音量要适度,以对方听清楚为准,切忌大声说话;语调要平稳,尽量不用或少用语气词,使听者感到亲切自然。说话声音过快,给人以敷衍对方,希望尽快完成任务离开对方的感觉;而说话声音过慢,会让别人觉得工作能力不强,浪费彼此的时间。比较标准的音速以每分钟 120 个字为宜。

3. 客运服务人员常用文明用语

客运人员常用文明用语主要有“十字”文明用语,例如:你好、请、对不起、谢谢、再见;欢迎语,例如:欢迎您来我站乘车。欢迎您来我站检查指导工作;问候语,例如:您好。请坐,请用茶、你好!××乘务员为您服务;告别语,例如:再见。欢迎你再来。祝您旅途愉快;称谓语,例如:您。首长。(不熟悉的称首长,熟悉的称具体职务)同志;征询语,例如:您有什么事情?您还有别的事情吗?请您慢些讲。我没听清您的话,您能再说一遍吗?

4. 道歉语

在工作中,有时我们会因为某种原因而打扰别人、影响别人,或是给别人带来某种不便,甚至给别人造成某种损害或伤害,在这样的情况下,我们应向人表示道歉。道歉不是什么耻辱,而是一种襟怀坦白、深明事理、真挚诚恳和具有风度的表现。如果自己给别人增添了不便和麻烦,还强词夺理、硬说是别人不对,则是非常无礼的。所以,决不要为自己的过失寻找什么借口。服务人员在进行服务接待工作时,要勇于说道歉语。有时,即使是客人的错,也要在适当的时候先说出道歉语,以先缓解气氛和平复客人的情绪。

例如:实在对不起;请原谅;请不要介意;让您久等了;谢谢您的提醒。

5. 感谢语

在工作中,得到别人的帮助是经常的。无论何时何地,只要别人为你提供了帮助,为你付出了时间、精力或者劳动,你都应该表示感谢,即使这种帮助是极其微小的。

例如:不必客气;没关系;愿意为您服务;这是我应该做的;我明白了;好的;是的;非常感谢。

总之,语言文明看似简单,但真正要做到并非易事。这就是需要我们平时多加学习,加强修养,才能使我们的服务工作更好地进行开展,才能使我们中华民族“礼仪之邦”的优良传统,能得到进一步的发扬光大。

三、对待特殊旅客的服务技巧

特殊旅客实际上指的是，国籍(如外宾)、身份(如首长)、性格差异明显(例如:心情焦躁、易怒的旅客，投诉的旅客)、重点旅客(老、幼、病、残、孕)等一些有别于其他普通旅客的人。要掌握好对待特殊旅客服务技巧这一内容，要从这些旅客旅行需求特点出发，有针对性的开展特性定制服务，不断学习，因人制宜、灵活的掌握、运用这些服务技巧。

(一)要坚持乘客至上的原则提高服务质量

运输企业在激烈的市场竞争中坚持信誉第一、乘客至上的原则，不断提高服务质量，开展公共关系是竞争、塑造企业良好形象的基础。优质服务是通过每一位员工良好的职业道德，娴熟的业务知识和较高的服务素质和服务艺术的水平体现出来的。优质服务的准则是:对所有乘客，一视同仁的给予关心和照顾，尊重乘客的权利，在一切微小服务细节上给乘客留下难忘的印象，并突出高速铁路的形象。提高服务质量可以从以下几方面入手。

(二)学会采用灵活的方法，处理特殊情况

在日常工作中，尽管我们希望为旅客提供完美的服务，仍难免会出现差错、不周、误解，因而导致旅客投诉。妥善处理旅客投诉，是在已经引起不满的情况下做好服务的最后一个机会，因而成为运输企业与旅客建立良好运输服务关系的重要内容。

1. 处理旅客投诉

引起旅客投诉的主观原因主要表现为不尊重旅客或工作不负责任两种情况。

不尊重旅客是引起旅客投诉的重要原因，例如工作中不注意语言修养，有意无意冲撞旅客，甚至讽刺、挖苦、责骂旅客，无端怀疑旅客，并有不礼貌的言语举止。有时，不尊重旅客的风俗习惯也会引起旅客的不满与投诉。

工作不负责任是指工作人员在工作时马虎、敷衍、粗糙、潦草。其表现为服务不主动、不热情、不用心，忘记旅客交代的事情，损坏旅客物品，卫生工作不认真，服务项目残缺不全，没有达到应有水平等。

引起旅客投诉的客观原因主要是设备损坏，设备欠缺又不及时修好，如列车空调温度不适合，水龙头损坏。遗失物品等也是引起旅客投诉的原因之一。

由于旅客的性格、气质不同，处理问题的方式各有差异，当出现以上种种情况时，有的旅客可能嘴里嘀咕，有的旅客会理智地提出意见，还有些旅客会大动肝火，这些现象，运输服务人员应注意观察，及时发现，并主动做工作尽力挽回影响，维护企业形象。

2. 处理旅客投诉的技巧

处理旅客投诉是一门艺术，服务人员和管理人员可以凭借自己广博的知识和丰富的经验，因人制宜，因事制宜，因时制宜，因地制宜，采用恰到好处的方式，机智地处理各种问题，常常可以收到事半功倍的效果，具体可注意以下几个方面。

(1)对旅客的表扬要婉言感谢

许多旅客在当面提出批评意见时，往往会先发表一通赞扬我们管理水平高、服务质量好的话，然后才触及我们工作中的不足之处，你对这种迂回表达方式要有思想准备。当旅客对我们的服务提出赞扬时，你不能说:“那当然了，我们的服务是一流的，我们的管理是一流的，坐过我们车的旅客，都赞扬我们。”憋了一肚子气的旅客听了这话，他会很反感，可能不想再提出任何批评，而使意见变做成见，也可能突然爆发他心中的怒火，采用更为强硬的方式，以更为激烈的

言词来表达自己的不满，使得本来不难解决的问题变得复杂和棘手。为了不出现这种势态，当旅客先赞扬我们的服务态度时，我们应说一些婉言感谢的话，并主动征询意见。

(2)对旅客的意见虚心接受

旅客给我们提意见时，我们要态度诚恳、心平气和、认真倾听，并且不要打断旅客的谈话，让他把意见说完。旅客的声音高，说话的速度快，可以对他说："请您不要急，慢慢讲。"客人意见属实，我们要明确表态，虚心接受，并诚恳地向旅客表示感谢。旅客提的不实意见，也不要说"没有的事…绝不可能"等断语，而应代之以诸如"让您感到不快，我们有责任，我们还要多方面提高服务质量"的表态。有了这个态度，处理旅客的投诉能减少很多麻烦，"争一句没完没了，忍一句会一了百了"，实在是对待投诉的警语箴言。有经验的服务员，他们有"忍一句、了百句"的经验，因此他们不会同旅客顶撞，更不会和旅客吵闹。一个旅客，当他给服务员提意见时，服务员接受了、认错了、道歉了、改正了，他就达到了提意见的目的。只有当他认为服务员拒绝接受意见时，便会继续向服务员的上级领导反映。意见向上反映一级，麻烦就增加一层，所以处理旅客的投诉，应尽量处理在最基层，不要扩大事态。

(3)对旅客提出的合理要求要及时解决

旅客投诉不都是合理的。一般来说，旅客出门在外，乐于随遇而安，只有当他们的合理要求不能实现，合法权益遭受侵犯时，他们才不得不提出意见。如列车员大吵大闹，严重影响旅客谈话、休息时，旅客会提意见；列车设施残缺，如卫生间没有恭纸，马桶不能正常冲水，旅客会提请修理，对于这样的合理要求，应当及时解决。在解决这些问题时，要有要一个时间概念，如跟旅客说："谢谢您的提醒，这个问题十分钟以内就给解决"，随即便同有关部门联系处理，直到把问题解决，旅客满意。

(4)对旅客投诉的与业务无关的问题应尽量帮助解决

旅客一般向列车乘务人员投诉，因为他们是工作在第一线的直接服务者。旅客投诉的内容，可能涉及服务态度、卫生质量、食品质量以及环境设施等方面。如旅客向列车员抱怨空调冷暖不均、动车组列车晚点，这些问题如不属于自己直接责任范围，我们不能推开不管，而要加以解释、安慰，并积极参与解决。

实事求是地讲，并不是所有旅客提的所有意见都是服务人员所能解决的。当遇到旅客向你提出自己无法解决的问题，你都应先道歉："真对不起，让您久等，耽搁了时间。"然后说明，"我立即同有关部门联系，请他们帮助解决"。催办的结果，问题解决了，当然很好，一时无法解决，也要及时向旅客解释清楚，并提出替代办法。

3. 乘务员与旅客发生矛盾时，得理也要让人

宾客至上，这是我们的服务宗旨。在服务工作中，学会"得理也让人"是十分重要的，这倒不是说服务工作低人一等，理应忍气吞声，而是强调宾主发生矛盾，主人这一方应负更大的责任，况且，服务工作让旅客满意，企业经营会越来越兴旺，到头来真正受益的还是提供服务这一方，从这个意义上讲，"宾客永远是对的"应理解为"服务永远是实惠的"，因此，除个别蛮不讲理、纠缠不休或图谋不轨的情况外，在服务工作中都要竭尽所能地避免摩擦、碰撞、对立和矛盾。

4. 对委屈深、意见大的旅客要多做工作

委屈深、意见大、损失多的旅客，他们不只是在列车或车站范围内对于当事人进行投诉，而且还会向新闻界、舆论界投诉，还可能向列车或车站的主管部门甚至局长反映情况，这些投诉和反映，会对运输企业的声望和名誉带来意想不到和难以挽回的损失。为了不出现这些情况，

我们对委屈深、意见大、损失重的旅客要尽心尽力尽职尽责地做好各方面的工作,其主要做法有:要以加倍优质的服务对待旅客,用周到入微的热情服务弥补我们的过失和旅客的损失;当事人及领导向旅客赔礼道歉,主动承担责任,做出合理赔付,征询改进意见;减收或免去旅客旅行期间所发生的费用;教育、批评处理当事人且让旅客知会。一般来说,通过做这些方面的工作,旅客是会谅解我们的。如通过多方面做工作旅客仍不谅解时,我们应主动向有关部门的有关领导说明情况,争取在上级支持和指导下妥善处理。

5. 不准扣留或隐匿旅客的批评意见

当旅客委托转送批评信件时,委托人应当及时、诚实地照办照转,不能私自拆阅,也不能扣下不呈。热心的旅客在结束旅行时,有时会在意见本上写上批评、表扬或建议性意见。这些意见的内容公开,工作人员是可以看到的,但无论是什么性质的意见,服务员都必须按照规定及时如实上交,主管领导对此负有监督、收集、汇总之责。任何拖延、截留、涂改、藏匿举止都是犯规违纪行为,都要受到追究和制裁。

6. 处理好旅客不属实的意见

对旅客的不实意见,要根据不同情况妥善处理。如旅客反映的是一般性的,如某乘务员服务没有到位,而实际上服务人员是严格执行了操作规范,这时引导乘务员从积极方面去理解领会,引以为戒,不必同旅客去论是非,但若反映的问题属于原则性的,如说某个乘务员偷了旅客的钱物,则须认真对待,从速调查,当证实旅客并没有遗失钱物或虽有丢失,但同工作人员无关时,则应从善意出发,明确向旅客说明,同时及时释解被误告服务员的思想包袱。在一般情况下,不必令旅客向乘务员赔礼道歉。

7. 对暴跳如雷的投诉旅客要理智冷静

有时由于旅客方面的原因(如性格、心境、机遇)或乘务员方面的原因(如怠慢、侮慢、刁难),或上述两个方面的交叉与结合,投诉旅客已是怨气冲天、怒不可遏甚至暴跳如雷。每逢此时,作为投诉接待者,首先要冷静、理智,以同情和理解情绪耐心听旅客宣泄,让他慢慢讲,用你的善意和冷静为旅客的暴跳心理慢慢降温。当旅客有了冷静的态度后,他也就有理智了。双方在冷静理智的情态下商量问题,一般来说事情就好办了,问题就好解决了。所以对暴跳如雷者,首先应做的就是通过自己的冷静使对方也变得冷静,然后问清事情的经过,根据投诉的内容进行处理,容易收到较好的效果。

8. 对无理取闹的旅客要灵活处理

大千世界,无奇不有。蛋中挑骨、无端寻衅、酒后撒疯、百般挑剔、无理取闹者也偶有出现。这种人当鄙俗的欲望得不到满足,阴暗的心理得不到宣泄时,往往采取恶人先告状的方式以反诬作为投诉,如有意不买票,反诬告乘务员服务差等。这种情况虽然棘手却不难鉴别,每逢如此,可以采取的对策是:一要大义凛然、坚持原则,二要头脑冷静、反应灵活,可先好言相劝、劝其自爱自制,然后正言相告,告白事理、法理,再厉色警告,揭明后果。倘三番无效,则不宜延误,应及时通知保安部门进行处理。整个过程要注意收集、保留证据,不要扩大事态或影响他人。

9. 要尽量避开旅客在公共场所投诉

旅客在公共场所投诉时,因易引起围观,干扰正常工作秩序,造成不良影响,故在乘务人员的首要任务是客气、机智、灵活地把旅客引离大众场合,到办公室或其他安静场所,让其心平气和后再按照程序了解情况,解决问题。

对于高速铁路列车乘务工作者来讲,要全方位的提升自己的服务礼仪水平和质量,不是一朝一夕能够做到的，除了有严格的礼仪规范和统一的服务质量标准，还需要掌握多样化得服务技巧。要从多方面入手，加强爱岗敬业和职业道德教育树立正确的人生观价值观，形成讲奉献、比进取的良好氛围；其次要注重提高自己的服务意识，关注细节服务，掌握整个服务过程中旅客的需求；最后要从服务形象、服务礼仪、服务姿态、服务用语等基础的技能培训入手，认识到服务意识是前提，服务技能是基础，不断的改进服务工作、提升服务礼仪水平，才能真正树立高速铁路列车的品牌形象。

参考文献

[1]中华人民共和国铁道部.铁路旅客运输规程.北京：中国铁道出版社，2010.

[2]中华人民共和国铁道部.铁路旅客运输办理细则，北京：中国铁道出版社，2010.

[3]中华人民共和国铁道部.动车组站车客运人员服务规范(试行).运营监督[2007]73号.

[4]贾俊芳，等.高速铁路客运服务.北京：中国铁道出版社，2009.

[5]赵鹏，等.高速铁路运营组织.北京：中国铁道出版社，2009.

[6]韩宝明，等.高速铁路运营组织.北京：中国铁道出版社，2010.

[7]戴力斌，等.高速铁路客运组织与服务.北京：中国铁道出版社，2011.

[8]郑州铁路局.互联网售票暂行办法.郑铁客[2011]225号.

[9]郑州铁路局.动车实名制管理办法.郑铁客[2011]12号.

[10]郑州铁路局.关于修改动车实名制管理办法部分内容的通知.郑客管电[2011]191号.

[11]中华人民共和国铁道部总体组.铁路客票发售和预订系统5.2版(车站系统)课件.